EMC Español 1

¡Aventura!

Authors

James F. Funston

Alejandro Vargas Bonilla

Contributing Writers

Belia Jiménez Lorente
Karin Fajardo
Rolando Castellanos

Consultants

Paul J. Hoff
University of Wisconsin—Eau Claire
Eau Claire, Wisconsin

Anne Marie Quihuis
Paradise Valley High School
Phoenix, Arizona

Heidi Oshima
Parsippany High School
Parsippany, New Jersey

Ana Selvás Watson
Henrico High School
Richmond, Virginia

Marne Patana
Middle Creek High School
Apex, North Carolina

Nancy Wrobel
Champlin Park High School
Champlin, Minnesota

EMC
Publishing

ST. PAUL • LOS ANGELES • INDIANAPOLIS

Project Manager
Charisse Litteken

Associate Editors
Hannah da Veiga
Pedro Zayas

Editorial Consultants
Judy Cohen, Lori Coleman, Sharon
O'Donnell, David Thorstad, Sarah
Vaillancourt

Readers
Pat Cotton, Mónica Domínguez, Barbary
Forney, Daniela Guzmán, Barbara Peterson,
Roy Sweezy, Beth Verdin

Proofreaders
Susana Petit, Mercedes Roffé, Gilberto
Vázquez

Production Specialist
Jaana Bykonich

Production Editor
Amy McGuire

Illustrators
Ron Berg, Kristen Copham, Chris Dellorco,
Len Ebert, Julia Green, Susan Jaekel, Nedo
Kojic, Jeff Mangiat, Mendola Artists, Hetty
Mitchel, Tom Newsom, D.J. Simison, Scott
Youtsey/Miracle Studios

Text Design
Jennifer Wreisner, Leslie Anderson

Photo Research
Jennifer Anderson, Jenny Kelzenberg

Cover Design
Leslie Anderson

Care has been taken to verify the accuracy of information presented in this book. However, the authors, editors, and publisher cannot accept responsibility for Web, e-mail, newsgroup, or chat room subject matter or content, or for consequences from application of the information in this book, and make no warranty, expressed or implied, with respect to its content.

We have made every effort to trace the ownership of all copyrighted material and to secure permission from copyright holders. In the event of any question arising as to the use of any material, we will be pleased to make the necessary corrections in future printings. Thanks are due to the aforementioned authors, publishers, and agents for permission to use the materials indicated.

ISBN 978-0-82193-967-3

© 2009 by EMC Publishing, LLC
875 Montreal Way
St. Paul, MN 55102
E-mail: educate@emcp.com
Web site: www.emcp.com

Printed in the United States of America

16 15 14 13 12 11 10 09 08 07   1 2 3 4 5 6 7 8 9 10

Contents

¡Saludos!

You are about to embark on an adventure that will take you to many countries and that will open doors you may never have imagined. Whether you are drawn to Spanish because of your interest in travel or your desire to learn how to communicate with others, this year offers you rewarding possibilities as you navigate your way through the Spanish-speaking world. This sense of real-life adventure and travel is reflected in the covers of the *¡Aventura!* series.

Learning a language has always meant more than merely memorizing words and grammar rules and then putting thcm together, hoping to actually be able to communicate. Just as language is inseparable from culture, so is it inseparable from the authentic communication of thoughts and emotions. The culture of the Spanish-speaking world varies from one country to another. In *¡Aventura!*, you will navigate your way, learning about others while at the same time learning how to share your ideas and feelings. These real-life learning experiences will introduce you to and expand your knowledge of language, geography, history and the arts. In *¡Aventura!* you will learn not only fascinating information, but also problem-solving, survival and employment skills so that when you leave the classroom you can step right into the real world.

Are you ready to learn to use Spanish in the real world? Experience the authentic: *¡Aventura!*

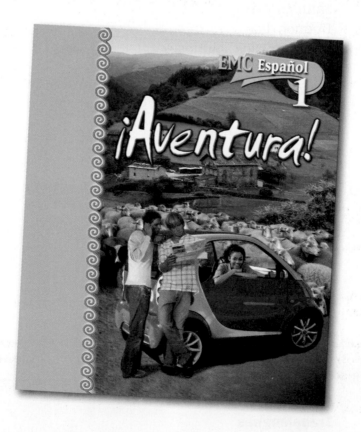

OCÉANO

Groenlandia
(Din.)

Alaska
(EE.UU.)

CANADÁ

NORUEGA

ISLANDIA

REINO UNIDO
IRLANDA
DINAMARCA
POLONIA
ALEMANIA
FRANCIA
ANDORRA
PORTUGAL ESPAÑA Andorra la Vella
Madrid
ITALIA

ESTADOS
Denver   Chicago   Nueva York
Los Ángeles
San Diego   UNIDOS
San Antonio

OCÉANO

ATLÁNTICO

MARRUECOS   TUNICIA   MALTA
I. Canarias
Sahara
Occidental   ARGELIA   LIBIA

MÉXICO
C. de México
GUATEMALA
Guatemala
EL SALVADOR
San Salvador
Managua
COSTA RICA
San José
La Habana   Trópico de Cáncer
BAHAMAS
Miami
CUBA
REPÚBLICA
DOMINICANA
BELIZE   HAITÍ
Belmopán   JAMAICA   Santo
Domingo   Puerto Rico (EE. UU.)
HONDURAS
Tegucigalpa
NICARAGUA
PANAMÁ
Panamá

MAURITANIA   MALI   NÍGER   CHA
SENEGAL
GAMBIA   BURKINA
FASO   NIGERIA
GUINEA-BISSAU   GUINEA   COSTA
DE
MARFIL   GHANA   TOGO BENIN
SIERRA LEONA
LIBERIA   CE
AFI
GUINEA ECUAT.   CAMERÚN
Malabo
SANTO TOMÉ
Y PRÍNCIPE   GABÓN   REP.
POP.
CONGO   DEM
DE

CABO VERDE

Caracas   TRINIDAD Y TOBAGO
Puerto España
VENEZUELA
GUYANA
SURINAM
Bogotá, D.C.   Guayana Francesa (Fr.)
COLOMBIA

OCÉANO

Ecuador
Quito
Is.Galápagos
(Arch. de Colón)
(Ec.)   ECUADOR

PERÚ
Lima

BRASIL

OCÉANO

ATLÁNTICO

ANGOL

Is. Hawai
(EE. UU.)

La Paz
BOLIVIA
Sucre
PARAGUAY
Asunción

NAMIBIA
BO

PACÍFICO

ARGENTINA
Santiago
URUGUAY
Montevideo
Buenos Aires

SUDAF

I. Malvinas

MAPAM
La lengua españ

OCÉANO   GLAC

AN

© edigol ediciones, s.a.

160°   120°   80°   40°   Oeste de Greenwich   0° Este de Greenwic

40° 80° 120° 160° 160°

Alaska
(EE.UU.)

R U S I A

KAZAJSTÁN

MONGOLIA

COREA
DEL NORTE

JAPÓN

40°

OCÉANO

PACÍFICO

UZBEKISTÁN 33
TURKMENISTÁN 34

REP. POP. CHINA

COREA
DEL SUR

TURQUÍA 30 31 32

SIRIA AFGANISTÁN

IRAK IRÁN

PAKISTÁN

NEPAL BHUTAN

TAIWÁN

CHIPRE 24
ISRAEL 22
EGIPTO KUWAIT
ARABIA 25 QATAR
SAUDITA EMIRATOS
ÁRABES UNIDOS
OMÁN

BANGLA-
DESH

Manila

INDIA

BIRMANIA LAOS VIETNAM

ERITREA

YEMEN

36

THAILANDIA

CAMBOYA

FILIPINAS REP. DE PALAOS

SUDÁN

REP.
CENTRO-
FRICANA

ETIOPÍA

SOMALIA

SRI LANKA

BRUNEI

MALDIVAS

MALASIA

SINGAPUR

UGANDA

REPÚBLICA
IOCRÁTICA 37
L CONGO 38

KENYA

I N D O N E S I A

PAPUA
NUEVA GUINEA

SALOMÓN

TANZANIA

SEYCHELLES

OCÉANO

COMORES

MALAWI

ÍNDICO

ZAMBIA

MAURICIO

ZIMBABWE

MOZAMBIQUE

OTSWANA

MADAGASCAR

AUSTRALIA

Trópico de Capricornio

REP.
RICANA 23

24

NUEVA

40°

ZÉLANDA

MUNDI

ola en el mundo

Línea internacional
de cambio de hora

CIAL ANTÁRTICO

	Países donde el español es la lengua oficial o co-oficial	**Madrid** Ciudad de más de 1 millón de hab.
		Panamá Ciudad de 100.000 a 1 millón de hab.
		Malabo Ciudad de menos de 100.000 hab.
		Límite de Estado
	Zonas donde el español es hablado por una parte de la población	Capital de Estado
		Otras ciudades

TÁRTIDA

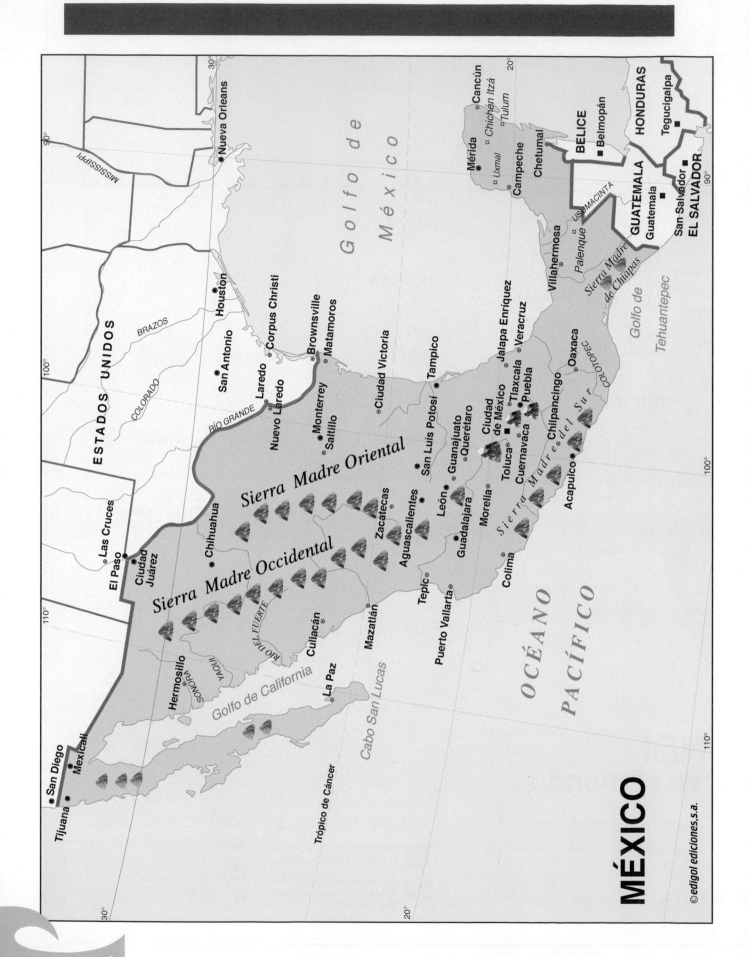

MÉXICO

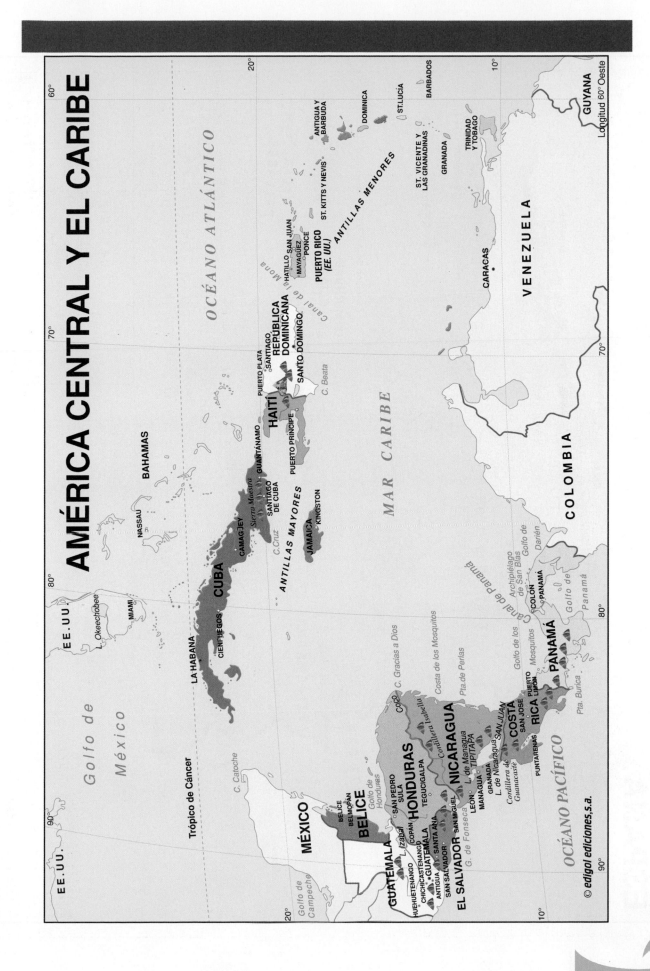

AMÉRICA CENTRAL Y EL CARIBE

© edigol ediciones, s.a.

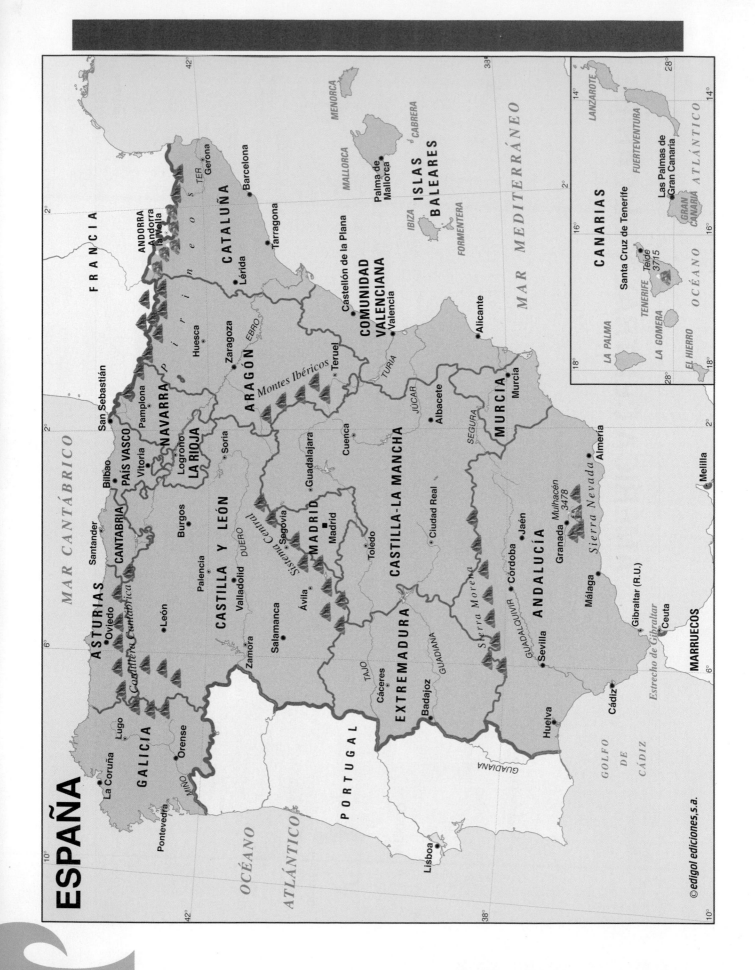

ESPAÑA

AMÉRICA DEL SUR

Paella con limón.

Pimientos bonitos.

Calle del colegio, Colonia, Uruguay.

Un techo en Granada, Nicaragua.

Me gusta la música de Cuba.

Mariana y Luciana son gemelas.

Emiliano toca la guitarra.

Alcázar, Sevilla, España

Mi papá juega fútbol los domingos.

Agave, de México.

Valle Nevado, Chile.

Escalones a la Ciudad Perdida,
Santa Marta, Colombia.

Una fiesta en Quito, Ecuador.

Navegando los rápidos, Belize.

Una rana arborícola, Costa Rica.

Olivas de España.

Peces caribeños.

Roberto se divierte.

Un coche La Habana, Cuba.

El Perito Moreno, Patagonia, Argentina.

La Boca, Buenos Aires Argentina.

Museo de arte contemporánea de Barcelona, España.

Chiles en Oaxaca, México.

Él es de Uruguay.

¿Quieres tomar un mate?

Antigua, Guatemala.

¡Cuidado chicos!

Una casa en Suchitoto, El Salvador.

Amatista de Bolivia.

Ellas llevan ropa tradicional.

¡Vamos a carnaval!

CAPÍTULO 1

¿Cómo te llamas?

El cuarto misterioso

Answer the following questions about this screenshot from *Episodio 1–¡Hola, José!*

1. What are the probable relationships among the people in this scene?
2. What are some questions that you can ask of someone you meet for the first time?
3. Do you customarily greet the new people you meet with a handshake? How do introductory greetings vary among different cultures?
4. Where would you take a young person who has never visited your city?

DVD 1, Track 4. José meets up with his friend Francisco in Coyoacán Park. There he meets Ana and Conchita.

Objetivos

¡Hola! ¿Cómo te llamas?

Me llamo Raúl.

¡Mucho gusto!

ask for and give names

Hola, Juan. ¿Cómo estás?

Mal, muy mal.

ask and tell how someone is feeling

ask for and state age

ask or tell where someone is from

ask for and state the time

greet people and say good-bye

Sí, lo siento, con mucho gusto.

Con permiso.

express courtesy

El alfabeto

a	a	h	hache	ñ	eñe	t	te
b	be	i	i	o	o	u	u
c	ce	j	jota	p	pe	v	ve
d	de	k	ka	q	cu	w	doble ve
e	e	l	ele	r	ere	x	equis
f	efe	m	eme	rr	erre	y	i griega
g	ge	n	ene	s	ese	z	zeta

Hasta luego, Susana.

Me llamo Raúl.

¡Hola! ¿Cómo te llamas?

Adiós, Marcos.

Yo me llamo Ana.

¡Mucho gusto!

Me llamo Juan. ¿Y tú?

Sí, con hache mayúscula, e, ere, ene, a con acento, ene.

¿Cómo se escribe Hernán? ¿Con hache?

H → mayúscula
h → minúscula

¿Cómo se escribe?

 Escribe los nombres que oyes.

MODELO Carlos

muchachas

Alicia	Dolores	Laura	Pilar
Ana	Elena	Luisa	Raquel
Ángela	Elisa	Luz	Rosa
Bárbara	Esperanza	Margarita	Sandra
Blanca	Eva	María	Sara
Carlota	Gabriela	Marta	Susana
Carmen	Gloria	Mercedes	Teresa
Carolina	Inés	Mónica	Verónica
Catalina	Isabel	Natalia	Virginia
Claudia	Josefina	Patricia	Yolanda
Cristina	Juana	Paula	
Diana	Julia	Paz	

muchachos

Alberto	Ernesto	José	Ramón
Alejandro	Esteban	Juan	Raúl
Andrés	Felipe	Julio	Ricardo
Ángel	Francisco	Lorenzo	Roberto
Antonio	Gerardo	Luis	Rodrigo
Benjamín	Guillermo	Marcos	Rogelio
Carlos	Héctor	Martín	Santiago
Daniel	Hernán	Miguel	Timoteo
David	Hugo	Nicolás	Tomás
Diego	Jaime	Pablo	Víctor
Eduardo	Jesús	Pedro	
Enrique	Jorge	Rafael	

 Me llamo....

Write the words *muchacho* and *muchacha* on a piece of paper. In the appropriate column, list any names from activity 1 of people you know. Then, list up to five names of your friends or family and write the name that you think is the Spanish equivalent. Can you find your own name or one that is similar to yours?

Los apodos

Nicknames *(apodos)* are common in Spanish. Examples include *Isa* (for *Isabel*), *Fina* or *Pepa* (for *Josefina*), *Lola* (for *Dolores*), *Lupe* (for *Guadalupe*), *Paco* or *Pancho* (for *Francisco*), *Pepe* (for *José*) and *Quique* (for *Enrique*). Personal characteristics are also used for nicknames in Spanish: *Flaco* (Slim).

 ¡Mucho gusto!

Contesta las siguientes preguntas. *(Answer the following questions.)*

1. How would you greet someone in Spanish?
2. What would you say to find out a person's name?
3. What would you answer if someone asked *¿Cómo te llamas?*
4. How might you politely tell someone you are pleased to meet him/her?
5. How do you say **Good-bye** in Spanish? And **See you later**?

 ¿Cómo se escribe?

 With a classmate, read aloud at least five male and five female names from activity 1 as your partner writes the names in Spanish. Next, take turns asking one another how to spell the names on the lists.

MODELO **A:** ¿Cómo se escribe *(name from list)*?
B: Se escribe con *(spell name)*.
A: ¿*(Spell name)*?
B: Sí.

Diálogo I ¡Hola!

CARMEN: ¡Hola! ¿Cómo te llamas?
HUGO: Yo me llamo Hugo. ¿Y tú?
CARMEN: Me llamo Carmen.

HUGO: ¡Mucho gusto, Carmen!
CARMEN: ¿Cómo se escribe Hugo?
HUGO: Se escribe con hache
mayúscula, u, ge, o.

HUGO: Hasta luego.
CARMEN: Adiós.

5 **¿Qué recuerdas?**

Completa las frases de la izquierda con una de las frases de la derecha,
según el diálogo ¡Hola! *(Complete the sentences on the left with the appropriate
sentence on the right, according to the dialog ¡Hola!)*

1. ¡Hola! ¿Cómo...   A. ...gusto, Carmen!
2. Yo me...   B. ...te llamas?
3. Me llamo...   C. ...escribe Hugo?
4. ¡Mucho...   D. ...llamo Hugo. ¿Y tú?
5. ¿Cómo se...   E. ...hache mayúscula, u, ge, o.
6. Se escribe con...   F. ...Carmen.

6 **Algo personal**

1. ¿Cómo te llamas?
2. ¿Cómo se escribe *(your name)*?

7 **¿Cuál es la respuesta correcta?**

 Escoge una respuesta correcta a lo que oyes. *(Choose a correct response to what
you hear.)*

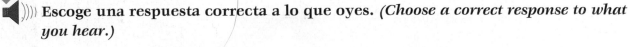

Adiós.   Me llamo Carmen.

¡Mucho gusto, Carmen!   Sí, con hache.

Saludos y despedidas

Learning how to speak Spanish involves more than just learning vocabulary and grammar. Gestures *(los gestos)* go hand in hand with speaking, which makes conversation in Spanish seem much more animated than in English. Spanish-speaking people commonly greet one another with a quick, relaxed handshake, which may be followed by a hug *(un abrazo)* as they pat each other on the back. Often women and young girls greet each other with a light kiss on the cheek. In some countries, men and women who know each other well also greet one another

¡Mucho gusto!

with a kiss on the cheek (or on both cheeks in Spain). These same gestures are often repeated when saying good-bye. The next time you see people speaking Spanish, watch how they use their hands, eyes and bodies to communicate.

¡Hola!

8 **Comparando**

In two columns (labeled *Similar* and *Diferente*) compare how you think the gestures and body language of a native Spanish speaker are similar to or different from yours when greeting someone or saying good-bye.

MODELO

Similar	Diferente
1. We shake hands sometimes.	1. We do not kiss on the cheeks.
2.	2.

Me llamo Juan.

Idioma

Estructura

Punctuation   ¡Mucho gusto!   ¿Y tú?   ¡Hola!   ¿Cómo te llamas?

Have you noticed any punctuation marks in Spanish that are not used in English? Written Spanish requires two question marks and two exclamation points, one at the beginning and the other at the end of the sentence. The first is written upside down and tells you that a question or an exclamation will follow. No other punctuation (e.g., period, comma) follows this pattern.

 Práctica

 9   **Puntuación**

Señala la puntuación que falta en el siguiente diálogo. *(Point out the missing punctuation marks in the following dialog.)*

A: Hola!
B: ¡Hola ¿Cómo te llamas
A: Me llamo Inés. Y tú?
B: Yo me llamo Andrés.
A: Mucho gusto, Andrés!
B: Mucho gusto. ¿Cómo se escribe Inés? Con i?
A: Sí, con i mayúscula, ene, e con acento, ese
B: ¡Adiós, Inés

Estrategia

Learning tip: Recognizing classroom expressions

You will see and hear many of the following common expressions. You do not have to memorize them, but learning to recognize them will help you understand instructions and complete activities in class during this school year. Look through the textbook to find examples of these expressions. Do they help you understand instructions?

Abre/Abran (el libro).	Open (your book).
Busca/Busquen… en la página….	Look for… on page….
Cierra/Cierren (el libro).	Close (your book).
Contesta/Contesten….	Answer….
Da/Den….	Give….
Di/Digan….	Say (or tell)….
Escoge/Escojan….	Choose….
Escribe/Escriban….	Write….
Escucha/Escuchen.	Listen.
Habla/Hablen en español.	Speak in Spanish.
Haz/Hagan….	Make (or do)….
Lee/Lean….	Read….
Levanta/Levanten (la mano).	Raise (your hand).
Mira/Miren.	Look.
Pasa/Pasen a (la pizarra).	Go to (the board).
Responde/Respondan….	Respond….
Saca/Saquen (una hoja de papel).	Take out (a sheet of paper).
Señala/Señalen (el mapa).	Point at (the map).
Siéntate/Siéntense.	Sit down.

10 ¿En qué orden?

Haz oraciones lógicas usando las siguientes pistas. *(Make complete sentences using the following cues.)*

MODELO llamo / Me / Alejandro / .
Me llamo Alejandro.

1. ¡ / ! / Hola
2. llamas / ? / te / ¿ / Cómo
3. Carlota / . / llamo / Me / ¿ / tú? / Y
4. Yo / Carlota / Jaime / . / me / gusto, / ! / llamo / ¡Mucho
5. se / ¡Mucho / ¿ / Cómo / Jaime? / gusto / ! / escribe
6. escribe / Se / jota / i, / con / eme, / mayúscula, / a, / e / .

Comunicación

11 A escribir

Imagine you are a scriptwriter for a video that is being produced in Spanish. Write a scene in which two Spanish-speaking teenagers meet. They should: 1) greet one another; 2) ask each other's name and how to spell it; 3) say good-bye. Be sure to add director's notes, where appropriate, suggesting gestures and body language the actors should use.

SCENE ONE: THEY MEET

Boy: Hola. ¿Cómo te llamas?
Girl: Me llamo Claudia.
Boy: Yo me llamo Daniel.
(They shake hands.)
Mucho gusto.

Vocabulario II

¿De dónde eres?

Los países hispanohablantes

Argentina
Bolivia
Chile
Colombia
Costa Rica
Cuba
Ecuador
El Salvador

España
Estados Unidos
Guatemala
Guinea Ecuatorial
Honduras
México
Nicaragua
Panamá

Paraguay
Perú
Puerto Rico
República
 Dominicana
Uruguay
Venezuela

Los números del 0 al 20

0	cero	11	once
1	uno	12	doce
2	dos	13	trece
3	tres	14	catorce
4	cuatro	15	quince
5	cinco	16	dieciséis
6	seis	17	diecisiete
7	siete	18	dieciocho
8	ocho	19	diecinueve
9	nueve	20	veinte
10	diez		

¿De dónde eres?

Soy de Buenos Aires, la capital de Argentina. ¿Y tú? ¿Eres de aquí?

No. Yo soy de Estados Unidos.

¿Cuántos años tienes?

Tengo quince años.

Los países

 Practice saying the names of the Spanish-speaking countries you hear. Write the name of each country after it is repeated.

 Los números

In pairs, begin counting with *cero* and continue by twos to *veinte*. Start over, beginning with *uno*, and count by twos to *diecinueve*.

Soy de Honduras.

 Del cero al veinte

 Create your own pattern of at least four numbers from zero to twenty. Then with a classmate, read the numbers aloud as your partner writes them down. Next, have your partner spell aloud the numbers from the list while you write them. Compare the lists and make any needed corrections. Switch roles.

> **MODELO** **A:** cinco, diez, quince, veinte
> **B:** *(Write* cinco.*)*
> **B:** ce, i, ene, ce, o
> **A:** *(Write* cinco.*)*
> *(Compare the numbers you have written.)*

 Una encuesta

 Survey classmates to find out the range of ages in your Spanish class. Begin by preparing a chart. Then ask ten classmates how old they are in Spanish, filling in the blank space with their age and adding a mark in the column underneath for each person who is the same age. Summarize your findings for the class.

Encuesta				
14	**15**			
||	|||			

¿Cuántos años tienes?

Diálogo II   ¿De dónde eres, Hugo?

CARMEN: ¿De dónde eres, Hugo?
HUGO: Soy de Bogotá, la capital de Colombia.

HUGO: ¿Y tú? ¿Eres de aquí?
CARMEN: No. Yo soy de México.

CARMEN: ¿Cuántos años tienes, Hugo?
HUGO: Tengo dieciséis años. ¿Y tú?
CARMEN: Yo tengo quince años.

16 ¿Qué recuerdas?

Completa las frases de la izquierda con una de las frases de la derecha, según el diálogo *¿De dónde eres, Hugo?*

1. ¿De dónde...   A. ...de aquí?
2. Soy de Bogotá,...   B. ...tienes, Hugo?
3. ¿Y tú? ¿Eres...   C. ...la capital de Colombia.
4. No. Yo soy...   D. ...dieciséis años.
5. ¿Cuántos años...   E. ...eres, Hugo?
6. Tengo...   F. ...de México.

17 Algo personal

1. ¿De dónde eres?
2. ¿Cuántos años tienes?

18 ¿Cuántos años tienes?

 Escribe los números que oyes.

MODELO

dieciséis

 1

 3

 2

 4

19 Conexión con otras disciplinas: geografía

Using the map at the front of the textbook, identify the capitals of the Spanish-speaking countries.

Los chambelanes en mi cumpleaños.

Tengo quince años.

Los cumpleaños

Birthdays (*los cumpleaños*) are important events throughout the Spanish-speaking world. Carmen's fifteenth birthday (*la quinceañera*) was a big occasion since the event often symbolizes that a girl is ready to date. Traditionally, this coming-of-age celebration begins with a religious ceremony followed by a fancy reception at home or in a local banquet hall. The festivities include food, music and, often, a choreographed dance performed by the birthday girl and her court, which is composed of male escorts (*chambelanes*) and maids of honor (*damas*). It takes a lot of time, money and effort to plan a fiesta de quinceañera. Today, instead of the traditional party, a growing number of fifteen-year-old girls (*quinceañeras*) prefer to receive a special gift. Spanish-speaking males, on the other hand, celebrate their fifteenth birthday (*el quinceañero*) like any other *cumpleaños* with a small party, an informal dance, a trip to the beach or a special dinner with their family.

Soy quinceañera.

20 Comparando

Is the way Latin American teenagers celebrate their birthdays different from what you and your friends do? If you were a *quinceañero* or *quinceañera* in Mexico, how would you choose to celebrate your coming of age? Explain.

Idioma

Estructura

Definite articles and countries

Some Spanish speakers use the definite articles (*artículos definidos*) el, la and los with these country names, whereas others prefer to omit the articles. Their use is optional.

la	Argentina	→	Argentina
el	Ecuador	→	Ecuador
los	Estados Unidos	→	Estados Unidos
el	Paraguay	→	Paraguay
el	Perú	→	Perú
la	República Dominicana	→	República Dominicana
el	Uruguay	→	Uruguay

 Práctica

21 Los países hispanohablantes

 Working in pairs, list as many Spanish-speaking countries as you can in three minutes. Check your work by looking at the map in the book. How many are there?

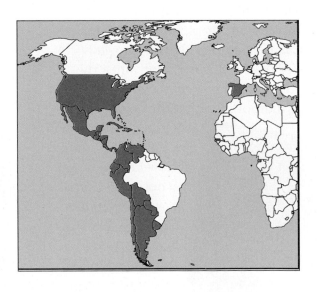

22 Soy de la capital

Selecciona la respuesta más apropiada. (*Select the most appropriate response.*)

1. ¿Eres de Venezuela?
2. ¿Eres de la Argentina?
3. ¿Eres de España?
4. ¿Eres de Ecuador?
5. ¿Eres de El Salvador?

A. Sí, soy de la capital, San Salvador.
B. Sí, soy de la capital, Quito.
C. Sí, soy de la capital, Madrid.
D. Sí, soy de la capital, Caracas.
E. Sí, soy de la capital, Buenos Aires.

23 ¿Qué países quieres visitar?

What countries in the Spanish-speaking world would you like to visit? Why?

Comunicación

24 **¿De dónde eres?**

With a classmate, take turns asking for one another's names and where each of you is from. In your answer, choose a city and country from one of the Spanish-speaking countries you have studied.

Estructura

Cognates

Words in Spanish often resemble English words you already know (e.g., *acento* looks similar to the English word **accent**). Words that resemble one another and that have the same meaning in two languages are called **cognates** *(cognados)*. Do you recognize these cognates?

| *Argentina* | *capital* | *diálogo* | *persona* | *teléfono* | *vocabulario* |

When words look similar but have entirely different meanings in Spanish and English, they are called **false cognates**. Here are a few examples: *colegio* (school), *éxito* (success), *lectura* (reading), *sin* (without).

Buenos Aires, la capital de Argentina.

 **Práctica**

25 **Los cognados**

Practice pronouncing these cognates. Try to guess the meaning of the words as you say them.

1. favorito
2. estudiar
3. el chocolate
4. formal
5. México
6. el actor
7. la persona
8. la capital
9. el animal
10. la televisión
11. el restaurante
12. el teléfono
13. la posibilidad
14. el diálogo
15. el vocabulario

¡Oportunidades!

¿Por qué estudiar español?
Knowing Spanish offers you opportunities to communicate with people throughout the Spanish-speaking world. In addition, learning Spanish will…

- help you understand other cultures.

- offer you insights into and a better understanding of your own culture.

- improve your English skills.

- increase employment opportunities.

26 **¡Varias profesiones son cognados!**

Indica la letra de la foto que corresponde con la profesión de las siguientes personas.

A   **B**   **C**   **D**

1. Es veterinario.
2. Es actor de televisión.
3. Es profesora.
4. Es policía.

Comunicación

 27 **A conversar**

Working with a classmate, read and discuss this article. Do not use a dictionary to look up words. Then, prepare a list of the cognates. Finally, write a short summary of what you understood.

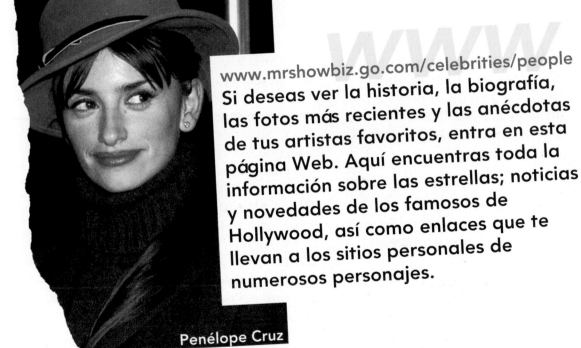

www

www.mrshowbiz.go.com/celebrities/people

Si deseas ver la historia, la biografía, las fotos más recientes y las anécdotas de tus artistas favoritos, entra en esta página Web. Aquí encuentras toda la información sobre las estrellas; noticias y novedades de los famosos de Hollywood, así como enlaces que te llevan a los sitios personales de numerosos personajes.

Penélope Cruz

 28 **¡Mucho gusto!**

Working with a partner, create a dialog in which you ask for one another's names and ages, and where each of you is from. Each person should prepare at least four lines. Practice the dialog and then present it in class. Remember to shake hands when appropriate.

¿De dónde eres tú?

Lectura Cultural

¡Visita las diez maravillas del mundo hispanohablante!

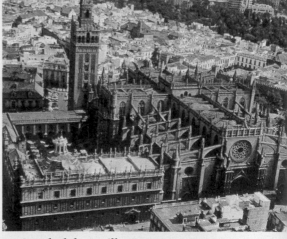

La Catedral de Sevilla, España.

Si estás buscando[1] un destino diferente para tus próximas[2] vacaciones, te invitamos[3] a visitar los sitios de nuestro[4] "tour de los récords del mundo hispanohablante[5]". El tour incluye[6] diez maravillas fascinantes en diferentes lugares[7] del mundo: España, la república africana de Guinea Ecuatorial, América del Sur, América Central, México y el Caribe.

Diez maravillas para visitar:

1. La **Catedral** en Sevilla, España, el edificio[8] gótico[9] más grande[10] de Europa.
2. **Guinea Ecuatorial**, uno de los países más húmedos del planeta.
3. **Ojos del Salado**, Argentina, el volcán activo más alto[11] del planeta.
4. El **Desierto de Atacama**, Chile, el desierto más árido del planeta.
5. **La Paz**, Bolivia, la capital más alta del planeta.
6. **Cuzco**, Perú, la ciudad más antigua[12] habitada de forma continua[13] del continente.
7. El **Salto del Ángel**, Venezuela, la catarata[14] más alta del planeta.
8. **Granada**, Nicaragua, la ciudad colonial más antigua de América Central.
9. La **pirámide Quetzalcóatl** en Cholula, México, la pirámide más grande del planeta.
10. La **Universidad Autónoma de Santo Domingo**, la República Dominicana, la universidad más antigua de América.

[1]If you are looking for   [2]for your next   [3]we invite you   [4]our   [5]Spanish-speaking world   [6]includes   [7]places   [8]building   [9]Gothic (style of architecture)   [10]biggest   [11]highest   [12]oldest city   [13]continuously inhabited   [14]waterfall

29   ¿Qué recuerdas?

Corrige las siguientes oraciones. *(Correct the following sentences.)*

1. El desierto más árido del planeta está en Guinea Ecuatorial.
2. La capital más alta del planeta es Cuzco, Perú.
3. La universidad más antigua de América está en México.
4. El Salto del Ángel es el volcán activo más alto del planeta.
5. La pirámide más grande del planeta está en Egipto.

El Salto del Ángel, Venezuela.

30   Algo personal

1. Name three facts that you learned in this reading. What is the most surprising one? Which world records, if any, did you already know about?
2. If you took this trip around the Spanish-speaking world, which of the ten places would you like to visit the longest? Explain why.

Autoevaluación

As a review and self-check, respond to the following:

1. Answer the question *¿Cómo te llamas?*
2. Say hi to someone in Spanish.
3. How can you ask where someone is from?
4. What do you say to find out how old someone is? How would you answer that question?
5. How can you tell someone in Spanish that you are pleased to meet them?
6. How will learning Spanish be beneficial to you in the future?

Palabras y expresiones

How many of these words and expressions do you know?

Despedidas
  Adiós.
  Hasta luego.
Números
  cero
  uno
  dos
  tres
  cuatro
  cinco
  seis
  siete
  ocho
  nueve
  diez
  once
  doce
  trece
  catorce
  quince
  dieciséis
  diecisiete
  dieciocho
  diecinueve
  veinte
Países
  la Argentina
  Bolivia
  Chile
  Colombia
  Costa Rica

Cuba
el Ecuador
El Salvador
España
los Estados Unidos
Guatemala
Guinea Ecuatorial
Honduras
México
Nicaragua
Panamá
el Paraguay
el Perú
Puerto Rico
la República
  Dominicana
el Uruguay
Venezuela
Palabras interrogativas
  ¿cómo?
  ¿(de) dónde?
Personas
  tú
  yo
Saludos
  Hola.
  Mucho gusto.
Verbos
  eres
  me llamo
  se escribe

soy
te llamas
tengo
tienes
Otras expresiones
  el acento
  aquí
  la capital
  ¿Cómo te llamas?
  con
  ¿Cuántos años tienes?

de
¿Eres (tú) de...?
la mayúscula
la minúscula
el muchacho,
  la muchacha
no
el país
sí
Tengo (number) años.
y

¡Ojo!

The section *Palabras y expresiones* lists vocabulary that you are responsible for knowing how to use. Words and expressions that are for recognition only are not included here. Refer to the *Vocabulario* at the end of *Capítulo 1* for a reference list of definitions or learn to use the Spanish/English dictionary at the back of this book to look up any words and expressions you cannot figure out.

1 ¿Saludo o despedida?

Di si lo que oyes es: *un saludo; una despedida; un saludo y una despedida.* (*Say if what you hear is:* a greeting, a farewell or a greeting and a farewell.)

Es un saludo.

ES UN SALUDO Y UNA DESPEDIDA.

Es una despedida.

2 ¡Hola!

Completa los siguientes diálogos de una manera lógica. (*Complete the following dialogs logically.*)

A: ¡Hola! ¿Qué (1)?
B: Estoy (2).

A: Buenos días, Sra. Fernández.
¿Cómo (3) Ud.?
B: Estoy bien, (4).

A: ¿(5) tal?
B: (6), muy (7).

A: ¿(8) estás, Julia?
B: Estoy (9) mal, Pedro.

¡Extra!

Las abreviaturas

Just as **Mr.** is a shortened form of the word **mister** in English, *Sr.* is an abbreviation (*abreviatura*) for *señor* in Spanish. Other abbreviations: *Srta. (señorita), Sra. (señora), Ud. (usted), Uds. (ustedes), Dr. (doctor)* and *Dra. (doctora).*

3 ¿Adiós?

Escoge la despedida apropiada para las siguientes situaciones.

Hasta luego.   Buenas noches.

Adiós.

Hasta pronto.   Hasta mañana.

1. A friend's family is moving away to live in Madrid.
2. It is Monday morning and you are leaving home to go to school.
3. You are leaving friends at the end of the school day.
4. It is Saturday night and you are leaving your friends to go home after a basketball game.

Diálogo I   Buenos días

ALICIA: Buenos días, Quique. ¿Cómo estás?
QUIQUE: Estoy muy bien.

QUIQUE: ¿Y tú? ¿Qué tal?
ALICIA: Bien, gracias.

ALICIA: Adiós, Quique.
QUIQUE: Adiós, no. Hasta pronto.

¿Qué recuerdas?

Completa las frases de la izquierda con una de las frases de la derecha, según el diálogo *Buenos días*.

1. ¿Cómo...
2. Estoy...
3. ¿Y tú? ¿Qué...
4. Bien,...
5. Adiós,...
6. Hasta...

A. ...muy bien.
B. ...gracias.
C. ...estás?
D. ...pronto.
E. ...Quique.
F. ...tal?

Algo personal

Greet four or five students in class and ask how each one is. Your classmates then answer and ask how you are.

MODELO A: Buenos días/Buenas tardes, *(name of student B)*. ¿Qué tal?
B: Mal. ¿Y tú?
A: Muy bien, gracias.

¡Extra!

¡Estoy muy mal!

¿Por qué?	*Why?*
Me duele la cabeza.	*I have a headache./ My head hurts.*
Me duele el estómago.	*My stomach hurts.*
Me duele la garganta.	*I have a sore throat.*
Tengo catarro.	*I have a cold.*

¿Cuál es una respuesta correcta?

 Escoge una respuesta correcta a lo que oyes.

Bien, gracias.

BUENOS DÍAS.

Adiós, no. Hasta pronto.

Más sobre los saludos

Spanish is the official language in Spain, in eighteen Latin American countries, in the African nation of Equatorial Guinea and in the Commonwealth of Puerto Rico. Spanish is also used extensively in the United States, in Europe and elsewhere for both business and pleasure. Because so many people speak Spanish in so many places around the world, you can well imagine that the words and expressions people use vary a great deal. For example, the most

Buenos días.

Buenas tardes.

common Spanish greetings are the informal *hola* and the more formal *buenos días* (which is used until around noon), *buenas tardes* (which is used until around dusk) and *buenas noches* (which can be used as an evening greeting or as another way to take leave of someone). However, *buenas* is sometimes used by itself as a short form of either *buenas tardes* or *buenas noches*. The word muy can then be added to these expressions for emphasis, as in *muy buenos días* or *muy buenas*.

7 Los saludos en el mundo hispano

¿Sí o no? **Corrige lo que no es lógico.**

1. *Hola* and *Buenos días* are both formal ways to say good-bye.
2. *Buenas tardes* is used to greet someone in the morning.
3. *Buenas noches* is used to greet someone in the evening.
4. You may hear *Buenas* or *Muy buenas* when someone is greeting you in the afternoon or in the evening.

8 Saludos y despedidas

Haz una lista en español de saludos y una lista de despedidas.

MODELO

Saludos	Despedidas
Muy buenas.	Hasta pronto.

Idioma

Formal/Informal

Spanish has several words for **you**. Use the informal *tú* when talking to someone you refer to by a first name. Use the more formal *usted* (abbreviated *Ud.*) when talking to someone you would address using a title (*señor Torres, señorita Jiménez*).

Although throughout the Spanish-speaking world the plural **you** is *ustedes* (abbreviated *Uds.*), in Spain you have two choices for **you** when speaking to more than one person: 1) use the informal *vosotros* (for males or a combination of males and females) or *vosotras* (for females) with two or more friends, family members or younger people; 2) use the more polite and formal *ustedes* (or *Uds.*) when talking with two or more people you address using a title.

	singular	plural
informal	tú	ustedes (*Uds.*)
		vosotros (*masculine*)/vosotras (*feminine*)
formal	usted (*Ud.*)	ustedes (*Uds.*)

 ## Práctica

 ### 9 A saludar

How would you address these people? Choose either *tú, Ud., Uds., vosotros* or *vosotras.*

1. a friend at school
2. your sister
3. your teacher
4. an elderly couple you have just met
5. the principal at your school
6. two close friends (Latin America)
7. two close female friends (Spain)
8. two close male friends (Spain)

Estrategia

Learning from mistakes

Do not be afraid to make mistakes when you use Spanish. They are a natural part of learning a language. By using Spanish every day and by completing assignments, gradually you will notice that you are able to say and understand more and more as the year continues. Of course, there will be challenges throughout the year, but one result of your effort will be a profound sense of accomplishment as your skills and knowledge improve.

¿Tú, usted, ustedes, vosotros o vosotras?

Would you use *tú*, *usted*, *ustedes*, *vosotros* or *vosotras* when talking to these people?

ustedes

1. María y Lupe (México)

vosotros

2. Amalia y José (España)

usted

3. la Sra. Sánchez
   (República Dominicana)

4. Paz, Mercedes y Marta
   (España) *vosotras*

5. Pepe (Ecuador) *tú*

6. el Sr. Fernández y
   el Sr. García (España)
   ustedes

 ¿Cómo están?

Greet these people in Spanish and ask how they are feeling.

 **MODELO**

Paula
Hola, Paula. ¿Cómo estás?/¿Qué tal?

1. Sr. y Sra. Uribe

2. Antonio

3. Jaime y Marta

4. Srta. Sosa

5. Teresa y Raquel

 Comunicación

  Estoy....

You have just walked up to some friends. In groups of three, talk about how you are feeling. Be sure everyone in the group practices each of the roles shown (*A*, *B* and *C*).

MODELO   **A:** *(Greet two classmates and ask how they feel.)*
   B: *(Say how you feel.)*
   C: *(Say how you feel and ask how student A feels.)*
   A: *(Say how you feel.)*

Sí, lo siento, con mucho gusto.

Con permiso.

Perdón, ¿cómo te llamas?

Me llamo María.

Por favor, ¿qué hora es?

Muchas gracias.

Es la una.

De nada.

Es la una menos veinte.

Es la una.

Es la una y cinco.

Es la una y cuarto.

Es la una y media.

Son las dos menos cuarto.

Es mediodía.

Es medianoche.

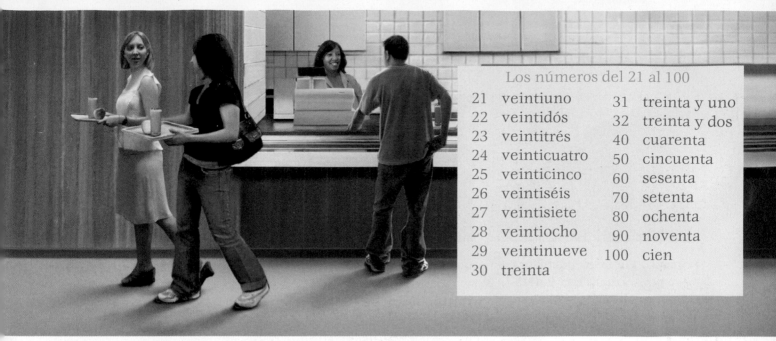

Los números del 21 al 100	
21 veintiuno	31 treinta y uno
22 veintidós	32 treinta y dos
23 veintitrés	40 cuarenta
24 veinticuatro	50 cincuenta
25 veinticinco	60 sesenta
26 veintiséis	70 setenta
27 veintisiete	80 ochenta
28 veintiocho	90 noventa
29 veintinueve	100 cien
30 treinta	

13 **Los números hasta cien**

 Escribe los números que oyes.

MODELO treinta

14 **Conexión con otras disciplinas: matemáticas**

Completa de forma lógica las siguientes series de números hasta 100.

1. cero, cinco, diez...
2. cero, siete, catorce...
3. cero, once, veintidós...
4. cero, trece, veintiséis, treinta y nueve...

Nueve por nueve, ochenta y uno.

Diálogo II   ¿Cómo te llamas?

QUIQUE: Por favor, ¿qué hora es?
PALOMA: Son las tres y diez.
QUIQUE: Muchas gracias.

QUIQUE: Perdón, ¿cómo te llamas?
PALOMA: Me llamo Paloma.
QUIQUE: Mucho gusto. Me llamo Quique.

PALOMA: Con permiso.
QUIQUE: Sí, lo siento.

---

15 ¿Qué recuerdas?

1. ¿Qué hora es en el diálogo?
2. ¿Qué dice el muchacho antes de preguntar el nombre a la muchacha? (What does the boy say before asking the girl's name?)
3. ¿Cómo se llama la muchacha?
4. ¿Cómo se llama el muchacho?
5. ¿Qué dice la muchacha antes de bajar del autobús? (What does the girl say before getting off the bus?)

16 Algo personal

1. ¿Qué hora es?
2. ¿Cómo te llamas?

17 ¿Qué hora es?

 Escribe la hora que oyes. *(Write the time you hear.)*

MODELO   9:25

3:10	*1:30*	6:00	4:20
9:25		12:40	5:15

Con cortesía

The expressions Perdón and Con permiso are equivalent to "Excuse me." However, these expressions are used in different situations. Use Perdón to interrupt a conversation, to get someone's attention, to indicate you do not understand what someone said or to excuse yourself if you bump into someone. Con permiso, on the other hand, is used more specifically to ask someone to let you pass by or to politely let someone know you are about to leave.

Perdón, ¿dónde está... ?

---

18 Lo cortés no quita lo valiente

Selecciona la respuesta más apropiada para cada (each) situación en la ilustración.

- De nada.
- Muchas gracias.
- Perdón, ¿qué hora es?
- Con permiso.
- Cuatro, por favor.
- Perdón.
- Con mucho gusto.
- Perdón. Lo siento.

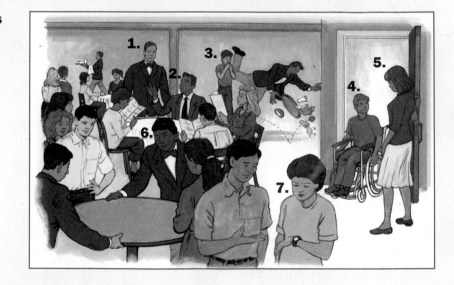

19 ¿Qué dices?

Indicate which of these expressions you would use in the following situations.

Con permiso.	Perdón.	Dos, por favor.
De nada.	Con mucho gusto.	No, gracias.
Muchas gracias.	Perdón. Lo siento.	Perdón, ¿qué hora es?

1. You want to politely refuse an offer to do something.
2. A friend asks you for help.
3. Someone thanks you for doing something.
4. You step on someone's foot.
5. You are on an elevator standing behind other people and you want to exit.
6. You politely ask for two movie tickets.
7. Someone speaks to you so quickly in Spanish that you cannot understand what the person is saying.

Idioma

Time

- You can find out what time it is by asking *¿Qué hora es?* When giving the time in Spanish, use *Es la una* to refer to one o'clock and *Son las* (+ number) to indicate any other hour.

  1:00 *Es la una.*   2:00 *Son las dos.*

- Use *y* (+ number of minutes through *veintinueve*) to add minutes after the hour or *menos* (+ number of minutes through *veintinueve*) to indicate time before the hour.

  2:29 *Son las dos y veintinueve.*   2:31 *Son las tres menos veintinueve.*

- Add *y cuarto* for a quarter past the hour, *y media* for half past the hour and *menos cuarto* for a quarter to the hour.

  4:15 *Son las cuatro y cuarto.*   4:30 *Son las cuatro y media.*
  4:45 *Son las cinco menos cuarto.*

- In Spanish, the expression A.M. is equivalent to *de la mañana* (in the morning). Morning goes from midnight to noon. P.M. is equivalent to *de la tarde* (in the afternoon) or to *de la noche* (at night). Afternoon is from noon to around 6:00 P.M., and night extends from 6:00 P.M. to midnight.

- Two additional useful expressions: *Es mediodía* (It is noon) and *Es medianoche* (It is midnight).

Práctica

 20 **La hora**

Indica qué hora es.

MODELO

Son las cinco.

1

2

3

4

5

6

7

8

La entrevista

Completa el siguiente diálogo de una manera lógica.

LORENZO:	Buenos (1), Sra. Vargas.
SRA. VARGAS:	¡Hola, Lorenzo! ¿Cómo (2)?
LORENZO:	Estoy bien, (3). ¿Y (4)?
SRA. VARGAS:	(5) muy bien.
LORENZO:	(6), ¿(7) hora es?
SRA. VARGAS:	(8) las diez y media de la (9).
LORENZO:	¿No son (10) nueve y media?
SRA. VARGAS:	No.
LORENZO:	¡Uy! Tengo clase de español. Hasta (11).
SRA. VARGAS:	Adiós, hasta (12).

Los gestos

Gestures and other non-spoken language are important when talking with people in Spanish about how they feel: In several countries, turning your thumb up indicates you feel well, whereas turning your thumb down signals you do not feel well.

bien mal

 Comunicación

 Por favor, ¿qué hora es?

 Imagine you have stopped someone on the street to politely ask what time it is. Take turns asking for and stating the indicated time.

MODELO

A: Por favor, ¿qué hora es?
B: Son las siete y cuarto (y quince) de la mañana.
A: Muchas gracias.

1   **2**   **3**   **4**

5   **6**   **7**   **8**

Lectura personal

http://www.emcp.com/músico/aventura1/e.diario-1.htm

Dirección

Archivo   Edición   Ver   Favoritos   Herramientas   Ayuda

página principal   miembros   e-diario

Grupo musical La OLA

Faltan ocho días para la Gira Mundial

1. Yo me llamo Manuel. Tengo diecinueve años. Soy de Panamá.
2. Hola. Me llamo Xavier. Tengo dieciocho años y soy mexicoamericano, de Chicago.
3. ¡Hola! Me llamo Yadira. Tengo quince años y soy de México.
4. Hola, me llamo Chantal. Soy de la República Dominicana y tengo dieciséis años.
5. Hola. Me llamo Carlos. Soy de Chile. Tengo diecisiete años.
6. ¡Hola! Yo me llamo Ceci. Tengo dieciocho años y soy de Uruguay.

---

23 ¿Qué recuerdas?

Match the person on the right with the information on the left.

1. 19 años	A. Yadira
2. Uruguay	B. Xavier
3. 17 años	C. Ceci
4. México	D. Manuel
5. 16 años	E. Carlos
6. Chicago	F. Chantal

24 Algo personal

1. What kind of music do you think the band La Ola plays? Do you listen to music in Spanish? If so, what is the name of the band or singer?
2. You have now seen pictures of people who are from various Spanish-speaking countries. Do you think you can tell what language someone speaks just by looking at the person?

Autoevaluación

As a review and self-check, respond to the following:

1. How would you greet your teacher in the morning in Spanish?
2. What might you ask to find out how a friend feels? Two classmates?
3. Ask for the time in Spanish.
4. Say it is 8:45 at night.
5. What should you say to ask for something politely in Spanish?
6. What do you say to thank someone in Spanish?

Palabras y expresiones

How many of these words and expressions do you know?

Cortesía
con mucho gusto
con permiso
de nada
(muchas) gracias
lo siento
perdón
por favor

Gente
el señor (Sr.)
la señora (Sra.)
la señorita (Srta.)
usted (Ud.)
ustedes (Uds.)
vosotros,-as

La hora
de la mañana
de la noche
de la tarde
Es la.... / Son las....
Es medianoche.
Es mediodía.
la hora
la mañana
menos
la noche
¿Qué hora es?
la tarde
y cuarto
y media

Números
veintiuno
veintidós
veintitrés

veinticuatro
veinticinco
veintiséis
veintisiete
veintiocho
veintinueve
treinta (y uno, etc.)
cuarenta
cincuenta
sesenta
setenta
ochenta

noventa
cien

Saludos y despedidas
Buenas noches.
Buenas tardes.
Buenos días.
Hasta mañana.
Hasta pronto.

Verbos
es
está (él, ella)
está (Ud.)

están (Uds.)
estás (tú)
estoy
son

Otras expresiones
bien
mal
muy
pronto
¿Qué tal?
regular

¡Con permiso!

¡Viento en popa!

Tú lees

Estrategia

Using cognates to understand Spanish

Spanish will be more enjoyable to read if you learn some techniques that will help you recognize cognates. For example, many words that end in *-ión* have English counterparts that end in **-tion,** such as *información* (information). Look at the endings in these words: *adicional, biología.* Can you guess what they mean? What would be the endings of their English equivalents?

Preparación

Contesta a las siguientes preguntas como preparación para la lectura:

1. Give five examples of cognates you have seen in *Capítulo 1*.
2. Find at least five cognates in the country information that follows.

El mundo hispanohablante

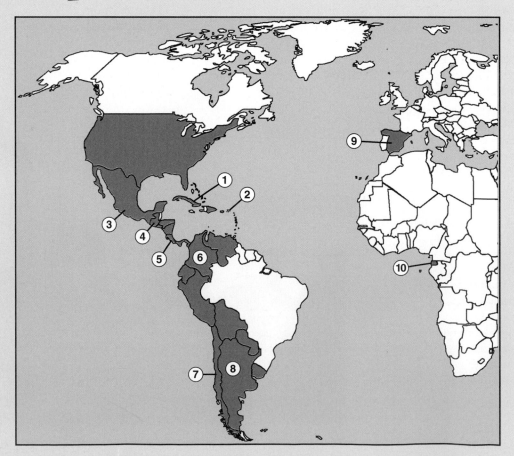

① Nombre oficial: República de Cuba
Capital: La Habana
Poblacion aproximada: 11,2 millones
Moneda: el peso
Persona famosa: José Martí (escritor, revolucionario)

② Nombre oficial: Puerto Rico
Capital: San Juan
Población aproximada: 3,9 millones
Moneda: el dólar (EE.UU.)
Persona famosa: Ricky Martin (cantante)

③ Nombre oficial: Estados Unidos Mexicanos
Capital: México, D.F.
Población aproximada: 101 millones
Moneda: el peso
Persona famosa: Octavio Paz (escritor, premio Nobel de Literatura)

④ Nombre oficial: República de El Salvador
Capital: San Salvador
Poblacion aproximada: 6,3 millones
Moneda: el colón
Persona famosa: Francisco Gavidia (dramaturgo)

⑤ Nombre oficial: República de Costa Rica
Capital: San José
Población aproximada: 3,9 millones
Moneda: el colón
Persona famosa: Óscar Arias Sánchez (ex-presidente, premio Nobel de la Paz)

⑥ Nombre oficial: Colombia
Capital: Bogotá
Población aproximada: 43 millones
Moneda: el peso
Persona famosa: Gabriel García Márquez (escritor, premio Nobel de Literatura)

⑦ Nombre oficial: República de Chile
Capital: Santiago de Chile
Población aproximada: 15 millones
Moneda: el peso
Persona famosa: Isabel Allende (escritora)

⑧ Nombre oficial: República Argentina
Capital: Buenos Aires
Población aproximada: 37 millones
Moneda: el peso
Persona famosa: Jorge Luis Borges (escritor, poeta)

⑨ Nombre oficial: España
Capital: Madrid
Población aproximada: 40 millones
Moneda: el euro
Persona famosa: Pablo Picasso (pintor)

⑩ Nombre oficial: Guinea Ecuatorial
Capital: Malabo
Población aproximada: 500.000
Moneda: el franco CFA
Persona famosa: Teodoro Obiang (presidente)

A ¿Qué recuerdas?

Match the famous person named in column A with the country he or she is from under column B.

Column A	Column B
1. Jorge Luis Borges	A. México
2. Isabel Allende	B. Costa Rica
3. Pablo Picasso	C. Chile
4. Octavio Paz	D. Guinea Ecuatorial
5. Teodoro Obiang	E. Argentina
6. Óscar Arias	F. España
7. José Martí	G. El Salvador
8. Francisco Gavidia	H. Cuba

B Algo personal

1. Can you name any famous Hispanic people? Who? Name four or five people, if you can, and say why they are well known.
2. If you could have a conversation with one of the famous people mentioned above, who would it be? Why?

Tú escribes ■ ■ ■ ■ ■ ■ ■ ■ ■

Estrategia
Using the dictionary

In addition to checking how words are spelled, you can use a dictionary to get a clearer and more accurate understanding of what words mean and to avoid misunderstandings. For example, you have already learned the difference between cognates and false cognates. A good way to make sure that a word is not a false cognate is to look it up in a dictionary.

A How many of these words can you recognize?

Look them up in the dictionary and decide which are cognates *(cognados)* and which are false cognates *(cognados falsos)*.

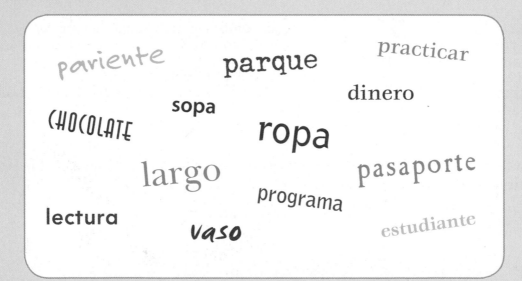

pariente   parque   practicar

sopa   dinero

CHOCOLATE   ropa

largo   pasaporte

lectura   programa   estudiante

vaso

B Make a list of some cognates you have learned.

Use what you know about word endings to think of words that might have cognates in Spanish. Then check your guesses in the dictionary. Find at least three new cognates.

Proyectos adicionales ■ ■ ■ ■ ■ ■

A Conexión con la tecnología

Research one of the countries where Spanish is the official language. You might surf the Web to try to find a home page that provides information on festivals, holidays, restaurants, maps and so forth. Then create your own travel brochure that features that country.

B Comunidades

You have already learned where Spanish is spoken in the world. Working in groups of three or four, prepare a list of several famous people *(las personas famosas)* who speak Spanish and say where they are from.

Estrategia

Recognizing community connections

As you learn Spanish this year, you will also learn about the culture of the people who speak Spanish. Who are they? Where do they live? What is their history? What contributions have they made to the world? Read newspapers, watch television, search the Internet and try to find out more about the influence Spanish has on the world today.

C Conexión con otras disciplinas: geografía

Draw your own map of the Spanish-speaking world. Include the names of the Spanish-speaking countries, their capital cities, major bodies of water, large mountain chains, etc. Make the finished map attractive by adding color and any other details you wish. Present the map to the class.

Visita Honduras

REPASO

Now that I have completed this chapter, I can ...

Go to these pages for help:

ask for and give names.	2
ask or tell where someone is from.	8
ask for and state age.	8
greet people and say good-bye.	18
ask and tell how someone is feeling.	18
express courtesy.	24
ask for and state the time.	24

I can also ...

spell words in Spanish.	2
use appropriate gestures to greet people.	5
identify where Spanish is spoken.	8
state why learning Spanish may be beneficial in one's life.	14
recognize the difference between informal and formal in Spanish.	22
read a simple narrative in Spanish.	30

Trabalenguas

Tres tristes tigres tragaban trigo en tres tristes trastos sentados tras un trigal.

Resolviendo el misterio

After watching Episode 1 of *El cuarto misterioso*, answer the following questions.

1. With whom does José live?

2. Who are the girls that José meets?

3. What is José studying?

Vocabulario

el **acento** accent *1A*
Adiós. Good-bye. *1A*
aquí here *1A*
la **Argentina** Argentina *1A*
bien well *1B*
Bolivia Bolivia *1A*
Buenas noches. Good night *1B*; *Buenas tardes.* Good afternoon *1B*
Buenos días. Good morning *1B*
la **capital** capital *1A*
catorce fourteen *1A*
cero zero *1A*
Chile Chile *1A*
cien one hundred *1B*
cinco five *1A*
cincuenta fifty *1B*
Colombia Colombia *1A*
¿cómo? how?, what? *1A*; *¿Cómo te llamas?* What is your name? *1A*
con with *1A*; *con mucho gusto* I would be very glad to *1B*; *con permiso* excuse me, may I *1B*
Costa Rica Costa Rica *1A*
¿Cuántos años tienes? How old are you? *1A*
cuarenta forty *1A*
cuatro four *1A*
Cuba Cuba *1A*
de from *1A*; *(¿de) dónde?* (from) where? *1A*; *de la mañana* in the morning, A.M. *1B*; *de la noche* at night, P.M. *1B*; *de la tarde* in the afternoon, P.M. *1B*; *de nada* you are welcome *1B*
diecinueve nineteen *1A*
dieciocho eighteen *1A*
dieciséis sixteen *1A*
diecisiete seventeen *1A*
diez ten *1A*
doce twelve *1A*
dos two *1A*
el **Ecuador** Ecuador *1A*
El Salvador El Salvador *1A*
eres you (informal) are *1A*; *¿Eres (tú) de...?* Are you from...? *1A*
es you (formal) are, he/she/it is *1B*; *Es la una.* It is one o'clock. *1B*; *Es medianoche.* It is midnight. *1B*; *Es mediodía.* It is noon. *1B*
España Spain *1A*
está (él, ella) you are *1B*; *está (Ud.)* you (formal) are *1B*
los **Estados Unidos** United States *1A*
están (Uds.) you are (pl.) *1B*
estás (tú) you (informal) are *1B*
estoy I am *1B*
Guatemala Guatemala *1A*

Guinea Ecuatorial Equatorial Guinea *1A*
Hasta luego. See you later. *1A*; *Hasta mañana.* See you tomorrow. *1B*; *Hasta pronto.* See you soon. *1B*
Hola. Hello. *1A*
Honduras Honduras *1A*
hora hour *1B*
lo siento I am sorry *1B*
mal badly *1B*
mañana tomorrow *1B*
la **mañana** morning *1B*
la **mayúscula** capital letter *1A*
me llamo my name is *1A*
menos (cinco, cuarto, etc.) minus, to, until, before (to express time) *1B*
México Mexico *1A*
la **minúscula** lowercase *1A*
la **muchacha** girl, young woman *1A*
el **muchacho** boy, guy *1A*
(muchas) gracias thank you (very much) *1B*
¡Mucho gusto! Glad to meet you! *1A*
muy very *1B*
Nicaragua Nicaragua *1A*
no no *1A*
la **noche** night *1B*
noventa ninety *1B*
nueve nine *1A*
ochenta eighty *1B*
ocho eight *1A*
once eleven *1A*
el **país hispano** Hispanic country *1A*
Panamá Panama *1A*
el **Paraguay** Paraguay *1A*
perdón excuse me, pardon me *1B*
el **Perú** Peru *1A*
por favor please *1B*
pronto soon, quickly *1B*
Puerto Rico Puerto Rico *1A*
¿Qué hora es? What time is it? *1B*
¿Qué tal? How are you? *1B*
quince fifteen *1A*
regular average, so-so, regular *1B*
la **República Dominicana** Dominican Republic *1A*
se escribe it is written *1A*
seis six *1A*
el **señor (Sr.)** gentleman, sir, Mr. *1B*
la **señora (Sra.)** lady, madame, Mrs. *1B*
la **señorita (Srta.)** young lady, Miss *1B*
sesenta sixty *1B*
setenta seventy *1B*
sí yes *1A*
siete seven *1A*

son they are *1B*; *Son las (+ number).* It is (+ number) o'clock. *1B*
soy I am *1A*
la **tarde** afternoon *1B*
te llamas your name is *1A*
tengo I have *1A*; *Tengo (number) años.* I am (number) years old. *1A*
tienes you have *1A*
trece thirteen *1A*
treinta (y uno, etc.) thirty (one, etc.) *1B*
tres three *1A*
tú you (informal) *1A*
uno one *1A*
el **Uruguay** Uruguay *1A*
usted (Ud.) you (s.) *1B*
ustedes (Uds.) you (pl.) *1B*
veinte twenty *1A*
veinticinco twenty five *1B*
veinticuatro twenty four *1B*
veintidós twenty two *1B*
veintinueve twenty nine *1B*
veintiocho twenty eight *1B*
veintiséis twenty six *1B*
veintisiete twenty seven *1B*
veintitrés twenty three *1B*
veintiuno twenty one *1B*
Venezuela Venezuela *1A*
vosotros,-as you (Spain, pl.) *1B*
y and *1A*; *y cuarto* quarter past, quarter after *1B*; *y media* half past *1B*
yo I *1A*

Estrategia

Learning vocabulary

Try to learn new vocabulary in a context (illustration, dialog, word groupings, etc.), since that will help you to use Spanish without having to translate word for word. Look at the words and expressions in the *Vocabulario* to see how many you remember. Say them aloud. If you have forgotten a word, return to where it was first introduced in order to check its meaning.

CAPÍTULO 2

En mi colegio

El cuarto misterioso

Answer the following questions about this screenshot from *Episodio 2–¿Qué hora es?*

1. Where does this scene take place?
2. What are the names of some classes that José and Conchita probably take?
3. What conversation do you think will take place between José and Conchita?
4. What are some activities that young people do to have fun?

DVD 1, Track 16. José invites Conchita for a soda after Ana claims that she is too busy. During their conversation, José and Conchita discover that they have many things in common.

Objetivos

el bolígrafo

identify people and classroom objects

¿A qué hora terminan las clases en tu colegio? ¿A las tres o a las tres y media?

Terminan a las tres de la tarde.

la camiseta

la falda

los jeans

los calcetines

discuss school schedules and daily activities

ask for and give names

¿De dónde es él?

Él es de California.

ask or tell where someone is from

describe classroom objects and clothing

say some things people do

state location

talk about how someone feels

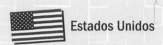

1 ¿Quién?

Selecciona la foto de la(s) persona(s) apropiada(s).

A

B

C

D

2 Minidiálogos

Completa los minidiálogos con las palabras apropiadas. *(Complete the mini-dialogs with appropriate words.)*

A

eres **quién** él

dónde te llamas *ella*

B

soy *es* me

se llama

A: ¿Quién es él?
B: Él es José.

A: ¿Cómo se llama (1)?
B: (2) Alejandro.

A: ¿(3) es?
B: ¿Ella?
A: No, (4) no. ¿Quién es él?

A: ¿De (5) es Daniel?
B: (6) de Miami.

A: Y, ¿cómo (7) tú?
B: Yo (8) llamo Marta.

A: ¿De dónde (9) tú?
B: (10) de El Paso.

Él es José.

Capítulo 2

cuarenta y uno 41

Diálogo I ¿Cómo se llama ella?

RAÚL: Laura, ¿quién es?
LAURA: ¿Él?
RAÚL: No, ella.

RAÚL: ¿Cómo se llama ella?
LAURA: Se llama Diana.
RAÚL: ¿Es de aquí?
LAURA: No, ella es de Los Ángeles.
DIANA: ¿Quién eres tú?

RAÚL: Perdón. Me llamo Raúl.
DIANA: Mucho gusto, Raúl.
RAÚL: Mucho gusto, Diana.

  ## ¿Qué recuerdas?

1. ¿Quién es el muchacho?
2. ¿Es Laura un muchacho?
3. ¿Cómo se llama la muchacha de Los Ángeles?

  ## Algo personal

1. ¿Eres tú de California? ¿De dónde eres?
2. ¿Cómo se llama la capital de los Estados Unidos?

  ## ¡No es lógico!

 Escucha la información y corrige lo que no es lógico. *(Listen to the information and correct what is not logical.)*

1. Raúl

2. Laura y Diana

3. María

La influencia hispana en los Estados Unidos

Have you been to a Mexican or Spanish restaurant? Do you recognize the names Sammy Sosa or Shakira? Perhaps you have studied art by famous Latino/Hispanic artists. Examples of how the Hispanic culture has influenced daily life in the United States abound. Words that have Spanish origins are one example that you experience every day of the strong influence that Spanish cultures

Adobe en Santa Fe, Nuevo México.

have probably had in your community. Have you ever sat outside on a *patio* or taken a *siesta* in your free time? If so, then you have enjoyed some of the rich Hispanic heritage that exists in the United States today. Here are other words that have been borrowed from Spanish:

adobe   rodeo   plaza   mosquito   chile

The Spaniards explored and settled parts of America years before the arrival of the pilgrims on the *Mayflower*. Thanks to these early settlers, communities throughout the United States today reflect their rich Spanish colonial architecture, delicious foods, interesting geographical names and much more.

6 Conexión con otras disciplinas: geografía

Using a dictionary, encyclopedia or the Internet, research these geographical names that have come to the English language from the Spanish language. Give the English equivalent for each word. Then find each place on a map.

1. Los Ángeles
2. Las Vegas
3. Amarillo
4. Boca Ratón
5. Florida
6. Río Grande
7. Colorado
8. Alcatraz
9. Nevada

7 Conexión con la comunidad

Tell where Spanish is used in your community or state. Are you aware of any other Hispanic influences in your community?

Estructura

Subject pronouns and the verb *ser*

- You will often use subject pronouns (*pronombres personales*) when discussing people in Spanish. You have already used subject pronouns with the following forms of the verb *ser* (to be) to identify people and to say where someone is from.

ser					
yo	**soy**	*I am*	nosotros nosotras	**somos**	*we are*
tú	**eres**	*you are*	vosotros vosotras	**sois**	*you are*
Ud. él ella	**es**	*you are* *he (it) is* *she (it) is*	Uds. ellos ellas	**son**	*you are* *they are* *they are*

- Make a sentence negative in Spanish by placing *no* before the verb.

  Alicia es de Arizona.   →   *Alicia **no** es de Arizona.*

- Subject pronouns may be used with or without a verb. They may not be needed if the subject is already known or if the verb form itself identifies the subject.

*¿De dónde eres (**tú**)?*	Where are **you** from?
*(**Yo**) Soy de Indiana. ¿Y **él**?*	**I** am from Indiana. And **he**?
*(**Él**) Es de Virginia.*	**He** is from Virginia.

- The plural forms *nosotras, vosotras* and *ellas* refer only to females, while the subject pronouns *nosotros, vosotros* and *ellos* are used to refer either to males only or to a mixed group of both males and females.

***Ellos** son de Miami.*	**They (the boys)** are from Miami.
***Ellas** son de Charleston.*	**They (the girls)** are from Charleston.

  but:

***Ellos** son de los Estados Unidos.*	**They (the boys and girls)** are from the United States.

Práctica

8 En tu colegio

Complete this conversation with your teacher as you review a list of people who speak Spanish. Use the appropriate subject pronoun.

MODELO A: ¿Felipe?
        B: No, él no.

1. A: ¿Yo?
   B: Sí, __ sí.
2. A: ¿La Srta. Barnés?
   B: No, __ no.
3. A: ¿Paul y Luisa?
   B: Sí, __ sí.
4. A: ¿David y Ud.?
   B: Sí, __ sí.
5. A: ¿La profesora de música?
   B: No, __ no.

6. A: ¿Uds.?
   B: Sí, __ sí.
7. A: ¿Teresa, Daniel y yo?
   B: Sí, __ sí.
8. A: ¿Miguel y Jaime?
   B: Sí, __ sí.
9. A: ¿Tú y yo?
   B: Sí, __ sí.

9 Los estudiantes de mi colegio

Completa las oraciones de una manera lógica con la forma correcta del verbo ser. (Complete the sentences logically with the correct form of the verb ser.)

1. ¿Tú __ de South Bend, Indiana?
2. Él __ de Seattle, Washington.
3. Ellas __ de San Antonio, Texas.
4. Ella __ de Denver, Colorado.
5. Ellos __ de San Diego, California.
6. Yo __ de (name of your city and state).
7. Nosotros __ de (los)....

 ¡Extra!

Ser

Ser is irregular, which means its six different forms do not follow the same predictable pattern that regular verbs do. Also, although the subject pronouns *Ud., él* and *ella* are different in meaning, they share the same verb form, as do *Uds., ellos* and *ellas.*

10 ¡No!

Show that you disagree with these statements by making them negative.

MODELO Teresa y Daniel son de España.
        Teresa y Daniel no son de España.

1. Soy de París.
2. Diana es de Nueva York.
3. Ella es de aquí.
4. Me llamo Hernán.
5. Se llama Luz.
6. Nosotros somos de la Argentina.

Teresa y Daniel no son de España.

11 La influencia hispana

Your class is studying Hispanic influence in the United States. With a classmate, take turns asking and answering where some well-known people are from.

MODELO Shakira / Colombia
A: ¿De dónde es Shakira?
B: Ella es de Colombia.

1. Penélope Cruz y Antonio Banderas / España
2. Jimmy Smits y Christina Aguilera / Estados Unidos
3. Don Francisco / Chile
4. Pedro Martínez y Sammy Sosa / la República Dominicana
5. Juan Pablo Montoya y Carlos Vives / Colombia
6. Rubén Blades / Panamá
7. Daisy Fuentes y Gloria Estefan / Cuba
8. Salma Hayek / México

Shakira es de Colombia.

12 ¿Por qué son famosos?

You are going to do a report about famous Spanish-speaking people. Find out who these people are and say what field of expertise they have in common.

MODELO Jorge Luis Borges, Isabel Allende, José Martí
Ellos son escritores.

> **cantantes** *(singers)*   *atletas (athletes)*
> *actores (actors)*
> **pintores** *(painters)*   *escritores (writers)*

1. Jimmy Smits, Penélope Cruz, Salma Hayek
2. Shakira, Enrique Iglesias, Ricky Martin
3. Sergio García, Sammy Sosa, Juan Pablo Montoya
4. Fernando Botero, Pablo Picasso, Diego Rivera

Comunicación

13 ¡Son de muchos países!

With a classmate, talk about where the famous people mentioned in activity 12 are from. Then look up a few other Spanish-speaking celebrities, indicating their profession and/or where they are from.

MODELO Jorge Luis Borges
A: ¿De dónde es Jorge Luis Borges?
B: Es de Argentina.

14 Es de...

With a partner, discuss where the following people are from, according to the illustration.

> **MODELO** Alicia
> **A:** ¿De dónde es Alicia?
> **B:** Es de (los) Estados Unidos.

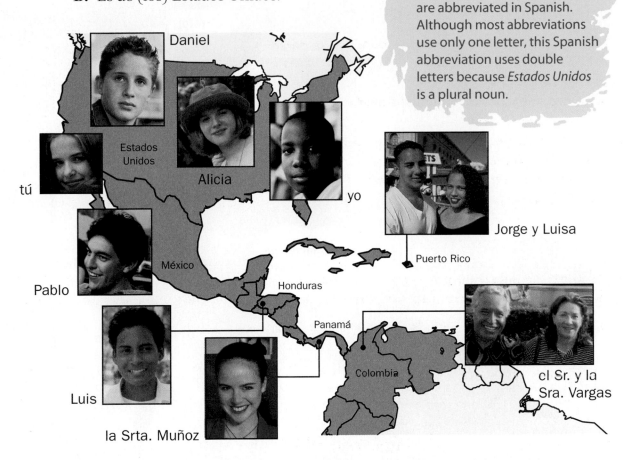

1. Pablo
2. Luis
3. tú
4. Jorge y Luisa
5. Daniel, tú y yo
6. la Srta. Muñoz
7. yo
8. el Sr. y la Sra. Vargas

15 Juego: ¿De dónde es?

Write the names of three famous Hispanics who are well known in the United States, adding where they are from. Next, in groups of three, take turns asking where someone on your list is from. Others in the group must try to guess where each celebrity is from until one person guesses the correct country.

> **MODELO** **A:** ¿De dónde es Jennifer López?
> **B:** Es de Ecuador.
> **A:** No, no es de Ecuador.
> **C:** Es de Estados Unidos.
> **A:** Sí, es de Estados Unidos.

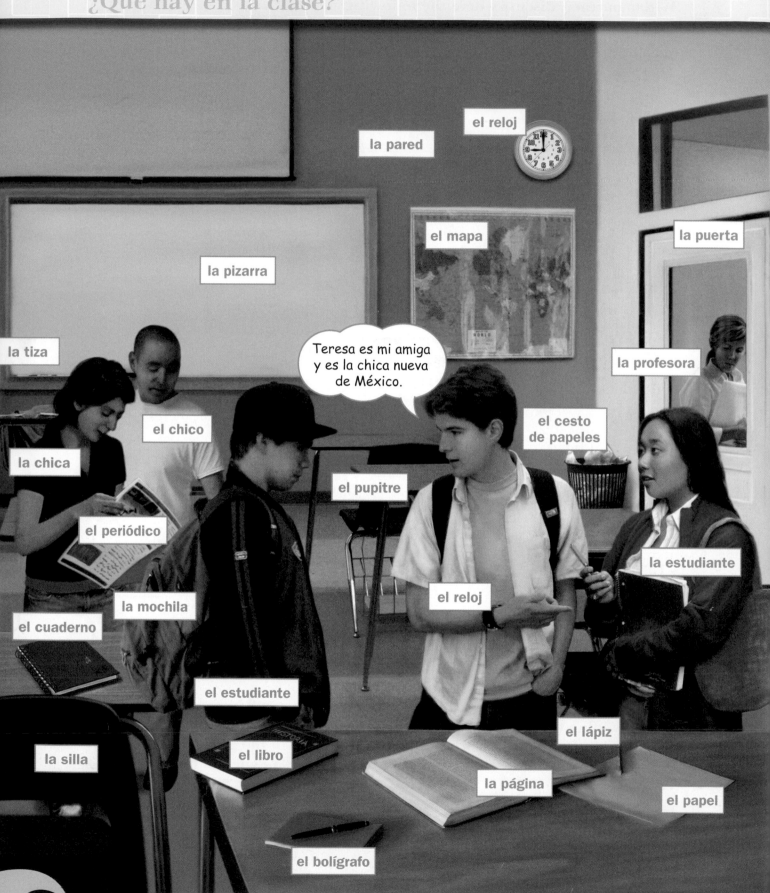

la pared

el reloj

el mapa

la puerta

la pizarra

la tiza

Teresa es mi amiga y es la chica nueva de México.

el chico

la profesora

la chica

el cesto de papeles

el pupitre

el periódico

la estudiante

la mochila

el reloj

el cuaderno

el estudiante

el lápiz

la silla

el libro

la página

el papel

el bolígrafo

16 ¿Qué es?

🔊 Identifica los objetos que oyes. *(Identify the objects you hear.)*

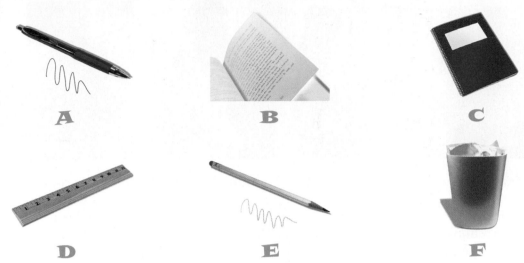

A B C

D E F

17 No comprendo una palabra

👥 With a classmate, take turns pretending you do not know the word in Spanish to identify various objects in your classroom. Ask one another *¿Cómo se dice* (plus a word in English)? as you point to an object. Your partner must then tell you how to say the word in Spanish using *Se dice* (plus the word in Spanish).

MODELO **A:** ¿Cómo se dice *wall?*
    B: Se dice *pared.*

Diálogo II La nueva estudiante de Los Ángeles

CARLOS: ¿Quién es la chica con la mochila?
RAÚL: ¿Qué quiere decir la palabra *mochila*?
CARLOS: Quiere decir *backpack*.

RAÚL: Ella es la estudiante nueva de Los Ángeles.
CARLOS: ¿Cómo se llama?
RAÚL: Se llama Diana y es mi amiga.

DIANA: Perdón, chicos. ¿Cómo se dice *clock* en español?
CARLOS: Se dice reloj.
DIANA: Muchas gracias.

18 ¿Qué recuerdas?

1. ¿Qué quiere decir la palabra *mochila*?
2. ¿De dónde es la chica con la mochila?
3. ¿Quién es la estudiante nueva?
4. ¿Es la estudiante nueva amiga de Carlos?
5. ¿Cómo se dice *clock* en español?
6. ¿Hay un reloj en la clase?

En otras palabras

As in English, Spanish words and expressions can vary according to where the speaker has lived. Look at these examples:

el bolígrafo	*el boli, la pluma, el lapicero, el estilo*
el borrador	*la goma*
el cesto de papeles	*la papelera, la caneca, el basurero*
el escritorio	*el buró*
el estudiante	*el alumno, el compañero (de clase)*
la estudiante	*la alumna, la compañera (de clase)*
la mochila	*la bolsa, el bulto*
el sacapuntas	*el afilalápices, el cortalápices*

19 Algo personal

1. ¿Tienes una mochila?
2. ¿Tienes un reloj? ¿Qué hora es?

20 ¿Sí o no?

¿Son lógicos los diálogos? Corrige lo que no es lógico.

21 Tu propio diálogo

With a partner, use the previous dialog as a model to create your own dialog. Use your own names, change the italicized words and make any other changes you feel are appropriate.

Cultura Viva II

El español en los Estados Unidos

In the United States, over thirty million people use Spanish daily for business or pleasure. Many American cities are becoming bilingual because of their large Spanish-speaking communities. In fact, Spanish is the second language of the United States. Los Angeles, Miami, San Antonio, New York and numerous other cities across the United States have Spanish television and radio stations, Spanish newspapers and magazines and bilingual signs in most public places. The Hispanic presence is increasing rapidly in the United States and influencing many aspects of the American culture and economy. Look around, you may find you can experience more Spanish than you ever realized!

---

 22 Oportunidades de trabajo

Answer the questions below based on the following classified advertisements.

Compañía multinacional ubicada en Chicago
busca
Secretario/a bilingüe Español-inglés
Responsabilidades: mantener archivos, contestar teléfonos y escribir cartas para los clientes hispanohablantes.
Experiencia mínima: 1 año
Salario: $30.000 anuales
Para mayor información llame al (312) 100-7799.

BANCO CAMINO REAL
necesita
Director(a) de Servicio al Cliente
Se prefiere persona bilingüe (español e inglés), con fluidez y excelentes habilidades de escritura en ambas lenguas, buen manejo de las relaciones personales e impecable presentación. Se requiere experiencia mínima de 3 años. Interesados por favor enviar curriculum vitae a: Banco Camino Real, 201 SW Black Rd., Austin, TX 78701-6384.

Se requieren profesores para Español y Literatura
Prestigiosa escuela privada busca profesores de español y literatura para la primavera. Los interesados deben tener un Masters en educación y tener licencia para enseñar en el estado de New Mexico. Se requiere un mínimo de dos años de experiencia.
Candidatos favor enviar su CV con carta de presentación a P.O Box 75634, Albuquerque, NM 87106.

---

1. How much experience is needed for the job as a bilingual secretary?
   For the position as a teacher?
   For the position as the director of customer service at the bank?

2. How do you find out about the *secretario/a bilingüe* job? About the other two jobs?

3. Where is the company located that is looking for a bilingual secretary?

4. What type of business do you think *Banco Camino Real* is?

5. Which job includes keeping archives, answering phones and writing letters?

6. Which job requires a college degree? Why do you think a degree is important for this job?

¡Oportunidades!

Las ventajas de ser bilingüe

Many American companies today are searching for bilingual employees who can expand their market and increase sales to the growing population of Spanish speakers in the United States. Being bilingual may be the advantage you need to compete in the job market.

Estructura

Using definite articles with nouns

- Nouns refer to people, places, things or concepts. All nouns in Spanish have a gender: They are either masculine or feminine. Nouns that end in -*o* are generally masculine and are often used with the definite article *el* (the), whereas nouns that end in -*a*, -*ción*, -*sión* or -*dad* are usually feminine and are often used with the definite article *la* (the).

    masculino: *el chico*
    femenino: *la chica*   *la pronunciación*   *la misión*   *la posibilidad*

- Some nouns do not follow these patterns.

    masculino: *el día* **femenino:**   *la noche*

- Also, some nouns that refer to people have only one form and the gender of the person being referred to is indicated by the definite article.

    masculino: *el estudiante*   **femenino:** *la estudiante*

- Make most nouns in Spanish plural by adding -*s*. The accompanying plural of the definite articles are *los* (masculine) or *las* (feminine).

    masculino: *el amigo* → **los** *amigos*   *el libro* → **los** *libros*
    femenino: *la amiga* → **las** *amigas*   *la revista* → **las** *revistas*

- Make nouns that end with a consonant plural by adding -*es*.

    el papel → **los** *papeles*   *la actividad* → **las** *actividades*
    el reloj → **los** *relojes*   *la pared* → **las** *paredes*

- Nouns that end in -*z* change the -*z* to -*c* in the plural.

    el lápiz → *los lápices*

- It may be necessary to add or remove an accent mark when making a noun plural.

    el examen → **los** *exámenes*   *la lección* → **las** *lecciones*

¿Masculino o femenino?
Remember . . . use the masculine form of the noun when you refer to males and females as a group or to masculine and feminine objects simultaneously.

los chicos   the boys
               the boys and the girls

 **Práctica**

23 Objetos en la clase

Da cada sustantivo con su artículo definido. Sigue el modelo. *(Give each noun with its definite article. Follow the model.)*

MODELO pupitre
el pupitre

1. **puerta**
2. *cuaderno*
3. **ventana**
4. borrador
5. ESCRITORIO
6. lápiz
7. *lección*
8. página
9. *mapa*
10. actividad

24 Más de uno

Da la forma plural de cada palabra de la actividad anterior. *(Give the plural of each word in the preceding activity.)*

MODELO el pupitre
los pupitres

25 Periódicos en la clase de español

Identify the nouns in these magazine and newspaper headlines and ads and tell which ones are masculine *(masculino)* and which are feminine *(femenino)*.

1. **CULTURA**
Exposición
Por la puerta grande

2. **¡Es la hora de comer bien!**

3. **OPINIÓN**
Contra la pared
Por Felipe López

4. **Bento**
El reloj que marca la hora

5. *Los lápices*
PRISMACOLOR
Dan color a tu clase

6. Todo está en las Páginas Amarillas

7. El papel reciclado está de moda

26 Juego

Working in pairs, take two minutes to list in Spanish everything you can see in your classroom.

MODELO

el papel
la tiza

Comunicación

27 Unos amigos

Pretend you are looking at pictures of friends with a classmate. Working in pairs, take turns asking and answering questions about the people shown. For each question, mention what the person is holding or whom the person is with. Answer by giving the person's name and then say he or she is your friend.

MODELO Adriana

A: ¿Quién es la chica con la profesora?

B: Se llama Adriana y es mi amiga.

1. Felipe

2. Rosa

3. Doris

4. Luis

5. Sandra

6. Daniel

28 Objetos en la clase

Working in pairs, take turns telling one another to point at an object in the classroom. Use the phrase *Señala...* and add any of the classroom objects you have learned. Check to be sure your partner has pointed at the correct object before continuing.

MODELO Señala la puerta.

29 En la clase

Identify and talk about the people and objects in your classroom with another student. You may wish to use some of the words shown and add some of your own as needed.

MODELO
   A: ¿Quién es el chico con la *mochila*?
   B: Es Pablo.

   A: ¿Cómo se dice *pencil sharpener*?
   B: Se dice sacapuntas.

> ¿cómo?   la pizarra   ¿qué?   el chico
> se escribe
> ¿quién?   se dice   es   quiere decir

Estructura

Using indefinite articles with nouns

Whereas the definite articles *el, la, los* and *las* (the) are used to designate a specific person or thing, indefinite articles refer to nonspecific people or things (e.g., **a**, **an**, **some** or **a few**). The singular forms of the indefinite articles are *un* (masculine) and *una* (feminine).

el lápiz	→	***un*** *lápiz*	*la página*	→	***una*** *página*
(the pencil)		(**a** pencil)	(the page)		(**a** page)

The plural forms of the indefinite articles are *unos* (masculine) and *unas* (feminine).

los lápices	→	***unos*** *lápices*	*las páginas*	→	***unas*** *páginas*
(the pencils)		(**a few/some** pencils)	(the pages)		(**a few/some** pages)

Las palabras *un, una* y *uno*
The words *un* and *una* can also mean **one** when used before a singular noun. *Uno* (the number **one**) is never used before a noun.

   *dos cuadernos y **un** libro   tres chicos y **una** chica*

Práctica

30 ¿Qué ves?

Di lo que ves en las fotos. *(Say what you see in the photos.)*

 **MODELO**   Es un escritorio.   Son unos estudiantes.

1   2   3   4

5   6   7   8

31 En la clase hay...

Completa el párrafo con un, una, unos o unas para indicar qué hay en la clase. *(Complete the paragraph with a, an or some/a few to indicate what is in the classroom.)*

La clase tiene cuatro paredes y dos ventanas. La profesora es la Sra. Martínez. En la clase hay (1) escritorio, (2) cesto de papeles, (3) sillas y (4) pupitres con (5) libros, (6) lápices y (7) bolígrafos. En las paredes hay (8) reloj, (9) sacapuntas y (10) pizarra.

En la clase hay unas ventanas y un mapa.

32 Conexión con otras disciplinas: **matemáticas**

Create a shopping list of some school supplies you would like to buy. Write the prices offered at *Papelería Nueva Era* next to the items on your list. Then, add up the total cost of your purchases and write a complete sentence stating the total in dollars (*dólares*) and cents (*centavos*). You only have $40.00, so be careful not to spend more than you have!

PAPELERÍA NUEVA ERA

Mini Pizarra con tizas de colores $4.95

3 colores $1,65

Libro de mapas de Planeta Editores $12,95

Papel de cuaderno $0,79

Reglas de plástico 3 colores $0,79

Mochil-in $25,00

Bolimétrico 6/$2,22

Lápices Trazo $0,99

sacapuntas eléctrico de Puntafina $11,99

$0,10

una mochila "Mochil-In"	$25,00
unos bolígrafos "Bolimétrico"	$ 2,22
un lápiz "Trazo"	$ 0,10
Total	$27,32

Comunicación

33 Es.../Son...

In pairs, take turns identifying people or objects in class using the expressions *¿Qué es?/¿Quién es?* and adding any new words from this lesson. Point out where each person or object is located.

MODELO
A: *(Point to a chair.)* ¿Qué es?
B: Es una silla.

A: *(Point to a student.)* ¿Quién es?
B: Es mi amigo Rafael.

34 ¿Qué hay en la clase de español?

In pairs, talk about what is or is not in the Spanish class. Make sure to ask about the meaning of words you do not remember.

MODELO
A: ¿Hay una ventana en la clase?
B: ¿Qué quiere decir *ventana*?

A: Quiere decir *window*.
B: No, no hay una ventana en la clase.

Lectura cultural

La Ola de gira

La gira[1] mundial[2] de La Ola arranca[3] con un concierto en Los Ángeles

La Ola, el nuevo grupo juvenil de rock en español, lanza[4] su CD con una serie de conciertos en todo el continente y España. Sus fans pueden ver[5] el primer concierto en el Greek Theatre en Los Ángeles, California a las ocho de la noche del 20 de septiembre. ¿Por qué[6] La Ola empieza[7] su gira en Los Ángeles? ¿Qué quiere decir esto? ¿Es Los Ángeles la capital de la música latina en los Estados Unidos? Muchos opinan que sí. Después de todo[8], los Premios Grammy de la música latina se celebran en Los Ángeles. Con cinco millones de latinos, Los Ángeles es la ciudad con la mayor[9] concentración de latinos en los Estados Unidos. Es la segunda ciudad con mayor población mexicana después[10] de la Ciudad de México. Tiene una población salvadoreña mayor que[11] la población en San Salvador, la capital de El Salvador.

[1]tour [2]world [3]starts off [4]launches [5]can see [6]Why [7]starts [8]After all
[9]the highest [10]after [11]larger than

35 **¿Qué recuerdas?**

¿Sí o no?

1. El primer concierto del grupo La Ola es en España.
2. Los Premios Grammy de la música latina se celebran en Los Ángeles.
3. La mayor concentración de latinos en los Estados Unidos está en Los Ángeles.
4. Hay un millón de mexicanos en Los Ángeles.
5. Hay una mayor población salvadoreña en Los Ángeles que en San Salvador.

36 **Algo personal**

1. Have you ever seen the Latin Grammy Awards on television? What did you like about it? Why do you think the Latin Grammy Awards are celebrated in Los Angeles?
2. You can see Hispanic influences all over the United States, not only in large cities like Los Angeles. Discuss the Hispanic influence in your own community.

¿Qué aprendí?

Autoevaluación

As a review and self-check, respond to the following:

1. How might you ask who your classmates are and where they are from during the first day of school?

2. Name two Spanish-speaking celebrities and tell where they are from.

3. Identify objects in your classroom in Spanish.

4. Ask someone how to say "computer" in Spanish.

5. What are the benefits of learning Spanish?

Palabras y expresiones

How many of these words and expressions do you recognize?

La clase
el bolígrafo
el borrador
el cesto de papeles
el cuaderno
el escritorio
el lápiz
el libro
el mapa
la mochila
la página
el papel
la pared
el periódico
la pizarra
la puerta
el pupitre
la regla

el reloj
la revista
el sacapuntas
la silla
la tiza
la ventana

Gente
el amigo, la amiga
el chico, la chica
él
ella
ellas
ellos
el estudiante, la estudiante
nosotros,-as
el profesor, la profesora

Palabras interrogativas
¿qué?
¿quién?

Verbos
comprendo (comprender)
hay
se dice
sé
ser

Otras expresiones
hay
¿Cómo se dice...?
¿Cómo se llama (Ud./ él/ella)?
el, la
en la clase
la palabra

los, las
mi
nuevo,-a
¿Qué quiere decir...?
quiere decir
(Ud./Él/Ella) se llama...
un, una
unos, unas

Unas estudiantes.

Unos estudiantes.

Highland High School Horario de Clases						
HORA	LUNES	MARTES	MIÉRCOLES	JUEVES	VIERNES	SÁBADO	DOMINGO
7:55	español	español	español	español	español	N	C
8:50	historia	historia	historia	historia	historia	O	L
9:45	biología	biología	biología	biología	biología		A
10:40	biología	inglés	inglés	inglés	inglés	H	S
11:35	matemáticas	matemáticas	matemáticas	matemáticas	matemáticas	A	E
12:30	A L M U E R Z O					Y	S
1:00	computación	computación	computación	computación	computación		
1:55	música	arte	música	música	arte		

negro verde azul

amarillo gris rojo

blanco

Daniel y Teresa son amigos de Ernesto y Rosa.
Daniel y Teresa estudian mucho.
Daniel y Teresa no hablan en clase.
Teresa necesita un lápiz nuevo.
Daniel lleva una camiseta roja.

1 ¿Qué día es mañana?

 Contesta la pregunta *¿Qué día es mañana?* según lo que oyes. *(Answer the question ¿Qué día es mañana? according to what you hear.)*

> **MODELO** *You hear:* Es lunes. ¿Qué día es mañana?
> *You write:* martes

2 A corregir

Corrige la información incorrecta, según el Vocabulario I. *(Correct the incorrect information, using Vocabulary I.)*

> **MODELO** La clase de español es a las doce menos cinco.
> La clase de español es a las ocho menos cinco.

1. La clase de inglés es lunes, martes, miércoles, jueves y viernes a las diez menos cuarto de la mañana.
2. La clase de computación es a la una y cinco de la mañana.
3. Hay clases de música martes y viernes a las dos menos cinco de la tarde.
4. La clase de historia es a las doce y media.
5. No hay clases los jueves y los viernes.
6. Daniel y Teresa son amigos de Eduardo y Amalia.

La palabra *de*

The word *de* (of, from) has several different uses in Spanish. For example, *de* can be used to talk about where someone is from (*¿De dónde eres?/Soy de...*) or to describe someone or something (*la clase de español*). Several expressions use *de* (*de nada, de la mañana*). In addition, *de* takes the place of the English apostrophe and the letter *s* ('s) to indicate possession or relationships.

*Es la mochila **de** Marta.*	It is Marta**'s** backpack.
*Son los amigos **de** Sara y **de** Rodrigo.*	They are Sara and Rodrigo**'s** friends.

3 ¿Qué llevan?

Name five people in class and say what each is wearing.

> **MODELO** La profesora lleva una falda.

Diálogo I El horario de clases

RAÚL: Laura, ¿es nuevo tu pantalón?

LAURA: No, pero los zapatos son nuevos.

LAURA: Oye, Raúl, ¿hay clase de música mañana martes?

RAÚL: No, mañana no hay clase de música, mañana hay clase de arte. La clase de música es el viernes.

LAURA: ¡Ah, sí! Mañana hay clase de arte y necesito unos lápices rojos y verdes.

RAÚL: ¿Qué hora es?

LAURA: Son las once. ¿A qué hora es la clase de historia?

RAÚL: Es a las once y cinco.

LAURA: Bueno, es la hora de la clase.

4 ¿Qué recuerdas?

1. ¿Es nuevo el pantalón de Laura?
2. ¿Hay clase de música el martes?
3. ¿Hay clase de arte el martes?
4. ¿Cuándo es la clase de música?
5. ¿De qué colores necesita unos lápices Laura?
6. ¿A qué hora es la clase de historia?

5 Algo personal

1. ¿De qué color es tu ropa?
2. ¿Qué clases hay en tu colegio?
3. ¿Cuántas clases hay en tu horario en un día?
4. ¿Hay clase de arte en tu horario?
5. ¿Tienes lápices de colores? ¿De qué colores son?
6. ¿A qué hora es tu clase de español?
7. ¿A qué hora terminan tus clases?

Las clases: un poco más

el álgebra	*algebra*
las asignaturas	*subjects*
las ciencias naturales	*earth sciences*
la educación física	*physical education*
la geografía	*geography*
la geometría	*geometry*
la literatura	*literature*

6 ¿Qué clase es?

 Escribe la letra que identifica cada clase que oyes.

A. arte
B. biología
C. computación
D. español
E. historia
F. inglés
G. matemáticas
H. música

Los colegios en el mundo hispano

What do you think schools are like in Spanish-speaking countries? The options include either public schools or somewhat expensive but numerous private schools. In addition, some teenagers attend technical institutes instead of traditional high schools. Secondary schools in Spanish-speaking countries are often very rigorous. Schools do not offer many extracurricular activities, such as clubs or sports, nor do they have a wide selection of elective courses to choose from. Instead, all students follow the same demanding curriculum consisting of courses such as calculus, chemistry, physics and philosophy.

The classroom atmosphere is different, too. In Spain, for example, students do not actively participate in class as much as in the United States since courses are usually taught through lectures. Students have few tests, must complete several projects and take a comprehensive exam at the end of the year to determine whether they will pass or fail. In many South American countries, however, quizzes and exams are more common, and a student's grade is determined by participation and achievements over the course of the entire grading period.

 7 **Los colegios en el mundo hispano**

¿Sí o no?

1. Students in Spanish-speaking countries may choose from many extracurricular school activities.
2. Students in schools in many Spanish-speaking countries often follow the same demanding curriculum.
3. In Spain, courses are usually taught through lectures and students do not participate in class as much as in the United States.
4. In South America, quizzes and exams are not common, and a student's grade is based upon classroom participation and achievements during an entire grading period.

 **¡Extra!**

En otras palabras
There are several words in Spanish that mean **school.** You have already learned *el colegio*, but here are a few additional words you might hear Spanish speakers use to talk about school: *la escuela, la preparatoria, la academia, el instituto, el liceo, la secundaria, el plantel.*

8 **Comparando**

Compare the schools in your community with what you know about schools elsewhere in Spanish-speaking countries of the world. What do you consider to be the advantages and disadvantages of the school system you attend? What would you change?

Idioma

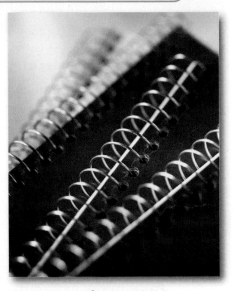

Repaso rápido

nouns

Nouns in Spanish are either masculine or feminine. Many masculine nouns end in
-*o* and many feminine nouns in -*a*. Make most nouns plural by adding -*s*.

	masculino	**femenino**
singular	*un bolígraf**o***	*una sill**a***
plural	*unos bolígrafo**s***	*unas silla**s***

Remember that some nouns may require you to add or remove an accent mark in
their plural form.

el ***exa****men* → ***los*** *ex**á**men**es***   *el calcet**í****n*** → ***los*** *calcet**ines***

---

9   ## ¿Qué sabes sobre los sustantivos?

**Say if the following nouns are masculine (*masculino*)
or feminine (*femenino*) by giving the corresponding
definite article. Then, give the plural form of each.**

MODELO   clase

femenino, la clase, las clases

1. colegio
2. día
3. falda
4. lápiz
5. camiseta
6. papel
7. mapa
8. zapato
9. calcetín

Hay unos cuadernos rojos.

Estructura

Using adjectives to describe

Adjectives (*adjetivos*) describe (or modify) nouns. In Spanish, they must match
the gender (masculine or feminine) and number (singular or plural) of the nouns
they describe. Singular masculine adjectives often end in -*o (rojo)*, singular feminine
adjectives often end in -*a (roja)* and either form can be made plural by adding
-*s (rojos, rojas)*.

*Hay un cuadern**o** amarill**o**.*	There is one yellow notebook.
*Hay una regl**a** amarill**a**.*	There is one yellow ruler.
*Hay dos cuaderno**s** amarill**os**.*	There are two yellow notebooks.
*Hay dos regl**as** amarill**as**.*	There are two yellow rulers.

- Adjectives that end in *-e* generally have only one singular form, which can be made plural by adding *-s*.

singular	plural
Hay un bolígrafo verde.	Hay dos bolígrafos verdes.
Hay una puerta verde.	Hay dos puertas verdes.

- Adjectives that end with a consonant usually have only one singular form, which can be made plural by adding *-es*.

singular	plural
Hay un cuaderno azul.	Hay dos cuadernos azules.
Hay una puerta azul.	Hay dos puertas azules.

- Although Spanish adjectives generally follow the nouns they modify, adjectives of quantity such as numbers *(dos, tres)* and question-asking words are exceptions. They precede their nouns.

*Tengo **dos** cuadernos verdes.*	I have two green notebooks.
*¿**Cuántas** sillas hay?*	How many chairs are there?

 ## Práctica

 **¡No estoy de acuerdo!**

Correct these descriptions by replacing the underlined words with the words in parentheses. Remember to make all the nouns and adjectives agree and to change the verb forms when necessary.

MODELO Es una camisa azul. (verde)
No, es una camisa verde.

Julia es la estudiante nueva. (Armando y Juan)
No, Armando y Juan son los estudiantes nuevos.

1. El chico nuevo se llama Julián Fernández. (el profesor)
2. Marta lleva la camiseta gris. (el pantalón)
3. Hay dos zapatos nuevos en el pupitre. (una revista)
4. Hay un cuaderno blanco en el escritorio. (una tiza)
5. Son unos calcetines verdes. (negro)
6. Belia lleva los zapatos blancos. (negro)

Julia es la nueva estudiante.

11 ¿De qué color es?

Describe objects in your classroom by combining words from the two columns.

MODELO Los bolígrafos de Laura son verdes.

1. el escritorio
2. la puerta
3. la pizarra
4. los lápices
5. las sillas
6. los libros
7. las revistas
8. los bolígrafos

A. verde
B. negro
C. gris
D. amarillo
E. rojo
F. azul
G. blanco

 12 Los colores de tu día

Imagine you are reading a newspaper in Spanish and you see this horoscope. How much can you understand? Pretend it pertains to your sign and answer the questions.

1. ¿Qué quiere decir el color negro? ¿El color amarillo? ¿El color azul?
2. ¿Es el jueves un día malo para el romance?
3. ¿Qué día es fatal para la energía física?
4. ¿Es el domingo un día excelente?
5. En general, ¿de qué color es la profesión?
6. ¿Tienes energía física el martes? ¿Y el lunes?
7. En tu opinión, ¿qué día es el mejor *(best)*?

 Comunicación

 13 Los objetos en la clase

En parejas, hablen Uds. de los siguientes objetos en la clase. *(In pairs, talk about the following objects in the classroom.)*

MODELO
A: ¿Qué es?
B: Es una silla.

A: ¿De qué color es la silla?
B: Es amarilla.

1   2   3   4   5   6   7

14 Juego

Working in pairs, take turns describing three or four people and three or four objects in the classroom. See how quickly you can communicate to your partner what you are describing.

Estructura

Saying what someone does: present tense of -ar verbs

- Verbs express actions (to do something) or states of being (to be). The form of the verbs found in Spanish dictionaries is called an **infinitive**. In English, an infinitive generally is used with the word **to** (to study, to eat, to live). Spanish infinitives end with *-ar*, *-er* or *-ir*.

- Spanish verbs are considered regular if their various forms follow a predictable pattern. To form the present tense of a regular *-ar* verb, such as *hablar* (to speak), remove the *-ar* ending. Then attach the endings that correspond to each of the subject pronouns.

hablar			
yo	habl**o**	nosotros nosotras	habl**amos**
tú	habl**as**	vosotros vosotras	habl**áis**
Ud. él ella	habl**a**	Uds. ellos ellas	habl**an**

- A present-tense Spanish verb may have several different equivalents in English.

Hablo español.

I **speak** Spanish.
I **do speak** Spanish.
I **am speaking** Spanish.

- Other useful *-ar* verbs that follow the same pattern are: *estudiar* (to study), *llevar* (to wear), *necesitar* (to need) and *terminar* (to end, to finish).

Práctica

15 **Un poema sobre el colegio**

Busca los infinitivos que terminan en *-ar* en este poema.

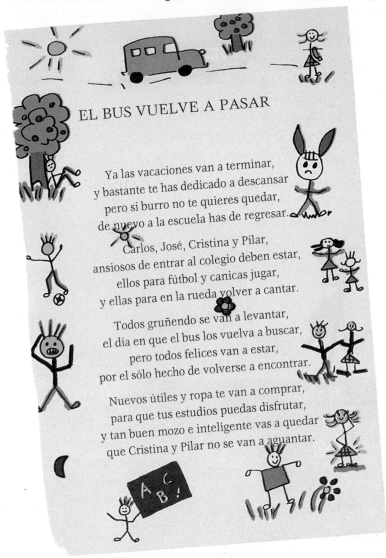

EL BUS VUELVE A PASAR

Ya las vacaciones van a terminar,
y bastante te has dedicado a descansar
pero si burro no te quieres quedar,
de nuevo a la escuela has de regresar.

Carlos, José, Cristina y Pilar,
ansiosos de entrar al colegio deben estar,
ellos para fútbol y canicas jugar,
y ellas para en la rueda volver a cantar.

Todos gruñendo se van a levantar,
el día en que el bus los vuelva a buscar,
pero todos felices van a estar,
por el sólo hecho de volverse a encontrar.

Nuevos útiles y ropa te van a comprar,
para que tus estudios puedas disfrutar,
y tan buen mozo e inteligente vas a quedar
que Cristina y Pilar no se van a aguantar.

Estrategia

Scanning

Scanning is a quick way to get the main idea of what you are about to read. You can increase your understanding of this poem by first scanning the text for cognates (words with similar spelling and meaning in two languages). Also, by scanning headings, boldface words and lists, you are focusing on the important information that will help you get the main point of the text you are about to read.

Before doing activity 15, scan the poem *El bus vuelve a pasar* and jot down all the cognates you recognize. Can you understand the poem more easily now?

16 **¿Hablan español?**

Di que las siguientes personas hablan español.
(Say that the following people speak Spanish.)

MODELO ¿Tú?
         Sí, tú hablas español.

1. ¿Yo?
2. ¿Mis amigos?
3. ¿Mi amiga?
4. ¿Mi amigo y yo?
5. ¿Uds.?
6. ¿El estudiante nuevo?

Hablamos español.

17 Un día típico en el colegio

Di lo que ocurre en un día típico en el colegio, usando los verbos indicados.
(Say what happens on a typical day at school, using the indicated verbs.)

MODELO Carolina y Víctor <u>necesitan</u> papel en la clase de historia. (necesitar)

1. Yo __ español con mi profesor. (hablar)
2. La clase de historia __ a las ocho menos cinco. (terminar)
3. Paz y Ricardo __ computación. (estudiar)
4. Tú y yo __ español en la clase de español. (hablar)
5. Rosita __ un bolígrafo en la clase de matemáticas. (necesitar)
6. Tú __ con una amiga. (estudiar)
7. Uds. __ biología con unos amigos. (estudiar)
8. Las clases de mi colegio __ a las tres de la tarde. (terminar)
9. Nueve o diez estudiantes __ jeans. (llevar)
10. Un estudiante o una estudiante __ ropa nueva. (llevar)

18 En el colegio

Haz siete oraciones lógicas usando palabras de las tres columnas.

1. una estudiante   terminar   con el profesor de arte
2. mi amigo y yo   estudiar   unos cuadernos amarillos
3. unos estudiantes   necesitar   a las tres
4. la clase de español   hablar   unos jeans y zapatos negros
5. el estudiante nuevo   llevar   una mochila nueva
6. tú   arte y computación
7. yo   inglés y español

 # Comunicación

 19 Una encuesta

Computación	
Chicos	Chicas
卌 卌 ‖	卌 卌 ‖

 Working in groups of three, complete a survey of your classmates to find out what they are studying in school. Each person should select one subject (choosing from *arte*, *biología*, *computación*, *historia*, *matemáticas* or *música*). Then find out how many boys and how many girls in class study the subject you are investigating. Record the results under the headings *Chicos* and *Chicas*. Summarize your findings for the members of your group.

MODELO **A:** Mario, ¿estudias computación?
        B: Sí, estudio computación.

Sí, estudio computación.

20 Los resultados de la encuesta

While working with the same students as in activity 19, tabulate the results of the three surveys each of you completed in the previous exercise. One member of each group should then report the findings to the class. Compare what you learned from the survey results of other students in the class to determine if your survey is accurate.

MODELO Veinticuatro estudiantes estudian computación.
Son doce chicos y doce chicas.

21 ¿Qué necesitan Uds.?

Pretend you are in a bookstore. Working in groups of four or five, take turns playing the roles of the clerk and customers. Find out which item(s) your customers need. If you would like, you may answer with *Aquí está* (Here it is) or *Aquí están* (Here they are).

Estructura

Talking about schedules: *¿A qué hora?*

To ask when something is going to occur ask **¿A qué hora (+ verb + event)?** Answer with the following: **Verb + *a la/las* (+ time)** or simply with **A *la/las* (+ time)**.

¿A qué hora es la clase de español?	When (At what time) is Spanish class?
Es a la una.	It is at one o'clock. At one o'clock.

Note: The twenty-four hour clock (i.e., military time) often appears in railroad, airline and bus timetables or in movie and theater advertising. When expressing time this way, the day begins at one minute after midnight. The numbers one to twelve refer to the time of day between midnight and noon. After noon, each hour is added to twelve: 13:00 hours would be the equivalent of 1:00 P.M. *(Es la una de la tarde.).*

 ## Práctica

22 Mi horario en el colegio

Contesta las siguientes preguntas.

1. ¿A qué hora es tu clase de español? ¿A qué hora termina?
2. ¿A qué hora es tu clase de inglés? ¿A qué hora termina?
3. ¿A qué hora es tu clase de historia? ¿A qué hora termina?
4. ¿A qué hora es tu clase de matemáticas? ¿A qué hora termina?

¿Qué hora es?

En la televisión

Contesta las siguientes preguntas, según el horario de Telemundo.

1. ¿A qué hora es *De Mañanita*?
2. ¿A qué hora termina *Cotorreando*?
3. ¿Qué hay a las cinco de la tarde?
4. ¿A qué hora es *La Corte de Familia*?
5. ¿*Laura* termina a las siete de la noche?
6. ¿Es *Pobre Pablo* una telenovela *(soap opera)*?

HORARIO	PROGRAMA	GÉNERO
6:00	Noticiero Telemundo	Noticias
6:30	Noticiero Telemundo	Noticias
7:00	De Mañanita	Noticias
10:00	Pobre Pablo	Novela
10:30		
11:00	¿Sabía usted?	Variedad
11:30	¡Ay Caramba!	Comedia
12:00	Maritere	Talk Show
12:30		
13:00	Cotorreando	Variedad
13:30		
14:00	Sala de Parejas	Variedad
14:30		
15:00	La Corte de Familia	Variedad
15:30	La Corte del Pueblo	Variedad
16:00	Laura	Talk Show
16:30		
17:00	Al Rojo Vivo con María Celeste	Noticias
17:30		
18:00	La Corte del Pueblo	Variedad
18:30	Noticiero Telemundo	Noticias

Comunicación

¿A qué hora?

Ask several classmates about their school schedules. Discuss what they are studying and when each class is.

El horario de clases de Mónica

Mónica just e-mailed you a copy of her new class schedule. Working in pairs, look at her schedule and talk about what she is studying, when the classes are and when they end.

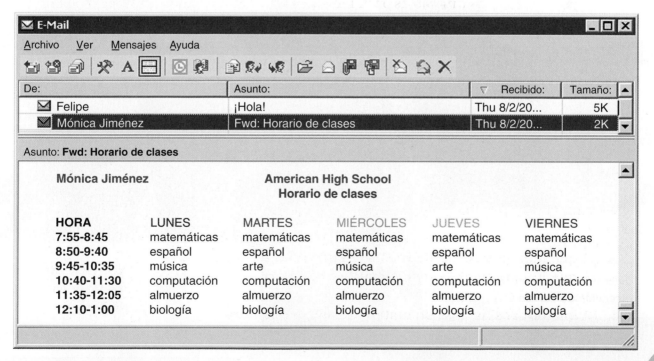

☒ E-Mail				_ □ ×

Archivo   Ver   Mensajes   Ayuda

De:	Asunto:	Recibido:	Tamaño:
☒ Felipe	¡Hola!	Thu 8/2/20...	5K
☒ Mónica Jiménez	Fwd: Horario de clases	Thu 8/2/20...	2K

Asunto: **Fwd: Horario de clases**

Mónica Jiménez

**American High School
Horario de clases**

HORA	LUNES	MARTES	MIÉRCOLES	JUEVES	VIERNES
7:55-8:45	matemáticas	matemáticas	matemáticas	matemáticas	matemáticas
8:50-9:40	español	español	español	español	español
9:45-10:35	música	arte	música	arte	música
10:40-11:30	computación	computación	computación	computación	computación
11:35-12:05	almuerzo	almuerzo	almuerzo	almuerzo	almuerzo
12:10-1:00	biología	biología	biología	biología	biología

Perdón, ¿es el 6-14-74-36?

Tienes el número equivocado. Es el 6-14-74-63.

¡Mira! Allí está. Sobre la computadora.

¿Cuál es tu número de teléfono?

Es el 6-14-74-36.

ESPAÑOL

¿Dónde está mi libro de español?

¿Está en el escritorio o en la mochila?

No está en el escritorio. Tampoco está en la mochila.

¿Cuál es tu...
    número de fax?
    número de teléfono celular?
    dirección de Internet?
    dirección de correo electrónico?

1 punto (.) = dot (for Internet address and e-mail address)

2 arroba (@) = at (for e-mail address)

26 ¿Qué necesitan?

 Write the names Julio and Pilar. Next, listen and list under each of their names what Julio and Pilar need before they leave for college. Then circle any items on the lists that they both need.

27 Información personal

 In groups of four, take turns asking for your classmates' phone numbers, fax numbers and e-mail addresses. (You may invent any of the information you wish.)

28 La computadora

Mira la ilustración y contesta las siguientes preguntas en español.

1. ¿De qué color es la pantalla?
2. ¿Hay dos teclados?
3. ¿Dónde está la computadora?
4. ¿Dónde está el papel?
5. ¿Hay un ratón?
6. ¿Cuántos diskettes hay en el escritorio?

¡Extra!

El plural de algunas palabras

Note that the word *ratón* changes when it is plural. The accent on the *o* disappears *(ratones)*. Words ending in *-ón, -ión, -és* and *-án* lose the accent when the plural ending *-es* is attached: *ratón → ratones; dirección → direcciones*.

Diálogo II ¿Cuál es tu dirección de correo electrónico?

CARLOS: Diana, necesito una nota de ocho en computación. ¿Estudiamos?

DIANA: Sí, Carlos.

CARLOS: Muy bien... ¿Cuál es tu dirección de correo electrónico?

DIANA: Es dianavelez@....

CARLOS: ¡Ay, perdón!

CARLOS: ¿Dónde está mi bolígrafo?

DIANA: No sé. ¿No está en tu mochila?

CARLOS: No, no está y tampoco está sobre mi pupitre.

DIANA: ¡Mira! Allí hay un bolígrafo sobre el escritorio del profesor. ¿Es tu bolígrafo?

CARLOS: ¡Ay, sí! Muchas gracias. ¿Cuál es tu correo electrónico?

DIANA: Es dianavelez, arroba, latinored, punto, com.

29 ¿Qué recuerdas?

1. ¿Con quién habla Carlos?
2. ¿En qué clase necesita Carlos una nota de ocho?
3. ¿Está el bolígrafo de Carlos en la mochila? ¿Sobre el pupitre?
4. ¿Dónde está el bolígrafo de Carlos?
5. ¿Cuál es la dirección de correo electrónico de Diana?

Más sobre la tecnología

la almohadilla	*mouse pad*
el archivo	*file*
el disco duro	*hard drive*
la Internet/la Red	*Internet*
el micrófono	*microphone*
navegar por Internet/la Red	*to surf the Web*
los parlantes	*speakers*
la unidad CD-ROM	*CD-ROM drive*
el software	*software*
la Web/la Red	*World Wide Web*

30 Algo personal

1. ¿Qué tienes en tu mochila?
2. ¿Cuál es tu dirección de correo electrónico?
3. ¿Cuál es tu dirección de internet favorita?

31 En la clase

Trabajando en parejas, haz el papel de una de las personas del diálogo anterior. (*Working in pairs, play the part of one of the people in the preceding dialog.*)

¿Qué tienes en tu mochila?

¡Qué notas!

Escala:

10	Superior (S)
9	Excelente (EX)
8	Muy Bueno/Muy Buena (MB)
7-6	Bueno/Buena (B)
5	Necesita Mejorar (NM)
4-0	Deficiente (D)

Las notas

Schools in many Spanish-speaking countries often base report card grades *(las notas)* on a numerical scale such as 1-10 instead of using the letter grades *A-F*. Descriptive categories sometimes accompany the number grade to further clarify the numerical values. In general, cinco or seis is the minimum passing grade, while *un/una estudiante de diez* (an *A* student) is a very difficult distinction to achieve.

If you were a student in Mexico or the Dominican Republic and your report card contained the grades *EX* and *MB*, would you be pleased? Would the parents of a student from Chile or Honduras be happy with a ? Look at this grading scale found at the bottom of a report card and determine what grades they would be equivalent to at your school.

¿Soy una estudiante excelente?

---

32 ¿Qué nota?

Using the scale from the *Cultura viva* reading, what grade would you assign the following students based upon the comments about their work?

MODELO   Paquito does okay in biology, but he does not study enough.
Cinco. Necesita mejorar en biología.

1. Sara is a computer genius. She aces every assignment!
2. Jaime scores 100 on every English test.
3. Luisa is an average student in history.
4. Julio didn't turn in three math assignments.
5. Teresa is a good singer and enjoys music class.
6. The average of Daniel's quizzes in Spanish is 84.
7. Laura likes to draw. Her artwork is good, but she does not pay attention to the instructor.

Idioma

Talking about location or how someone feels: *estar*

The verb *estar* (to be) is irregular in the present tense. You already have seen several forms of this verb.

estar					
yo	**estoy**	*I am*	nosotros nosotras	**estamos**	*we are*
tú	**estás**	*you are*	vosotros vosotras	**estáis**	*you are*
Ud. él ella	**está**	*you are* *he (it) is* *she (it) is*	Uds. ellos ellas	**están**	*they are*

Estar indicates location or a state of being or a condition at a given moment.

location:	*¿Dónde **está** el profesor?*	Where is the teacher?
	***Está** en clase.*	He is in class.
state of being or condition:	*¿Cómo **estás**?*	How are you?
	***Estoy** bien, gracias.*	I am well, thanks.

¿Cómo estás?

¿Dónde está El Alamo?

Práctica

33 **Un mensaje para Felipe**

Complete María's e-mail message to Felipe with the appropriate words before she sends him the message.

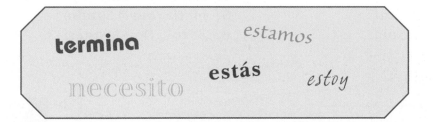

termina   estamos   estás   estoy   necesito

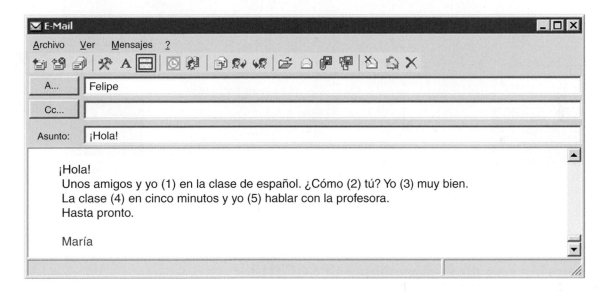

E-Mail	_ □ ✕

Archivo   Ver   Mensajes   ?

A...   Felipe

Cc...

Asunto: ¡Hola!

¡Hola!
Unos amigos y yo (1) en la clase de español. ¿Cómo (2) tú? Yo (3) muy bien.
La clase (4) en cinco minutos y yo (5) hablar con la profesora.
Hasta pronto.

María

Estoy bien, gracias.

34 En EE.UU.

María is sending e-mail messages to family and friends across the United States. Tell where she and her acquaintances are located according to the illustration.

MODELO María está en Dallas.

1. Felipe
2. Pedro y Francisco
3. Amalia y Virginia

4. Josefina, Kathy y yo
5. mi tía *(aunt)* Sandra
6. ¿Y tú? ¿Dónde estás?

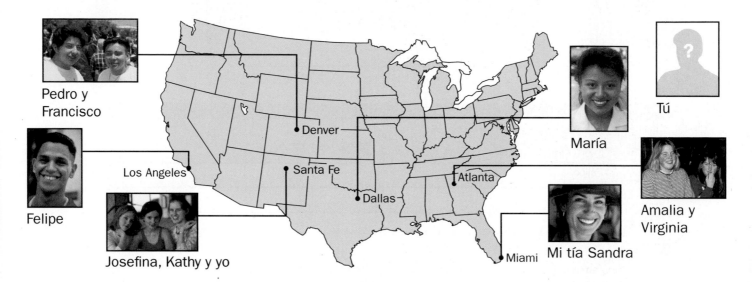

35 Conexión con otras disciplinas: geografía

Amalia is studying for a geography quiz. Can you tell her where each of the following Spanish-speaking cities is located?

MODELO Malabo
Malabo está en Guinea Ecuatorial.

1. San Antonio y Santa Fe
2. Sevilla y Madrid
3. Santiago
4. Managua
5. Maracaibo
6. Montevideo
7. Potosí
8. La Plata
9. Cali
10. Concepción

Malabo está en Guinea Ecuatorial.

En la clase del Sr. Ardila

Mira la ilustración y contesta las preguntas en español.

MODELO ¿Dónde está el profesor Ardila?
Está en clase.

1. ¿Dónde está el reloj?
2. ¿Dónde está Sarita Ortíz?
3. ¿Dónde están los libros verdes?
4. ¿Dónde está el mapa de México?
5. ¿Dónde está la revista Shock?
6. ¿Dónde están las sillas?
7. ¿Dónde está el periódico?
8. ¿Dónde están los libros de biología?
9. ¿Dónde está el colegio Highland High School?
10. ¿Dónde está Mazatlán?

 # Comunicación

 37 **Después de las clases**

 Pretend you are looking for someone or something. Working with a classmate, take turns asking about where several people and objects are. Be sure to be polite and say "please" and thank the other person for information about each person or object you are trying to find.

38 **Mi colegio**

 Create your ideal schedule for next year. Include six classes and a lunch. Then, in pairs, create a telephone conversation in which you discuss your schedules. Find out who has math, times for classes, if you have the same lunch period, how many books each of you will need and so forth.

Lectura personal

página principal · miembros · e-diario

Grupo musical La OLA

Nombre: **Yadira Ortega**
Edad: **15 años**
Nacionalidad: **mexicana**
Color favorito: **rojo**
Clase favorita: **inglés**

Mañana viernes tengo que decir[1] adiós a mi colegio. Se llama Preparatoria Benito Juárez. Tiene dos horarios: el horario de la mañana y el horario de la tarde. Yo tengo[2] el horario de la tarde, de las 2:00 P.M. a las 8:00 P.M. En mi clase hay cuarenta estudiantes. Los estudiantes y los profesores son buena onda[3]. ¡Los echaré de menos![4] Durante[5] la gira, estudio con un profesor particular[6]. No sé cómo se llama. Tampoco sé de dónde es. ¡Ojalá sea[7] buena onda[8]! Bueno, amigos, ¡hasta pronto!

[1]I have to say [2]have [3]nice [4]I'll miss them [5]During [6]private [7]I hope he will be [8]lucky

39 ¿Qué recuerdas?

1. ¿Cómo se llama el colegio de Yadira?
2. ¿De qué hora a qué hora son sus clases?
3. ¿Cuál es su clase favorita?
4. ¿Cuántos estudiantes hay en su clase?
5. ¿Con quién estudia en la gira?

40 Algo personal

1. How many schedules does Yadira's school have? Why do you suppose many Latin American schools have more than one schedule? Which schedule would you choose? Explain why.
2. What are the advantages and disadvantages of studying with a private tutor? Do you think Yadira will like being tutored or will she miss being in a classroom with forty students?

 ¿Qué aprendí?

Autoevaluación

As a review and self-check, respond to the following:

① Ask when Spanish class is.

② How would you tell a friend that English ends at 2:15 P.M.?

③ Say you study art on Saturdays.

④ Identify differences between your high school and a high school in one of the Spanish-speaking countries.

⑤ Describe several objects around you by telling what color they are.

⑥ How would you ask a friend where the compact discs (CDs) are?

⑦ What might the person on the other end say to you in Spanish if you have dialed the wrong telephone number?

Palabras y expresiones

How many of these words and expressions do you recognize?

Clases
- el arte
- la biología
- el colegio
- la computación
- el español
- la historia
- el horario
- el inglés
- las matemáticas
- la música

Colores
- amarillo,-a
- azul
- blanco,-a
- gris
- negro,-a
- rojo,-a
- verde

Días
- el domingo
- el jueves
- el lunes
- el martes
- el miércoles
- el sábado
- el viernes

Por teléfono
- aló
- ¿cuál?
- la dirección (de correo electrónico)
- el número de teléfono/ de fax/de teléfono celular/equivocado
- el teléfono

Ropa
- la blusa
- el calcetín
- la camisa
- la camiseta
- la falda
- los jeans
- el pantalón
- el zapato

Tecnología
- la arroba
- la computadora
- el disco compacto (CD)
- el diskette
- la impresora (láser)
- la pantalla
- el punto
- el ratón (pl. los ratones)
- el teclado

Verbos
- estar
- estudiar
- hablar
- llevar
- necesitar
- terminar

Otras expresiones
- a
- allí
- el almuerzo
- ¿a qué hora?
- el color
- ¿Cómo?
- ¿cuánto,-a?
- el día
- el examen
- ¡mira!
- o
- sobre
- tampoco
- tu

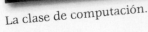
La clase de computación.

Mi número de teléfono es...

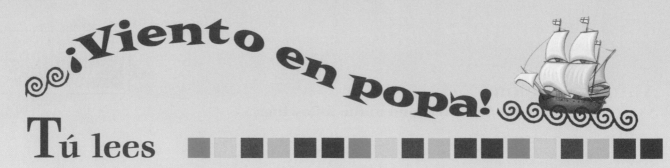

¡Viento en popa!

Tú lees

Conexión con otras disciplinas: literatura

Estrategia

Activating background knowledge

Applying what you already know about a topic when you read will prepare you for the type of information and vocabulary that will likely appear in the reading. For example, in this chapter, you have become more aware of how the Hispanic culture has influenced the United States. Do you know Hispanic culture also enriches American literature? The themes of Chicano literature reflect the difficulties faced by Hispanics as they adjust to life in the United States. In her bilingual book of Chicano poetry, *Puentes y fronteras/ Bridges and Borders,* Gina Valdés patterns her poems after one of the oldest styles of Spanish poetry, called a *copla.* The *coplas* were popular in medieval Spain (13th century) because they were composed of short lines of poetry that were easily memorized. Minstrels often sang *coplas* to villagers they encountered in their travels. This established an oral tradition that passed stories and information from one person to another for centuries.

Preparación

Contesta las siguientes preguntas como preparación para la lectura.

1. Where do you think courses on Chicano literature might be offered?
2. What difficulties might Hispanic immigrants face when they move to the United States?
3. What key words in the following poems do you think most likely reflect some of the issues found in Chicano literature?

Cruzando la frontera (*crossing the border*).

Puentes y fronteras/*Bridges and Borders* (selecciones)
por Gina Valdés

Hay tantísimas fronteras **que dividen a la gente,** **pero por cada frontera** **existe también un puente.** ******* **Entre las dos Californias** **quiero construir un puente,** **para que cuando tú quieras** **te pases del sur al norte,** **caminando libremente** **no como liebre del monte.**	*There are so many borders* *that divide people,* *but for every border* *there is also a bridge.* ***** *Between the two Californias* *I want to build a bridge,* *so whenever you wish* *you can cross from south to north,* *walking freely* *not like a wild rabbit.*

A ¿Qué recuerdas?

1. What are the "two Californias" the poet talks about?
2. Whom is the author referring to that would cross the border "like a wild rabbit" *(como liebre del monte)*?
3. Which words rhyme in the two poems?

B Algo personal

1. Why do you think the author uses the old style of *coplas* to express her modern poetry?
2. Besides the physical border, in what other ways are the Mexican and American cultures divided?
3. Themes found in poetry are based upon human experiences. What themes are depicted in these poems?

Tú escribes ■■■■■■■■■■■■■■■ ■ ■

Estrategia

Writing a dialog journal

Whether you write in a spiral notebook, a composition book or a loose-leaf binder, writing your thoughts in a journal offers a written means of recording your experiences, wishes and dreams. In addition, keeping a journal offers a way for you as a student writer to respond personally to what you are reading or learning in class. You may even choose to create an electronic journal using a computer. Regardless of the format you choose, writing down your thoughts regularly and expressing yourself freely in a dialog journal can increase your motivation to write as you look back and reflect upon where you have been and as you consider where you are going. Communicating your thoughts and feelings through journal writing allows you and your teacher to get to know each other more rapidly on a deeper, more personal level.

Choose one of the topics below and write at least a paragraph to your teacher to express how you feel about it.

1. How will learning Spanish benefit you personally?
2. If you were attending school in a Hispanic country, what do you think you would like? What would you dislike?
3. How is the Hispanic culture evident in your community? What aspects of this culture would you like to learn more about?
4. What famous Spanish-speaking person would you like to interview? Why?
5. Imagine you are an immigrant who has just entered the United States to live. What is going through your mind?

El activista César Chávez.

La escritora Isabel Allende.

Proyectos adicionales

A Conexión con la tecnología

Search the Internet for additional information about one of the famous Spanish speakers mentioned in *Capítulo 2*. Prepare a short report about the person and share the information with your classmates.

B Comparaciones

Imagine you are attending high school in a Spanish-speaking country and you are writing to a key pal in your Spanish class back home describing the experience. Compare what you know about school life in a Spanish-speaking country with school life in the United States. Create your class schedule based on what you have learned about the different systems of education and describe your daily routine. Use color and computer-generated artwork or designs to make the schedule appear interesting. Be prepared to discuss your schedule in class, naming similarities and differences between the different systems.

> **MODELO** El colegio se llama....
> Tengo la clase de... a las dos y media.

El artista Pablo Picasso.

C Comunidades

Do you know any people in your community who speak Spanish? Are there any restaurants, radio stations, grocery stores, etc. that are owned or run by a Spanish-speaking individual? Name some people and places in your community that have a connection to Spanish and the cultures of the Spanish-speaking world. If you can, interview someone on the list and find out more about that connection to Spanish (where the person is from, difficulties the person experienced coming to the United States, etc.).

Now that I have completed this chapter, I can...	Go to these pages for help:
identify people and classroom objects.	40, 48
ask for and give names.	40
ask or tell where someone is from.	40
discuss school schedules and daily activities.	60
describe classroom objects and clothing.	60
say some things people do.	67
state location.	76
talk about how someone feels.	76

I can also...

identify Hispanic influences in the United States.	43
identify some well-known people who speak Spanish.	43
name places in the United States where Spanish is spoken.	51
name some ways learning Spanish can enhance career opportunities.	51
scan an article in Spanish for cognates.	68
talk about technology.	72
compare Hispanic and American school systems and grading scales.	75
read a poem in Spanish.	83
write in Spanish.	84

Trabalenguas

Teresa trajo tizas hechas trizas.

NO HAY TIZAS

Resolviendo el misterio

After watching Episode 2 of *El cuarto misterioso*, answer the following questions.

1. What do José and Conchita have in common?

2. Who is the mysterious man in the car?

3. Don Pedro says that there are rats behind the hidden door. What do you think is behind the door?

Vocabulario

a to, at, in *2B*

¿a qué hora? at what time? *2B*

allí there *2B*

el **almuerzo** lunch *2B*

aló hello (telephone greeting) *2B*

amarillo,-a yellow *2B*

el **amigo,** la **amiga** friend *2A*

la **arroba** at (the symbol @ used for e-mail addresses) *2B*

el **arte** art *2B*

¡ay! oh! *2A*

azul blue *2B*

la **biología** biology *2B*

blanco,-a white *2B*

la **blusa** blouse *2B*

el **bolígrafo** pen *2A*

el **borrador** eraser *2A*

el **calcetín** sock *2B*

la **camisa** shirt *2B*

la **camiseta** jersey, polo, t-shirt *2B*

el **cesto de papeles** wastebasket *2A*

el **chico,** la **chica** boy, girl *2A*

la **clase** class *2A*

el **colegio** school *2B*

el **color** color *2B*

¿Cómo se dice...? How do you say...? *2A*

¿Cómo se llama (Ud./él/ ella)? What is (his/her) name? *2A*

¿Cómo? How? *2B*

comprendo (comprender) I understand (to understand) *2A*

la **computación** computer science *2B*

la **computadora** computer *2B*

el **cuaderno** notebook *2A*

¿cuál(es)? which one(s)? *2B*

¿cuánto,-a? how many? *2B*

el **día** day *2B*

la **dirección** *(de correo electrónico)* address (e-mail) *2B*

el **disco compacto** (CD) compact disc *2B*

el **diskette** diskette *2B*

el **domingo** Sunday *2B*

él he *2A*

el, la the *2A*

ella she *2A*

ellas they (f.) *2A*

ellos they (m.) *2A*

en in, on, at *2A*

el **escritorio** desk *2A*

el **español** Spanish *2B*

estar to be *2B*

el **estudiante,** la **estudiante** student *2A*

estudiar to study *2B*

el **examen** exam, test *2B*

la **falda** skirt *2B*

gris grey *2B*

hablar to speak *2B*

hay there is, there are *2A*

la **historia** history *2B*

el **horario** schedule *2B*

la **impresora (láser)** (laser) printer *2B*

el **inglés** English *2B*

los **jeans** jeans, blue jeans *2B*

el **jueves** Thursday *2B*

el **lápiz** pencil *2A*

el **libro** book *2A*

llevar to wear *2B*

los, las the (m.pl.), the (f.pl.) *2A*

el **lunes** Monday *2B*

el **mapa** map *2A*

el **martes** Tuesday *2B*

las **matemáticas** mathematics *2B*

mi my *2A*

el **miércoles** Wednesday *2B*

¡mira! look! *2B*

la **mochila** backpack *2A*

la **música** music *2B*

necesitar to need *2B*

negro,-a black *2B*

nosotros,-as we *2A*

nuevo,-a new *2A*

el **número de teléfono/de fax/ de teléfono celular** phone number/fax number/cell phone number *2B*

la **página** page *2A*

la **palabra** word *2A*

la **pantalla** screen *2B*

el **pantalón** pants *2B*

el **papel** paper *2A*

la **pared** wall *2A*

el **periódico** newspaper *2A*

la **pizarra** blackboard *2A*

el **profesor,** la **profesora** teacher *2A*

la **puerta** door *2A*

el **punto** dot (term used in Internet address) *2B*

el **pupitre** desk *2A*

¿Qué quiere decir...? What does ... mean? *2A*

¿qué? what? *2A*

¿quién? who? *2A*

quiere decir it means *2A*

el **ratón** mouse *2B*

la **regla** ruler *2A*

el **reloj** clock, watch *2A*

la **revista** magazine *2A*

rojo,-a red *2B*

la **ropa** clothing *2B*

el **sábado** Saturday *2B*

el **sacapuntas** pencil sharpener *2A*

sé I know *2A*

se dice it is called *2A*

ser to be *2A*

la **silla** chair *2A*

sobre on, over, on top of *2B*

tampoco neither *2B*

el **teclado** keyboard *2B*

el **teléfono** telephone *2B*

terminar to finish *2B*

la **tiza** chalk *2A*

tu your *2B*

(Ud./Él/Ella) se llama... (you/ his/her) name is ... *2A*

un, una a, an, one *2A*

unos, unas some, any, a few *2A*

la **ventana** window *2A*

verde green *2B*

el **viernes** Friday *2B*

el **zapato** shoe *2B*

CAPÍTULO 3

¡Vamos a la ciudad!

El cuarto misterioso

Answer the following questions about this screenshot from *Episodio 3–¿Qué vas a hacer?*

1. Ana and her mother view the photos that she took of Mexico City. What landmarks would Ana have likely photographed?
2. What are the best ways for people to navigate a city?
3. What places in your town or city would be likely to impress a new visitor?
4. Would American teenagers invite new friends to their houses for lunch? Why or why not?

DVD 1, Track 32. At the Montero's, Ana and her mother look at the photos that she took of México City. While looking at the photos, the girls talk about their new friends and receive a phone call from José.

Objetivos

talk about places in a city

make introductions and express courtesy

say some things people do

ask and answer
questions

talk about the future

order food and
beverages

say where someone
is going

discuss how to go
somewhere

www.emcp.com

I-CULTURE
Authentic Connections to the World

Lección A

Vocabulario I

México

¿Adónde vamos en la ciudad?

1 La ciudad

 Selecciona la foto que corresponde con lo que oyes. *(Select the photo that matches what you hear.)*

A

B

C

D

E

F

2 Juego

Haz una lista de tantos lugares en una ciudad como puedas en un minuto.
(Make a list of as many places in a city as you can in one minute.)

El gusto es mío.

Encantado, Laura.

Laura, te presento a Gabriel y a Jaime.

Tanto gusto.

caminar

Diálogo I   En la Ciudad de México

MARISOL: ¡Hay una fiesta
fantástica en la ciudad!

TOMÁS: ¿Cuándo es la fiesta?

PILAR: Es mañana en el Zócalo.
¿Por qué no vamos?

TOMÁS: ¡Claro! ¡Vamos!

TOMÁS: Y... Olga va también,
¿no? Es muy simpática.

PILAR: Sí, ella va.

TOMÁS: ¡Ah, muy bien!

PILAR: Allí está mi amiga.
¡Hola, Ana! Te presento a
Tomás.

TOMÁS: Tanto gusto.

ANA: Encantada. ¿Por qué no
caminamos al parque?

TOMÁS: Sí, quiero caminar.

3 ¿Qué recuerdas?

1. ¿Dónde están los muchachos?
2. ¿Dónde hay una fiesta?
3. ¿Cómo es Olga?
4. ¿Va Tomás al Zócalo?
5. ¿Adónde quiere ir Ana?

ZÓCALO →

4 Algo personal

1. ¿Eres tú simpático/a? ¿Y tus amigos/as?
2. ¿Hay un parque en tu ciudad? ¿Cómo se llama?
3. ¿Caminas a la escuela?

5 Presentaciones

 Indica la letra de la foto que corresponde con lo que oyes.

A   B   C   D

El Parque de Chapultepec, México, D.F.

De visita en la Ciudad de México

When you are in Mexico, you may hear the terms *México, La República* or *los Estados Unidos Mexicanos*, all of which are used interchangeably to refer to the country. Similarly, when you are planning to travel to the capital, you may say you are going to visit Mexico City. However, according to Mexicans, you will be in *el D.F. (Distrito Federal), la Ciudad de México* or just in *México*. Once there, start your sightseeing in the center of the city—the *Zócalo*—or main plaza. Mexico was once the center of the ancient Aztec capital *Tenochtitlán*. Today the site offers visitors a view of the excavated ruins of the *templo mayor* (main temple). Walk a short distance and you will find the wide and elegant *Paseo de la Reforma*. This street was built by the emperor Maximilian to join his palace at Chapultepec with his office in the National Palace (where works by one of Mexico's most famous artists, Diego Rivera, are on display) in the *Zócalo*. Chapultepec today is a large park where you can enjoy *el zoológico* (zoo), *las atracciones* (amusement park rides) or *el Castillo* (castle). Transportation inside the park is limited to walking and biking, so many people come just to enjoy the outdoors. The park also includes the world-famous *Museo Nacional de Antropología*, which contains three miles of exhibits of art, architecture and culture of the ancient civilizations that existed in Mexico before Spanish colonization.

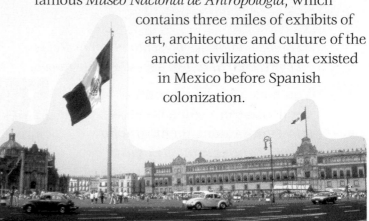

El Zócalo.

---

6 **De visita en la Ciudad de México**

¿Sí o no?

1. Los mexicanos llaman a la capital La República.
2. D.F. quiere decir *Distrito Federal*.
3. El Zócalo es una biblioteca.
4. El Paseo de la Reforma es una avenida elegante.
5. En el Parque de Chapultepec hay un zoológico, atracciones y un castillo.
6. En el Museo Nacional de Antropología hay exhibiciones de arquitectura y cultura.

7 **En el D.F.**

Make a list of four places mentioned in *Cultura viva* that you might visit on a trip to Mexico City. Search the Internet or go to the library and describe what you would see or do at one of the places you listed.

Idioma

Estructura

Making introductions: *te, le, les*

Follow these guidelines when you wish to introduce people:

te	(to one person, informal)	*Laura, **te presento a** Gabriel.*
le	(to one person, formal)	*Sra. Durán, **le presento a** María.*
les	(to two or more people, informal and formal)	*Luis y José, **les presento a** Margarita y a Pablo.*

Note: When the definite article *el* (the) follows *a* or *de*, the two words combine to form *al* or *del*.

a + el = al	de + el = del

*Tomás y Pilar, les presento **al** señor Rojas.*
*Te presento **al** amigo del estudiante nuevo.*

You have several responses to choose from when meeting someone, among them: **Mucho gusto**, **Tanto gusto** or **El gusto es mío**. In addition, males can say **Encantado**, while females may wish to say **Encantada**.

Títulos de cortesía

You have already learned to use *señorita, señora, señor, profesora, profesor* in face-to-face conversation. However, if you are talking about someone, these titles of respect are preceded by the definite articles *la, el, las* or *los*: **El señor Díaz** es mi profesor.

Two additional titles of respect, **don** (masculine) and **doña** (feminine), do not require a definite article and are used with a person's first name when talking to adults you know very well: **Don** Diego, le presento a **doña** Teresa.

Práctica

8 **Presentaciones**

Completa las siguientes oraciones con palabras de la lista.

de	te	a la	al
les	le	del	a

MODELO ¡Ay, Rosario! <u>Te</u> presento a mi amigo Iván.

1. Jorge, __ presento __ señor Francisco Ortiz.
2. Rodolfo y Ana, __ presento __ amigo __ Sr. Rodríguez.
3. Paco y Antonio, __ presento __ señor Pedraza.
4. Profesor Vallejo, __ presento __ doña Marina.
5. Rodrigo y Pablo, __ presento __ Diana y a Catalina.
6. Sr. y Sra. Gaviria, __ presento __ profesora __ historia.
7. Rosario, __ presento __ don Carlos y __ Ernesto.

Encantada.

En la fiesta del Zócalo

Completa los diálogos.

Roberto:	Sr. y Sra. Ortega, (1) presento (2) mi amiga Estefanía.
Sr. Ortega:	Tanto (3), Estefanía.
Sra. Ortega:	Encantada, Estefanía.
Sra. Tovar:	Sra. Santos, (4) presento a Felipe, mi amigo de Acapulco.
Sra. Santos:	(5), Felipe.
Felipe:	El (6) es mío, Sra. Santos.
Sofía:	Marcos, te (7) a Pilar y a Daniel. Marcos es el estudiante nuevo de Veracruz.
Marcos:	¡(8) gusto! Me llamo Marcos Castilla.
Pilar:	(9).
Iván:	¿(10) estás?
Daniel:	Bien, gracias.

¡Mucho gusto!

 En la Ciudad de México

You and two classmates are greeting some friends and family who have decided to visit Mexico City. Introduce everyone using the words shown.

MODELO Hernando / presento a / el profesor de música, el señor Villamil
Hernando, te presento al profesor de música, el señor Villamil.

1. Maribel / presento a / mi amigo, Jorge Contreras
2. Carmen y Gabriel / presento a / Edgar
3. Sra. Giraldo / presento a / la señora Suárez
4. Sr. y Sra. Ruiz / presento a / el profesor de historia de / el colegio, el señor Botero
5. Enrique y Sonia / presento a / el amigo de / el profesor Osorio, el señor Jaramillo
6. Sr. y Sra. Reyes / presento a / la amiga de Silvia, Juliana
7. Isabel / presento a / el amigo de / el señor Rueda, don Carlos

 ## Comunicación

 En el Zócalo

You are with some friends and classmates at the Zócalo while on a study abroad program in Mexico City. In small groups, act out these introductions. Take turns playing the part of each person.

1. Your friend Miguel meets your friend Margarita for the first time.
2. Your classmate Pedro sees one of his neighbors *la señora Carvajal* whom you do not know.
3. Two other students you know from the exchange program pass by while you are with your other friends.
4. The mother of one of your friends, *la señora García*, is crossing the Zócalo and runs into you and your friends.

12 **En una fiesta de bienvenida**

In groups of three or four, pretend you are guests at a *quinceañera* party at the home of the study abroad program director. Practice introducing one another in Spanish and then start conversations with the other guests: ask where they are from, how they are, if they speak Spanish and English and so on. Exchange phone numbers with at least one other person. Remember to use appropriate greetings, gestures and responses in your conversations.

Repaso rápido

question-asking words

You are already familiar with several words used for asking information questions:

*¿**Cómo** estás?*	**How** are you?
*¿**Cuál** es tu cuaderno?*	**Which (one)** is your notebook?
*¿**Cuáles** son?*	**Which (ones)** are they?
*¿**Cuándo** es la clase de español?*	**When** is the Spanish class?
*¿**Cuánto** es?*	**How much** is it?
*¿**Cuántos** hay?*	**How many** are there?
*¿**Dónde** están ellos?*	**Where** are they?
*¿**Por qué** está ella allí?*	**Why** is she there?
*¿**Qué** es?*	**What** is it?
*¿**Quién** es de Cancún?*	**Who** is from Cancún?
*¿**Quiénes** son ellos?*	**Who** are they?

Note: Unlike *qué*, *cuál* (or *cuáles*) may never be followed by a noun: *¿Qué autobús tomas?* (What bus are you taking?); *¿Cuál de los autobuses tomas?* (Which of the buses are you taking?).

13 **Unas preguntas**

Escribe preguntas usando cada una de las palabras interrogativas del Repaso rápido. *(Write questions using each of the question-asking words in the Repaso rápido.)*

¿Dónde está el Museo Nacional de Antropología?

Estructura

Asking questions

- One way to ask a question is by making your voice rise at the end of the sentence.

  Hay un museo en Chapultepec. → *¿Hay un museo en Chapultepec?*

- Another way to ask a question in Spanish is to place the subject after the verb.

  Tomás está en el museo. → **¿Está Tomás** en el museo?
     1   2   2   1

- You can also create a question by adding a tag word such as *¿no?* or *¿verdad?* to the end of a sentence, much as you might add **isn't she?** or **right?**, etc. in English.

  Eva va al restaurante, ¿no?   Eva is going to the restaurant, **isn't she?**
  Uds. van al Zócalo, ¿verdad?   All of you are going to the Zócalo, **right?**

- When forming information questions with interrogative words (*¿cómo?, ¿cuál?, ¿cuáles?,* and so forth), the verb precedes the subject, just as in English (*¿Cuándo es la fiesta?*). Some interrogative words may be used alone or in combination with various prepositions (*¿De dónde eres tú? ¿A qué hora termina?*).

 ## Práctica

 ### 14 En forma de pregunta

Cambia las siguientes oraciones a preguntas.

MODELO La amiga de Pilar es simpática.
¿Es la amiga de Pilar simpática?

1. Ana es la amiga de Pilar.
2. Ana y Tomás estudian música en la Ciudad de México con la señora Alvarado.
3. La señora y el señor Alvarado son de Puebla.
4. Los dos chicos caminan en el Parque de Chapultepec.
5. Ellos hablan con la señora Alvarado en el Museo de Antropología.
6. La señora Alvarado toma el camión a Puebla.

La amiga de Pilar es simpática.

 ### 15 A contestar

Working in pairs, take turns reading and answering the questions you created for the previous activity. Remember to answer each question with *Sí* or *No*, followed by a complete sentence.

MODELO A: ¿Es la amiga de Pilar simpática?
B: Sí, la amiga de Pilar es simpática./No, la amiga de Pilar no es simpática.

Completa las siguientes oraciones de una manera lógica.

1. ¿__ hay una fiesta fantástica?
2. ¿__ va a la fiesta?
3. ¿A __ hora es la fiesta?
4. ¿__ no vamos al parque?
5. ¿De __ es ella?
6. ¿De __ ciudad son?
7. ¿__ es tu número de teléfono?
8. ¿__ es ella? ¿Simpática?

 Unas preguntas

Make as many different questions as you can for each of the following statements.

MODELO Mañana hay una fiesta fantástica en el Zócalo.
¿Qué hay mañana en el Zócalo?/¿Dónde hay una fiesta mañana?/
¿Cuándo es la fiesta?

1. Doña Cecilia necesita el horario de camiones.
2. El señor Galindo camina en el Parque de Chapultepec.
3. El Paseo de la Reforma está en el D.F.
4. César, Ignacio y Pedro estudian en una escuela en Mazatlán.

 Comunicación

 México

 Referring to *Cultura viva*, create five questions in Spanish about Mexico. Then, with a classmate, take turns asking and answering the questions.

¿Están en el Parque de Chapultepec?

19 Una entrevista

Write five or six questions you would like to ask a classmate. Then pair up with another student and take turns interviewing one another using the questions you prepared. Take notes during the interview and report your findings to the class. Be creative.

¿De qué ciudad es Ud.?

20 En el teléfono

Working in pairs, create a telephone conversation in which you discuss details about some future activity you are going to do together. Tell when, where and at what time the activity takes place.

¿Aló?

MODELO
A: ¿Aló?
B: Hola, Pedro. ¿Vamos a la fiesta de Juan?

A: ¿Cuándo es?
B: Es el sábado.

A: ¿A qué hora es?
B: Es a las ocho.

¿Vamos a caminar en el D.F.?

Vocabulario II

¿Cómo vamos?

BIBLIOTECA NACIONAL

COLEGIO BILBOA

en avión

en metro

a pie

en barco

en tren

a caballo

en moto(cicleta)

en taxi

en bicicleta

en camión

en autobús

en carro

Roberto está lejos de la escuela.
Roberto está cerca de la biblioteca.
Roberto tiene un problema porque no tiene
    transporte para ir a la escuela.
Tú tienes transporte para ir a la escuela, ¿verdad?

21 ¿Qué medio de transporte es?

 Selecciona la foto que corresponde con lo que oyes.

autobús

A

en avión

B

en tren

C

en carro

D

a caballo

E

en bicicleta

F

en barco

G

el pie

H

22 ¿Cómo vamos?

 Cut photographs of various means of transportation from magazines. On the back of each cutout, identify what it is in Spanish. Working in pairs, take turns asking and answering what each item is.

¡Extra!

En otras palabras

el autobús	*el bus, la buseta, el camión, el colectivo, la flota, la guagua, el micro, el ómnibus*
el barco	*el buque, la nave*
la bicicleta	*la bici*
el carro	*el automóvil, el auto, el coche*
el metro	*el subterráneo (el subte)*

23 ¿Cómo vas?

Say which means of transportation you would use to go to the following places.

MODELO la oficina de tu padre
en autobús

1. la escuela – the school
2. la biblioteca – the library
3. el parque – the park
4. México, D.F.
5. el dentista – the dentist
6. el cine – the cinema/movie theater
7. tu restaurante favorito – your favorite restaurant
8. el médico – the doctor

Diálogo II ¿Qué?

TOMÁS: Hola, Olga, tú vas mañana a la fiesta, ¿verdad?
OLGA: ¿Cómo? Estás muy lejos.
TOMÁS: Lo siento.

TOMÁS: ¿Vas tú mañana a la fiesta en el Zócalo?
OLGA: Estás muy cerca, Tomás.
TOMÁS: Perdón.

OLGA: No, no voy porque no tengo transporte.
TOMÁS: Bueno, no hay problema.
OLGA: ¿Por qué no hay problema?
TOMÁS: Porque yo tengo carro para ir a la fiesta.

24 ¿Qué recuerdas?

1. ¿Quién está lejos?
2. ¿Con quién habla Tomás?
3. ¿Por qué no va Olga a la fiesta?
4. ¿Por qué no hay problema?

25 Algo personal

1. ¿Qué transporte tomas para ir a la escuela?
2. ¿Qué tomas para ir al parque? ¿Está lejos o cerca?
3. ¿Vas a fiestas con amigos? Explica.

26 ¿Qué transporte toman?

 Selecciona la foto que corresponde con lo que oyes.

A   B   C   D   E

Nosotros viajamos en metro.

¿Cómo viajamos en el D.F.?

Transportation options in Mexico are varied and abundant. One option, owning a car and driving in Mexico, can present challenges. Cars are expensive to purchase and maintain since taxes are steep. In addition, finding parking can be difficult and is expensive when available. Most people prefer to use the excellent public transportation that is available.

Taxis are numerous and usually relatively inexpensive compared to the United States. In Mexico City, governmental regulations require taxi drivers to be licensed and that each taxi operate with a working meter and a driver's picture identification placed in a visible location inside the cab.

The buses in Mexico are clean and reasonably priced. The best public transportation bargain in Mexico City is undoubtedly its subway system (*el metro*), which allows a rider to travel from one area of the city to another with a single ticket. For this reason, the metro can be a little overcrowded during rush hours.

¡Hay mucho tráfico en el D.F.!

 Comparando

Compara el transporte en México con el transporte en tu ciudad.

México	Mi ciudad
1. owning a car presents challenges	1. driving a car also presents challenges
2.	2.
3.	3.

Idioma

Saying where someone is going: *ir*

- The verb *ir* (to go) is irregular in the present tense.

ir			
yo	**voy**	nosotros nosotras	**vamos**
tú	**vas**	vosotros vosotras	**vais**
Ud. él ella	**va**	Uds. ellos ellas	**van**

- The verb *ir* is usually followed by the preposition *a* (or the contraction *al*) and a destination.

*¿Por qué no vamos **a** la biblioteca?*   Why don't we go to the library?
*Voy **al** cine.*   I am going to the movies.

Note: When you want to suggest going somewhere or doing something ("Let's go somewhere/do something!"), use ***Vamos a* (+ a place or an infinitive)**.

¡Vamos a la ciudad hoy!   Let's go into town today!
¡Vamos a tomar el autobús!   Let's take the bus!

 ## Práctica

   ¿Adónde van mañana?

Completa las siguientes oraciones con la forma apropiada de *ir*.

MODELO   Nuria y Rosario <u>van</u> al Museo Nacional de Antropología.

1. Tomás <u>va</u> a la fiesta en el Zócalo, ¿no?
2. Nosotros <u>vamos</u> a la fiesta con él, ¿verdad?
3. El señor y la señora Morales <u>van</u> en avión a Veracruz.
4. Andrea y tú <u>van</u> en metro a un restaurante en el D.F., ¿verdad?
5. ¡Claro! Andrea y yo <u>vamos</u> con Mauricio al Paseo de la Reforma.
6. Tú <u>vas</u> a la Ciudad de México con ellos.
7. Yo <u>voy</u> a *(give a location)*.

29 ¿Adónde van en la ciudad?

 With a classmate, take turns asking and answering questions about where these people are going in the city. You may answer either affirmatively or negatively.

MODELO Gloria / al banco

    A: ¿Adónde va Gloria?
    Al banco, ¿verdad?

    B: Sí, va al banco. / No, no va al banco.

1. don Francisco / la médica
2. los muchachos / el restaurante
3. nosotros / el dentista
4. el Sr. López / la oficina
5. tú / el parque
6. Uds. / la escuela

¡Extra!

En la ciudad

la cafetería	*cafeteria, coffee shop*
el hospital	*hospital*
la iglesia	*church*
la oficina de correos	*post office*
el supermercado	*supermarket*

30 Todos vamos a lugares diferentes

Indica adónde van las siguientes personas.

MODELO

Héctor
Héctor va a la oficina.

1. yo *voy a al banco*

2. tú *vas al cine*

3. la señora Sabogal *va a la dentista*

4. las muchachas *van al restaurante*

5. Nicolás *va a la escuela*

6. Ud. *va a la médica*

Lectura cultural

MAPA DE BOLSILLO
Ciudad de México

La pirámide azteca en la estación de Pino Suárez.

El metro de la Ciudad de México es fantástico

¿Vas de vacaciones a la Ciudad de México y no sabes qué hacer? ¿Por qué no pasas[1] un día fantástico usando[2] el metro? Toma la línea 2 a Chapultepec y camina por el parque. O toma la línea 3 a la estación de Pino Suárez y mira la pirámide azteca descubierta[3] en 1968 durante la construcción del metro. O toma la línea 4 a la estación de Talismán y mira los restos de un mamut[4] que tiene 13.000 años. Todos los días[5], cinco millones de personas toman el metro para ir al trabajo[6] o la escuela. Tú y tus amigos pueden[7] tomar el metro para divertirse[8]. El metro es un transporte moderno, limpio[9], seguro[10] y eficiente. ¡Vamos en metro!

Datos interesantes del metro de México, D.F.:
- Es el primer sistema que usa símbolos y colores para identificar las estaciones.
- Es el metro más barato[11] del planeta porque sólo cuesta[12] US $0,20.
- La estación Pantitlán es la estación de transbordo[13] más grande del planeta.

[1]spend [2]using [3]discovered
[4]mammoth [5]Every day [6]work [7]can
[8]have fun [9]clean [10]safe [11]cheapest
[12]costs [13]transfer

35 ## ¿Qué recuerdas?

1. ¿Cómo es el metro de la Ciudad de México?
2. ¿Cómo identifican las estaciones del metro?
3. ¿Qué hay en la estación de metro Pino Suárez?
4. ¿Qué hay en la estación de metro Talismán?
5. ¿Cuántas personas toman el metro todos los días?

36 ## Algo personal

1. ¿Hay un sistema de metro en tu ciudad?
2. ¿Cuánto cuesta el transporte público en tu ciudad?
3. ¿Cómo son las estaciones (de metro o de bus) en tu ciudad?

- Have you ever taken the subway? Describe your experience. How did it compare with the Mexican subway described in the article?

- Why do you think they built stations around the Aztec pyramid and the remains of the mammoth instead of transferring these discoveries to a museum? Is that a good idea?

Autoevaluación

As a review and self-check, respond to the following:

1. In Spanish, identify five places in a city.

2. There is going to be a party in a nearby restaurant. Ask what time the party is.

3. A new girl who speaks Spanish has moved into your neighborhood. Tell her if the following places are near or far and what means of transportation you use to go to each place: *la escuela, el parque, el cine.*

4. What would you say in Spanish when introducing these people to your teacher: a friend named Diana? don Diego? two friends?

5. Give an example of a courteous response in Spanish when you are introduced.

6. How would you confirm that your friends are going to the movie theater near the library?

7. You are about to travel to Mexico. What would you like to see and do?

Palabras y expresiones
How many of these words and expressions do you know?

La ciudad
el banco
la biblioteca
el cine
el dentista, la dentista
la escuela
el hotel
el médico, la médica
la oficina
el parque
el restaurante

Palabras interrogativas
¿adónde?
¿cuándo?
¿por qué?
¿quiénes?

Transporte
a caballo
a pie
el autobús
el avión
el barco
la bicicleta
el caballo
el camión
el carro
en carro
en *(means of transportation)*
el metro
la moto(cicleta)

el taxi
el transporte
el tren

Verbos
caminar
ir
presento
quiero
sabes
tomar
¡vamos!

Otras expresiones
al
cerca (de)
¡claro!

del
El gusto es mío.
encantado,-a
fantástico,-a
la fiesta
lejos (de)
le/les/te presento a
porque
el problema
simpático,-a
también
Tanto gusto.
¿verdad?

el museo

el edificio

las tiendas

METRO

El Charro

ALTO

AVENIDA DE LA INDEPENDENCIA

CALLE VERSALLES

ZAPATO EXPRESS

la plaza

En la ciudad hay muchos edificios grandes.
Los edificios están en el centro.
En el centro hay teatros, museos y tiendas.

¿Qué vas a hacer hoy?

Voy a ir al concierto de mi cantante favorito.

el teatro

1 En el centro

))) Selecciona la ilustración del lugar apropiado, según lo que oyes.

A

B

C

D

E

F

G

H

2 La ciudad

Completa las oraciones de acuerdo con las ilustraciones del Vocabulario I.

1. El autobús va por la __.
2. Gabriela y Ana van al __ de arte.
3. Luis Miguel va a estar mañana en el __ Arlequín.
4. El Museo de Arte Moderno está en la __ de la Independencia.
5. Moda In y Zapato Express son __ en la Calle Versalles.
6. Hay ocho personas en la __.
7. En el __ hay muchas oficinas.
8. ¿Vamos al __ El Charro?

3 ¿Adónde vas?

Haz una lista de los lugares adónde vas.

Diálogo I   Vamos al museo

TOMÁS: Olga, ¿qué vas a hacer el sábado?

OLGA: Voy a ir al centro con Pilar.

TOMÁS: ¿Van a las tiendas?

OLGA: No. Vamos al museo de arte.

TOMÁS: El museo está en un edificio grande.

OLGA: Sí, luego, vamos al restaurante El Charro. ¿Vas?

TOMÁS: ¡Claro! ¿Está el restaurante en la calle Versalles?

OLGA: No, está en la Avenida de la Independencia.

 ¿Qué recuerdas?

1. ¿Qué va a hacer Olga el sábado?
2. ¿Va ella a las tiendas?
3. ¿Cómo es el edificio del museo?
4. ¿Dónde está el restaurante?

 Algo personal

1. ¿Qué vas a hacer el sábado?
2. ¿Hay muchos edificios grandes en el centro de tu ciudad?
3. ¿En qué calle está tu colegio?

 ¿Qué vas a hacer hoy?

 Indica la letra de la ilustración que corresponde con lo que oyes.

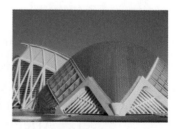

A   **B**   **C**   **D**

El Distrito Federal (el D.F.)

Mexico City is not only the capital of the country, the *Distrito Federal* is also the center of Mexico's government, economy, culture and educational system. Internationally known sites you may want to visit include *El Palacio Nacional*, *el Museo de Antropología* and one of the largest universities in the world, *la Universidad Autónoma de México (UNAM)*, among others. Downtown, virtually every street offers an array of interesting sites and experiences, including Aztec ruins (*la Plaza de las Tres Culturas*), beautiful parks (*Alameda*), museums and art galleries (*el Palacio de Bellas Artes*), as well as many interesting colonial buildings.

Contaminación del aire (*air pollution*) en el D.F.

Mexico City also faces challenges. Like most large U.S. cities, downtown streets are crowded, noisy, polluted and frequently congested with traffic jams. In addition, early Spanish colonists constructed the city on top of the original Aztec capital, Tenochtitlán, which had been built on an island in the middle of Lake Texcoco. Consequently, parts of the city are now sinking because of this soft land, and this creates problems providing fresh drinking water to millions of residents.

When you travel to *el D.F.,* you will experience a cosmopolitan atmosphere that is both similar to and yet very different from other cities in the world. While there, you see why Mexicans take great pride in their heritage. Now they are focused on an even brighter future.

El Palacio de Bellas Artes.

7

Un viaje a México

Plan an itinerary for a trip to Mexico. First, decide what you want to see and do and indicate why each site or activity interests you (e.g., *el Palacio Nacional* – to see Diego Rivera's artwork in person). Next, list hotels (with addresses and rates) where you want to stay. Include in your travel plans flight schedules to and from the destinations you want to visit, including Mexico City. Finally, map out your daily schedule from beginning to end.

¡Extra!

Está en la internet

You can find all of the information needed to complete a travel itinerary by searching the Internet. Alternative sources of information include travel agents, airlines and the library.

Vocabulario II

En el restaurante

¡COMIDA MEXICANA!

No veo pollo en mole en el menú.

¿Qué van a comer?

De acuerdo.

Pues, ¿por qué no le preguntas al mesero?

Yo quiero comer una ensalada.

¡Cómo no!

el mesero

la mesera

Un momento, por favor. Oye, Natalia, ¿qué vas a comer?

Él toma jugo de naranja.

Bueno, siempre como pollo, pero hoy voy a comer pescado.

El Menú

el menú

Natalia y Lucía van a comer ahora.
Las chicas leen el menú.
El mesero hace una pregunta a las chicas.

116 *ciento dieciséis*

Lección B

el pescado

el pollo

el refresco

el jugo de naranja

la ensalada

los frijoles
beans

el agua mineral

---

13 ¿Dónde está?

 Di si lo que oyes está en un restaurante o en un colegio.

Está en un restaurante.

Está en un colegio.

14 ¿Qué sabes?

Haz una lista de tres comidas y tres bebidas.

15 En el restaurante

Completa las siguientes oraciones en forma lógica.

1. Las chicas leen en el ⇩ lo que hay para comer y para tomar.
   menu
2. El ⇩ pregunta a las chicas "¿Qué van a comer?".
   mesero
3. Natalia y Lucía toman ⇩ mineral.
   agua
4. La ⇩ que toma el señor de camisa azul es un jugo de naranja.
   ensalada
5. La señora quiere pollo en mole de __ pero no está en el menú.
   wants _sauce_
6. Lucía quiere pescado para _la cena_
   wants

¡Extra!

Más bebidas y comidas

Para tomar:

el café	coffee
el chocolate	hot chocolate
la gaseosa, el refresco	soft drink
la leche	milk
el té	tea

Para comer:

la carne	meat
la ensalada	salad
la hamburguesa	hamburger
el pan	bread
las papas fritas	french fries
el postre	dessert

Diálogo II   ¿Qué van a comer?

TOMÁS: Perdón, ¿sabe dónde está el restaurante El Charro?

SEÑORA: ¡Sí! Está allí, cerca de la biblioteca, en la Avenida de la Independencia.

TOMÁS: Muchas gracias.

TOMÁS: Hola, Olga. Hola, Pilar.

OLGA: ¡Hola, Tomás! Oye, ¿qué vas a comer?

TOMÁS: Yo siempre como pollo en mole.

MESERA: ¿Qué van a comer, señoritas?

OLGA: Este... quiero el pescado y un refresco.

PILAR: Yo voy a comer unos frijoles y a tomar un jugo de naranja.

MESERA: De acuerdo.

16 ¿Qué recuerdas?

1. ¿Dónde está el restaurante El Charro?
2. ¿Qué come Tomás siempre?
3. ¿Qué va a comer Olga?
4. ¿Va Pilar a comer una ensalada?

17 Algo personal

1. ¿Dónde está tu restaurante favorito?
2. ¿Qué comida vas a comer allí?
3. ¿Tomas agua mineral, jugo de naranja o refresco?

18 ¿Cuál es la respuesta correcta?

Escoge la letra de la respuesta correcta.

Para ser natural

Do you ever use a word while you are talking just to fill in the conversation while you are thinking, such as **well, um** or **hey**? Adding some of these pause words to conversations will make your speech sound more natural:

a ver	*let's see*
bueno	*okay, well*
este	*well, so*
mira	*look, hey*
oye	*hey, listen*
pues	*thus, well, so, then*
es que...	*well, it's just that...*

A. Sí, pero hoy no quiero pollo en mole.

B. Está allí, cerca de la biblioteca.

C. Pues, un momento, por favor... Voy a comer pescado hoy.

D. Quiero tomar agua mineral, por favor.

Unos tamales deliciosos.

Salir a comer en México

Mexican cuisine consists of much more than *enchiladas, tacos, tamales, quesadillas* and *burritos*. Each region of Mexico has its own particular type of food. In Mexico City, restaurants and cafés are everywhere. To eat well at reasonable prices, imitate the Mexicans and make your main meal *(la comida principal)* a large, late lunch *(el almuerzo)*.

Tacos en la taquería.

Mole is one of the most popular dishes, consisting of a thick, spicy, dark brown sauce of various chiles, sesame seeds, chocolate, herbs and spices. Served over chicken *(pollo)* or turkey *(pavo)*, it is called *mole poblano*. You can also eat crispy chicken in a rosticería, order standard Mexican cuisine such as *tacos* or *enchiladas* at a *taquería*, or try fruit shakes, sodas, ice cream or fruit salads at a juice *(jugo)* shop. Other eating choices range from inexpensive coffeehouses and pastry shops to international Chinese, Japanese, French and Middle Eastern restaurants. Beverage choices are varied, too, and consist of popular fruit drinks *(jugos)*, milk, bottled mineral waters *(aguas minerales)*, soft drinks with or without ice *(hielo)* and much more.

TIPOS DE PLATOS

Entrada
Es el primer plato de una comida. Usualmente es una sopa, una crema, un coctel de mariscos o de frutas, o un antipasto.

Ensalada
Puede servir de acompañamiento al plato fuerte, o como plato único cuando es con pollo o mariscos.

Plato fuerte
El pollo, las carnes y pescados son generalmente la base de esta parte de la comida.

Postre
Es el tercer o cuarto plato en una comida. Debe ser dulce y los cubiertos que se usan para comerlo son una cuchara pequeña y un tenedor, también pequeño.

19

Salir a comer en México

Contesta las siguientes preguntas.

1. ¿Hay muchos restaurantes en el Distrito Federal?
2. ¿Qué comida es muy popular en México?
3. ¿Adónde vas a ir para comer pollo rostizado en México?
4. ¿Adónde vas a ir para comer tacos y enchiladas en México?
5. ¿Qué hay para tomar en México?
6. ¿Cuántos tipos de platos *(courses)* hay?

Idioma

Saying what someone does: present tense of -er verbs

- Form the present tense of regular -er verbs, such as *comer* (to eat), *comprender* (to understand) and *leer* (to read), by first removing the -er ending and then attaching endings that correspond to each of the subject pronouns shown in this chart.

comer			
yo	com**o**	nosotros nosotras	com**emos**
tú	com**es**	vosotros vosotras	com**éis**
Ud. él ella	com**e**	Uds. ellos ellas	com**en**

- Three additional verbs that end in -er, *hacer* (to do, to make), *saber* (to know information) and *ver* (to see), are regular except for the yo forms.

  hacer   *I make*   yo **hago**   saber   *Iu know*   yo **sé**   ver   *I see*   yo **veo**

- In addition, the *vosotros* form of *ver* does not require an accent mark: *vosotros* **veis**.

  Veo la calle Versalles.
  ¿**Veis** vosotros la Avenida Suárez en el mapa?

 ## Práctica

 **¿Qué comes?**

 Working in pairs, take turns asking questions about whether each of you does or does not eat the items listed.

MODELO   tacos
A: ¿Comes tacos?
B: Sí, (No, no) como tacos.

1. ensalada
2. frijoles
3. pescado
4. pollo

Tenemos mucho en común

Read the following statements and say who else does the same thing, according to the cue in parentheses. Add an expression such as *pues* or before each sentence.

MODELO Leo periódicos en español y comprendo muy bien. (Elena)
Pues, Elena lee periódicos en español y comprende muy bien también.

1. Josefina lee una revista y toma jugo de naranja. (yo)
2. El señor y la señora Correa leen libros en español. (nosotros)
3. El profesor comprende inglés y español. (José y Ana)
4. Comemos pescado y ensalada en el centro hoy. (los Peña)
5. Roberto come tacos en el restaurante Los Rancheros. (tú)

Leo periódicos en español.

¿Comprenden y hablan inglés y español?

Say that the following people all understand and speak English and Spanish.

MODELO Alejandro
Alejandro comprende y habla inglés y español.

1. yo
2. tú
3. mi amiga y yo
4. el profesor
5. los estudiantes en la clase de español
6. la chica nueva

En el restaurante El Charro

Complete the following paragraph with the present tense of the verbs in parentheses.

Los viernes, mi amiga Pilar y yo siempre *(1. comer)* en el restaurante El Charro. Hoy muchos chicos del colegio *(2. comer)* aquí. En la mesa número uno, Paco y María *(3. leer)* el menú. Paco no *(4. saber)* qué comer. María siempre *(5. comer)* pescado. En la mesa dos, el mesero pregunta a Jorge, Daniel y Patricia qué van a comer. Ellos *(6. hacer)* una pregunta al mesero: "Nosotros no *(7. ver)* tacos en el menú. ¿Hay tacos aquí?" "Sí, ¡cómo no!" responde el mesero. En la mesa tres estamos Graciela y yo. Graciela *(8. leer)* el menú. Yo siempre *(9. comer)* ensalada, pero no *(10. saber)* qué tomar hoy. Graciela dice "Un momento, por favor". Yo *(11. ver)* que ella no *(12. comprender)* una palabra del menú. Luego, ella dice "¡Ahora *(13. comprender)*! Yo quiero el pollo en mole y un refresco por favor". "De acuerdo".

24 Unas personas en mi comunidad

Using the verbs *comer*, *comprender* and *leer*, tell what these people are doing.

MODELO

la mesera
La mesera come pollo.

1. Graciela

2. Camilo

3. los muchachos

4. Laura y Elena

5. Edgar y Vivian

6. Don Pedro

25 ¿Qué hacen?

Working with a partner, read the following statements about Alfredo and his friends. Tell your partner that you do the same things as Alfredo, and then ask what your partner does.

MODELO **A:** Alfredo va a un colegio grande en el centro.
        B: Pues, yo también voy a un colegio grande en el centro. ¿Y tú?
        A: Yo (no) voy a un colegio grande en el centro.

1. Alfredo sabe historia.
2. Alfredo siempre lee muchas revistas y periódicos.
3. Los sábados Alfredo y Rebeca hacen pollo en mole.
4. Alfredo y Tomás hacen muchas preguntas en la clase de biología.
5. Alfredo comprende español.
6. Alfredo, Rebeca y Tomás comen pescado y pollo.

Alfredo va a un colegio grande en el centro.

¿Qué ves?

Say what these people do, see or know, according to what you see in each illustration.

1. Gabriel y María

2. ellos

3. Mónica

4. Diego

5. los Montoya

6. la Sra. Ruiz

Comunicación

En El Charro

In groups of four, two students play the role of friends who are considering going to a popular restaurant in town, El Charro. The other two students should pretend they often go to eat at El Charro. Then, four of you meet on the street and discuss the restaurant (the restaurant's name, if it is new, where it is, etc.). Be sure to ask your friends what they eat when they go to El Charro. Then say what you are going to eat when you go there. Switch roles.

Estrategia

The importance of reviewing
Whenever you do an activity that requires you to be creative, look at previous activities, dialogs, readings, etc. for words, grammar and cultural information you have already learned that may be useful in the new activity (e.g., the word *nuevo* in activities 9 and 22, asking for or giving names in activities 27 and 28, the question-asking words for activities 27 and 28). This recombining of old and new content will help you remember what you learned. It will also help you express yourself naturally in ever more complex situations.

¿Qué leen los estudiantes en la clase?

Survey your classmates to find out how many are reading a book right now. Next, find out the names of the books and how many students are reading each one. Finally, summarize your findings in a short paragraph.

> Hay seis estudiantes que leen libros. Uno lee Marianela. Dos leen

Lectura personal

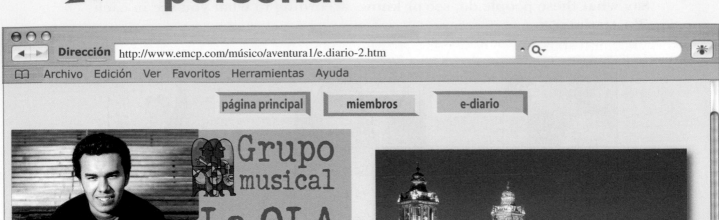

página principal   miembros   e-diario

Grupo musical La OLA

Nombre: Xavier Rodríguez Guerra
Edad: 18 años
Ciudad natal: Chicago
Comida favorita: pollo en mole
Cantante favorito: Alejandro Sanz

¡Fantástico concierto en Ciudad de México! Gracias, amigos. Nunca[1] voy a olvidar[2] esta ciudad de más de veinte millones de personas, edificios impresionantes y museos famosos. ¡Es una ciudad extraordinaria! Ahora estoy en un restaurante y veo el Zócalo. Imagino esta plaza en diferentes épocas de la historia... En 1325 era[3] una isla desierta en el lago[4] Texcoco donde los mexicas se establecieron[5].

En 1519 Tenochtitlán (hoy Ciudad de México) era la capital del imperio azteca, una ciudad grande, importante, magnífica. Los palacios y las casas estaban[6] en chinampas[7] y las personas se desplazaban[8] por canales. En 1525, cuando Hernán Cortés conquistó[9] a los aztecas, la ciudad era ruinas y destrucción. Hoy el Zócalo es la plaza más grande del mundo[10].

[1]Never [2]to forget [3]it was [4]lake [5]settled down [6]were [7]pieces of land floating on a lake [8]traveled [9]conquered [10]world

---

29 ¿Qué recuerdas?

1. ¿Dónde está Xavier cuando escribe el e-diario?
2. ¿Qué imagina Xavier?
3. ¿Qué era la Ciudad de México en 1325?
4. ¿Cuál era el nombre de la Ciudad de México en 1519?
5. ¿Cuándo conquistó Hernán Cortés a los aztecas?

Algo personal

1. ¿Cuántos años tiene la Ciudad de México? ¿Cuántos años tiene tu ciudad?
2. ¿Qué grupo indígena habitó en la región donde tú vives?
3. ¿Hay una plaza en tu ciudad? Compara tu *town square* con el Zócalo en la Ciudad de México.

- How has Mexico City changed over time? How long has it been a capital city?
- What's the name of Mexico City's main plaza? How does it compare with your town's main square?

¿Qué aprendí?

Autoevaluación

As a review and self-check, respond to the following:

1. Ask a friend what he or she is going to do today.

2. If you were in Mexico City, name some things you might see.

3. Tell a friend what you are going to do this week (go to school at 8:00 A.M. on Monday, study in the library on Tuesday, etc.).

4. What opportunities does knowing Spanish offer you?

5. Name four or five things you can order from a menu in Spanish.

6. Imagine you are driving around town. Name in Spanish two or three buildings you see.

Palabras y expresiones

How many of these words and expressions do you know?

En la ciudad
la avenida
la calle
el centro
el edificio
el museo
la plaza
el teatro
la tienda

En un restaurante
el agua (mineral)
la bebida
la comida

la ensalada
los frijoles
el jugo
el menú
el mesero, la mesera
la naranja
el pescado
el pollo
el refresco

Otras expresiones
ahora
bueno
el cantante, la cantante

¡cómo no!
el concierto
de acuerdo
favorito,-a
grande
hacer una pregunta
hoy
el momento
mucho,-a
oye
pero
pues
siempre

Verbos
comer
hacer
ir a (+ *infinitive*)
leer
preguntar
saber
tomar
¡vamos a (+ *infinitive*)!
ver

Museo de Antropología.

¡Comida mexicana!

¡Viento en popa!

Tú lees

Conexión con otras disciplinas: arte

Preparación

Selecciona las palabras de la columna I que van con las palabras en inglés de la columna II.

I	II
1. un estilo	A a painting
2. un autorretrato	B. a style
3. una pintora	C. a painter, artist
4. un tema	D. a self-portrait
5. un cuadro/ una pintura	E. a theme

Frida Kahlo, una artista universal

Frida Kahlo es una de las pintoras más importantes de México. Como[1] su esposo[2], Diego Rivera, ella comprendió[3] el impacto social de combinar el arte y la política, pero sus temas son más universales. Por ejemplo[4], ella trató[5] los aspectos negativos de la industrialización como la contaminación del aire y de la naturaleza[6]. Otros temas que trató son los problemas de la vida[7]. Frida siempre tuvo[8] problemas físicos. De muchacha, ella tuvo polio. A los dieciocho años, tuvo un accidente terrible de tráfico en la Ciudad de México. Después[9] del accidente, sufrió mucho dolor[10] porque tuvo muchas operaciones. Frida muestra[11] su dolor en muchas de sus pinturas.

La pintora Frida Kahlo en 1931.

Un tema que Frida y Diego tienen en común es el orgullo[12] de la cultura indígena[13] de México. Frida tenía raíces[14] indígenas y adoptó el estilo de la ropa y del pelo[15] de una india para expresar su orgullo indígena. Además[16], sus autorretratos representan la cultura indígena mediante el uso de[17] plantas, animales y colores de la naturaleza.

[1]As, Like   [2]her husband   [3]understood
[4]For example   [5]dealt with   [6]nature   [7]life   [8]had   [9]After
[10]pain   [11]shows   [12]pride   [13]native   [14]roots   [15]hair   [16]In addition   [17]by means of

A ¿Qué recuerdas?

1. ¿Qué comprendió Frida Kahlo?
2. ¿Cuáles son los temas de los cuadros de Frida?
3. ¿Por qué sufrió Frida mucho dolor?
4. ¿Qué representa Frida en su autorretrato?

Autorretrato con mono (Self-Portrait with Monkey), Frida Kahlo, 1938. Albright-Knox Art Gallery, Buffalo, N.Y.

B Algo personal

1. ¿Es importante el arte de Frida Kahlo? ¿Por qué?
2. ¿Cuál te gusta más, la foto de Frida Kahlo o su autorretrato? ¿Por qué?

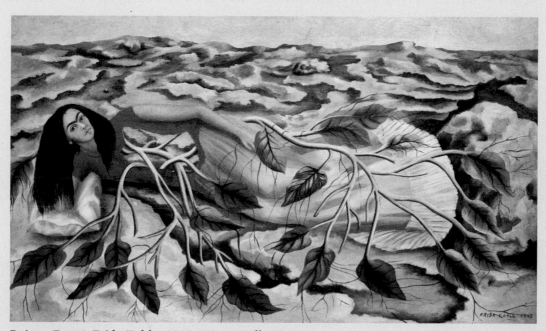

Raíces (Roots), Frida Kahlo, 1943. Private collection.

Tú escribes ■ ■■■■■ ■ ■■■ ■ ■■

Estrategia

Combining images to build word pictures

Poems make pictures out of your words that can be seen by the mind's eye. They can be about any theme and can appear in any form. For example, a stair poem permits you to build up ideas one on another following a stair pattern. Just as the Aztecs built their pyramids layer upon layer, you can construct a poem in the shape of stairs using your knowledge of Spanish, following these steps:

Step 1: State the main idea (usually composed of just one word).

Step 2: List two or three words that describe the topic. (Use adjectives or nouns.)

Step 3: Name a place or time connected with the topic.

Step 4: Summarize the main idea with a phrase that expresses your feelings about the topic.

 Write a stair poem about any topic you choose, such as school, a class, a city, a person, etc. Follow the "steps" to build your poem. When you finish constructing your stair poem, add artwork or graphics to make it visually appealing.

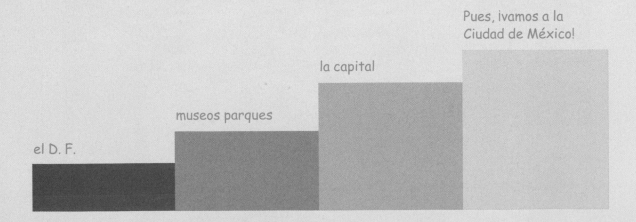

Pues, ¡vamos a la Ciudad de México!

la capital

museos parques

el D. F.

Proyectos adicionales ■■■■■■■

A Conexión con la tecnología

In pairs or in small groups, search the Internet and complete one of the following activities:

1. Find a restaurant in Mexico City. Then, write down the name, say where the restaurant is, describe the menu selection and prices, etc.
2. Research Mexican food and then describe a dish that sounds good to you. Try to name the ingredients, say what the food looks like, discuss how it is prepared and tell what state/region of Mexico the dish is from.
3. Find a map of Mexico City and locate major landmarks *(el Zócalo, el Palacio Nacional, la Catedral, el Palacio de Bellas Artes, la Zona Rosa, el parque de Chapultepec, etc.)*. Say what each site offers that makes it special.

B Conexión con otras disciplinas: matemáticas

You are going out to dine at the *Restaurante Danubio* in Mexico City. Choose what you would like to eat. Then calculate the total price of the food items you ordered, add 7 percent in taxes, 10 percent in tips and convert the total amount from pesos into U.S. dollars. Obtain the current exchange rate from the Internet or from a newspaper.

C Conexión con otras disciplinas: historia

Prepare a tourist guide for Mexico City. Include information about history, the main tourist attractions, museums, places to shop, places to eat and transportation in the city. Be sure to use photos or illustrations to illustrate your guide.

Restaurante Danubio Cocina Internacional

Ensaladas

Ensalada mixta......................	44 pesos
Ensalada especial Danubio........	61 pesos

Para comer

Mojarra................................	95 pesos
Calamares.............................	99 pesos
Ostras..................................	92 pesos
Filete con champiñones............	98 pesos
Filete a la parrilla...................	92 pesos
Pollo frito..............................	44 pesos
Pollo a la cacerola...................	53 pesos

Bebidas

Refrescos..............................	16 pesos
Jugo de naranja......................	13 pesos
Limonada..............................	12 pesos

REPASO

Now that I have completed this chapter, I can...	Go to these pages for help:
talk about places in a city.	90
make introductions and express courtesy.	90
ask and answer questions.	90
discuss how to go somewhere.	90
say some things people do.	100
say where someone is going.	110
talk about the future.	110
order food and beverages.	116

I can also...

identify some things to do in Mexico.	93
state personal benefits to learning Spanish.	115
use pause words in conversation.	116
talk about food and drink in Mexico.	119
recognize the importance of review.	123
read in Spanish about Mexican artists.	126
write a simple poem in Spanish.	128

Trabalenguas

Erre con erre pizarra, erre con erre barril.
Rápido corren los carros, los carros del ferrocarril.

Resolviendo el misterio

After watching Episode 3 of *El cuarto misterioso,* answer the following questions.

1. What did José discover about Francisco and Ana?

2. Do José and Francisco gain entrance to the secret room? Why or why not?

3. What will José and Francisco serve Ana and Conchita for lunch?

Vocabulario

a caballo on horseback *3A*
a pie on foot *3A*
¿adónde? (to) where? *3A*
el **agua (mineral)** (mineral) water *3B*
ahora now *3B*
al to the *3A*
el **autobús** bus *3A*
la **avenida** avenue *3B*
el **avión** airplane *3A*
el **banco** bank *3A*
el **barco** boat, ship *3A*
la **bebida** drink *3B*
la **biblioteca** library *3A*
la **bicicleta** bicycle *3A*
bueno well, okay *3B*
el **caballo** horse *3A*
la **cafetería** cafeteria *3A*
la **calle** street *3B*
caminar to walk *3A*
el **camión** truck *3A*
el **cantante,** la **cantante** singer *3B*
el **carro** car *3A*
el **centro** downtown, center *3B*
cerca (de) near *3A*
el **cine** movie theater *3A*
la **ciudad** city *3A*
¡claro! of course! *3A*
comer to eat *3B*
la **comida** food *3B*
¡cómo no! of course! *3B*
el **concierto** concert *3B*
¿cuándo? when? *3A*
de acuerdo agreed, okay *3B*
del of the, from the *3A*
el **dentista,** la **dentista** dentist *3A*
el **edificio** building *3B*
El gusto es mío. The pleasure is mine. *3A*

en *(means of transportation)* by *3A*
en carro by car *3A*
encantado,-a delighted, the pleasure is mine *3A*
la **ensalada** salad *3B*
la **escuela** school *3A*
fantástico,-a fantastic, great *3A*
favorito,-a favorite *3B*
la **fiesta** party *3A*
los **frijoles** beans *3B*
grande big *3B*
hacer to do, to make *3B*
hacer una pregunta to ask a question *3B*
el **hotel** hotel *3A*
hoy today *3B*
ir to go *3A*
ir a *(+ infinitive)* to be going to (do something) *3B*
el **jugo** juice *3B*
le/les/te presento a let me introduce you to *3A*
leer to read *3B*
lejos (de) far (from) *3A*
el **médico,** la **médica** doctor *3A*
el **menú** menu *3B*
el **mesero,** la **mesera** food server *3B*
el **metro** subway *3A*
el **momento** moment *3B*
la **moto(cicleta)** motorcycle *3A*
el **museo** museum *3B*
la **naranja** orange *3B*
la **oficina** office *3A*
oye hey, listen *3B*

el **parque** park *3A*
para for, to, in order to *3A*
pero but *3B*
el **pescado** fish *3B*
la **plaza** plaza, public square *3B*
el **pollo** chicken *3B*
¿por qué? why? *3A*
porque because *3A*
preguntar to ask *3B*
el **problema** problem *3A*
pues thus, well, so, then (pause in speech) *3B*
¿quiénes? who? (pl.) *3A*
quiero I want, I love *3A*
el **refresco** soft drink, refreshment *3B*
el **restaurante** restaurant *3A*
saber to know *3B*
sabes you know *3A*
siempre always *3B*
simpático,-a nice, pleasant *3A*
también also, too *3A*
Tanto gusto. So glad to meet you. *3A*
el **taxi** taxi *3A*
el **teatro** theater *3B*
la **tienda** store *3B*
tomar to take; to drink; to have *3B*
el **transporte** transportation *3A*
el **tren** train *3A*
¡vamos a *(+ infinitive)*! let's *(+ infinitive)* *3B*
¡vamos! let's go! *3A*
ver to see; to watch *3B*
¿verdad? right? *3A*

Cómo viajar por México gastando menos

Secretaría de Turismo

CAPÍTULO 4

Mi familia y mis amigos

El cuarto misterioso

Contesta las siguientes preguntas sobre esta escena del *Episodio 4–Mi familia.*

1. ¿Cuál es la relación entre Ana y Conchita?
2. ¿Cuál es la relación entre José y don Pedro?
3. ¿Cómo son Ana, Conchita, José y don Pedro?
4. Haz una lista de verbos que describen las acciones que van a pasar en la casa de don Pedro durante esta escena.

DVD 1, Track 37. Las muchachas Montero llegan a la casa del tío de José.

Objetivos

Soy yo, José.

Mónica (mi hermana)

talk about family and relationships

seek and provide personal information

express possession

bailar

express an opinion

say some things
people do

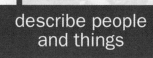

canosa

rubia

state likes and
dislikes

describe people
and things

www.emcp.com

EMC I-CULTURE
Authentic Connections to the World

abuela Gloria

abuelo Pedro

abuela Carlota

abuelo Guillermo

hijos

hijos

esposos

hermanos

Rodrigo (mi padre)

Carmen (mi madre)

Juan

Clara

Rosa (mi tía)

Álvaro (mi tío)

hijos

hija única

hijos

sobrino

Enrique

Julia (mi prima)

Soy yo, José.

Mónica (mi hermana)

Nancy

Diego

mis primos

nietos

Me llamo José García Rojas, pero para mi familia soy Pepe. Estoy todo el verano en Puerto Rico con unos parientes, en la casa de mi abuelo. ¡Soy su nieto favorito! Mis padres y yo vivimos en Nueva York.

la casa

Aquí está mi padre. Quiero mucho a mi padre. Él nunca está mucho tiempo en casa.

Mónica está en la playa con Enrique y Diego, ¡los primos más divertidos! Ella es muy guapa y popular.

Ésta es Julia, la hija única de mi tío Álvaro. Ella es bonita y amable. Siempre sale con sus amigos.

Esta foto es de mi abuelo, mi tío Álvaro y su esposa.

---

 1 **¿Cierto o falso?**

 Di si lo que oyes es cierto o falso, según la información en el Vocabulario I. Si es falso, di lo que es cierto.

 2 **Pepe y su familia**

Completa el párrafo sobre Pepe y su familia.

Soy José García Rojas. Mi (1) se llama Mónica. Ella es muy popular. Mi (2), Julia, es la (3) de mi (4) Álvaro y mi (5) Rosa. Ellos son divertidos. El (6) Juan es el (7) de mi (8), Carmen. Mi (9) es Rodrigo. Quiero mucho a mi padre. También quiero mucho a mi (10) Pedro. ¡Soy el (11) favorito de él!

¡Extra!

Los papás o los padres

Some people prefer to use the terms *mamá y papá* (mom and dad) instead of *madre y padre* (mother and father). Regardless of which terms you use, when referring to both parents simultaneously, use the masculine plural form: *padres* or *papás* (parents).

el padre + la madre = los padres
el papá + la mamá = los papás

Diálogo I   En la fiesta del abuelo

JOSÉ: Hola, Javier. Te presento a mi prima, Julia.
JULIA: Mucho gusto.
JAVIER: Encantado, Julia.
JOSÉ: Ella es la nieta favorita de mi abuelo Pedro.

JAVIER: Tu abuelo es muy amable.
JULIA: Sí, y muy cariñoso. Vivimos con él en Puerto Rico todo el verano.
JOSÉ: ¡Mira, allí está el abuelo!

JAVIER: ¡Ay, sí! ¡Allí está! ¿Quiénes están con él?
JULIA: La señora de rojo es la esposa de mi tío Juan, y la chica de azul es su hija.
JAVIER: ¡Es muy guapa!

3 ¿Qué recuerdas?

1. ¿Cómo se llama la nieta favorita de Pedro?
2. ¿Quién es amable y cariñoso?
3. ¿Quién es la señora de rojo?
4. ¿Quién es la chica de azul?

4 Algo personal

1. ¿Dónde está tu casa? ¿Estás en casa mucho?
2. En tu familia, ¿quién es amable? ¿Divertido/a? ¿Popular?
3. ¿Tienes muchos parientes? ¿Quiénes son?
4. ¿Cómo se llaman tus abuelos? ¿Y tus tíos?
5. ¿Tienes sobrinos? ¿Cómo se llama(n)?
6. ¿Cuántos primos tienes?
7. ¿Quién es tu pariente favorito? ¿Por qué?

5 ¿Quién es?

Escucha la información y, luego, escoge la letra de la respuesta correcta.

A. Es mi abuelo.   **B.** Es mi tía.   **C.** Es mi prima.   **D.** Es mi padre.

Puerto Rico

What do you know about the enchanting Caribbean island of Puerto Rico? Did you know, for example, that English and Spanish are official languages and are required courses in school? Why? The answer lies hidden in Puerto Rico's history. After landing on a small tropical island that inhabitants called *Borinquén* (originally Boriquén) in 1493, Christopher Columbus *(Cristóbal Colón)* claimed the land for Spain. Spain then ceded the island to the United States in 1898 as a result of the Spanish-American War, beginning Puerto Rico's continuous affiliation with the United States. In 1952, the island became a Commonwealth *(Estado Libre Asociado)* of the United States, which means residents are United States citizens but the main governmental functions remain independent.

What might you see and do on a visit to Puerto Rico? You can experience city life in the capital, San Juan; stroll along beautiful beaches (e.g., *la playa de Luquillo*); visit quaint ports like Fajardo; or travel to the mountains, all within a matter of hours. Do you like fine dining? Puerto Rico offers some of the finest cuisine in the Caribbean. Does music talk to your soul? Listen and dance to the beat of Caribbean music (*salsa* is popular in Puerto Rico). Interested in history? Be swept back in time as you admire colonial architecture in old San Juan (*el Viejo San Juan*), such as *El Castillo de San Felipe del Morro*, a fort that was constructed in 1591 to protect the island. Does art move you? The fascinating *Museo de Arte* in Ponce will inspire you! Are you active outdoors? You can hike through the only tropical rain forest *(el Yunque)* found in the U.S. National Forest System or surf along Puerto Rico's Atlantic coast.

El Castillo de San Felipe del Morro, Puerto Rico.

Unas casas en el Viejo San Juan.

6 En Puerto Rico

Imagine you are going on vacation to Puerto Rico. Describe some things you might like to see and do while you are there. List five bits of information you learned that would be helpful to know before touring the country.

7 Conexiones con otras disciplinas: historia

Complete the statements about Puerto Rico logically, using the answers shown in the column on the right.

1. Puerto Rico es...
2. Las lenguas oficiales de Puerto Rico son...
3. Cristóbal Colón llegó a la isla en...
4. San Juan es...

A. el inglés y el español.
B. 1493.
C. un Estado Libre Asociado.
D. la capital.

Vocabulario II

¿Cómo está?

Está abierta.

Está apurado.

Está cansado.

Está loco.

Está nerviosa.

Está contenta.

Está triste.

Está limpia.

Está sucia.

Está frío.

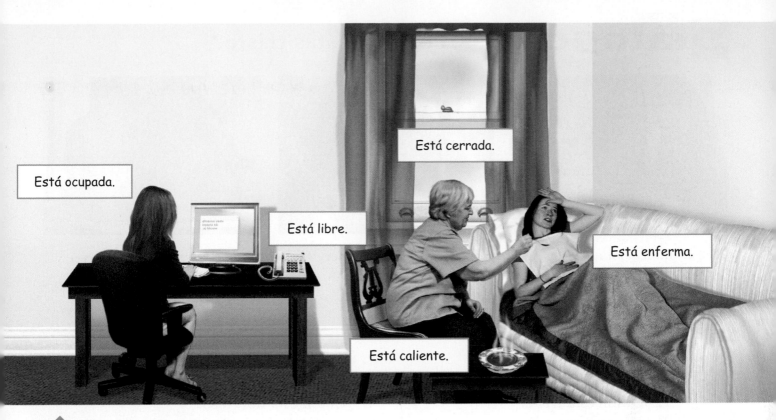

Está ocupada.

Está cerrada.

Está libre.

Está enferma.

Está caliente.

19 ¿Cómo están?

 Selecciona la letra de la ilustración que corresponde con lo que oyes.

A

B

C

D

20 A corregir

Corrige la información incorrecta, según el Vocabulario II.

MODELO Mi hermana está <u>triste</u>.
Mi hermana está <u>contenta</u>.

1. El teléfono está <u>ocupado</u>.
2. Mi tía está <u>muy bien</u>.
3. El refresco está <u>caliente</u>.
4. La comida está <u>fría</u>.
5. La ventana está <u>cerrada</u>.

Estamos contentos.

Diálogo II ¿Por qué estás triste?

JAVIER: Julia, ¿por qué estás triste?
JULIA: Mi abuelo está enfermo.
JAVIER: ¿Don Pedro García Montoya?

JULIA: Sí, y estoy muy nerviosa.
JAVIER: Él va a estar bien.
JULIA: Gracias. Eres muy amable.

JAVIER: Bueno, adiós. Estoy apurado.
JULIA: ¿Adónde vas?
JAVIER: Voy a casa, estoy muy cansado.

21 ¿Qué recuerdas?

1. ¿Quién está triste?
2. ¿Por qué está triste?
3. ¿Cómo se llama el abuelo?
4. ¿Quién está nervioso?
5. ¿Dónde va Javier?

22 Algo personal

1. ¿Estás triste o contento/a? Explica.
2. ¿Estás enfermo/a?

23 ¿Cómo están todos?

Listen as several people talk about how they are feeling. Then match the names with the description that fits each person.

1. Ángel
2. Esperanza
3. Benjamín
4. Natalia
5. Josefina
6. Verónica

A. Está contenta.
B. Está muy ocupado.
C. Está nerviosa.
D. Está apurado.
E. Está triste.
F. Está enferma.

Está nerviosa.

El autor Gabriel García Márquez.

Traditionally, when a woman married, she would add the name of her husband, preceded by *de*, meaning "of" or "belonging to". For example, if Jennifer López married Gabriel García Márquez, she would become Jennifer López *de García*. Today, however, many women are opting to keep the same name they had before marriage.

¿Cómo se llama?

Most people in Spanish-speaking countries have not one, but two last names. They use their father's family name followed by their mother's. For example, to find the phone number of a friend named José García Rodriguez, look in the phone directory under *G* for *García Rodríguez*, not *R* for *Rodriguez*. To find books by the famous author Gabriel García Márquez, look under *G* for *García Márquez*.

```
132  GARCIA

GARCIA RODRIGUEZ, 1 L
     Flor de Azalea, 9
» RODRIGUEZ, 1 L - Fray T. Berlanga, 1        95
» RODRIGUEZ, 1 L - P. Perez Fdez, 12          95
» RODRIGUEZ, 1 L - Pl. Azahin, 8              95  455 086
» RODRIGUEZ, 1 L - T. Perez, 10               954 676 981
» RODRIGUEZ, 1 M. - Avda A. Nuñez, 51         954 355 502
» RODRIGUEZ, 1 M.                             954 343 764
     Avda. Alc. J. Fernandez, 21
» RODRIGUEZ, 1 M. - Cristaleros, s/n          954 639 771
» RODRIGUEZ, 1 M. - H. San Matias, s/n        954 960 090
» RODRIGUEZ, 1 M. - Marianillo, s/n           954 437 867
» RODRIGUEZ, 1 M. - Pl. A. Jaramillo, 5       954 278 844
» RODRIGUEZ, 1 M.                             954 337 779
     Urb Ciudad Verde, 118
» RODRIGUEZ, 1 M.                             954 404 199
     Urb Jardines Eden, 42
» RODRIGUEZ, 1 M. - Urquiza, 9                954 521 132
» RODRIGUEZ, 1 R.                             954 410 042
     Juventudes Musicales, 1
                                              954 374 581
```

---

 24 **¿Cuál es su nombre completo?**

Look at some information about students' families. Write down each person's complete name, according to what you learned in the *Cultura viva* titled *¿Cómo se llama?*

MODELO Margarita es la hija de Pablo Cruz y Josefina Miranda.
Se llama Margarita Cruz Miranda.

1. Alicia es la hija de Marta Fuentes de Bazán y Ernesto Bazán Rojas.
2. La madre de Bárbara es Carmen Prado Correa y su padre es Martín Sosa Tovar.
3. Paz es la hija de Ricardo Olmedos Acosta y Natalia Bravo de Olmedos.
4. Los padres de Jorge son Virginia Triana Gómez y Enrique Sandoval Gaviria.
5. Andrés es el hijo de Antonio Cervantes Díaz y Luisa Carrillo de Cervantes.
6. Los padres de Mercedes son Ernesto Lorente Soto y Gabriela Medina Gálvez.

Idioma

Describing people and things with *estar*

- You have already learned to use the verb estar to indicate location. *Estar* can also be used with adjectives to describe conditions that are likely to change *(caliente, cansado, frío)* or to express how someone or something is at a given moment *(bonito, nervioso, sucio)*.

*El agua está **caliente**.*	The water is hot.
*¿Está ella **cansada**?*	Is she tired?
*Ellos están **nerviosos**.*	They are nervous.
*¡Estás muy **bonita** hoy!*	You are (look) very pretty today!
*El carro está **sucio**.*	The car is dirty.

- Note, however, that some adjectives that describe appearance or personality can be used with either ser or estar, but with a difference in meaning.

*Eduardo **está guapo** hoy.*	Eduardo is (looks) handsome today.
*Eva **es** una muchacha **guapa**.*	Eva is a beautiful girl.

Práctica

25 **¿Cómo están?**

Can you describe what you see in these photos? Complete the following sentences with the correct form of *estar* and an appropriate adjective.

1. Andrés y Miguel __.

2. Clara __.

3. Los refrescos __.

4. La comida __.

5. La playa __.

6. El profesor Fernández __.

Una barbacoa con los parientes

Pretend your family is having a cookout at one of your grandparents' house and one of your friends came with you. Take turns asking a classmate questions about some of the things you see there, using the words provided. Answer each question using the cues in parentheses.

MODELO estar abierto / la puerta de la casa de tus abuelos (ventanas)

    A: ¿Está abierta la puerta de la casa de tus abuelos?

    B: No, no está abierta, pero las ventanas están abiertas.

1. estar sucio / el carro de tu padre (el carro de mi tía)
2. estar apurado por ir a la playa / tus tíos de Fajardo (mis primos)
3. estar muy enfermo / tu tía (mi hermana)
4. estar cansado / tus abuelas (mi abuelo)
5. estar nervioso / tus padres (mis abuelos)
6. estar libre para ir al Yunque mañana / tú (mis primas)
7. estar triste / tus tías (la nueva esposa de mi primo)
8. estar ocupado / tus padres (tú y yo)

Hoy mi familia está...

Make a list of your family members (include yourself) and tell how each person is doing today. Then give a reason why the person is feeling that way. You may wish to use some of the following words in your descriptions: *apurado, contento, enfermo, loco, nervioso, triste.*

MODELO Mi hermano está contento hoy porque va a estar con sus amigos.

Mi hermana está contenta.

Comunicación

28 ¿Cómo está todo hoy?

With a classmate, discuss what you see in this illustration. Talk about who the people are and say how they feel (including the pets). You also may ask and answer questions about anything else you see.

MODELO
A: ¿Cuántas personas hay en la casa hoy?
B: Hay cinco personas y dos animales.
A: ¿Cómo está Humberto?
B: Está ocupado.

29 ¡Hola! ¿Cómo estás?

Working in groups, form two circles with six to eight students. Half of the students should be in an inside circle facing the students in an outside circle. Students who are facing one another should pretend they meet and begin a conversation about their families' health or emotional condition. Next, students in the outer circle move one to the right and begin a similar conversation with a new partner. Be sure to have a conversation with everyone in the opposing circle.

MODELO
A: Hola, Jaime. ¿Qué tal?
B: Estoy bien, pero apurado. Y tú, ¿cómo estás?
A: Yo estoy bien, gracias. ¿Cómo están tus padres?
B: Están nerviosos porque van a Vieques en avión.

30 ¡Tengo una familia famosa!

Create an imaginary family using photos of famous people cut from a magazine and indicate how they are related to you. Then, working in small groups, tell your classmates who the people are and what each one is like, using some of the adjectives you have learned in this lesson.

MODELO Es mi hermana y es muy bonita. *(Show a photo of a famous female such as Salma Hayek.)*

31 Te presento a mi familia

In small groups, pretend you are all members of the same family (decide who will play each role). Then, form concentric circles with another group so that members of your family in the circle face another group's family. Opposing family members should then alternate telling one another the names and relationships of family members in the circle, adding any relevant descriptions. When each opposing pair of students completes all introductions, the family in the inner circle rotates one person to the left and begins the activity again.

¿Es Salma Hayek tu hermana?

MODELO Aquí está mi primo. Es divertido.
Allí está mi abuela favorita, Ana María.

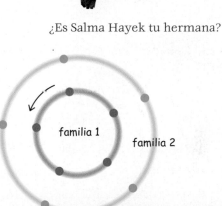

familia 1

familia 2

Aquí están mi mamá y mis dos hermanas.

¡Te presento a mi tío favorito!

Lectura cultural

¿Qué es la familia?

¿**C**ómo es una familia típica de Puerto Rico? Según el censo más reciente[1], aproximadamente 3,5 personas viven en una casa y las familias tienen aproximadamente 1,9 hijos. Tres o más generaciones viven juntas[2] en solamente 7,36% de las casas.

Una familia hispana.

El censo dice que las familias puertorriqueñas son pequeñas[3], pero los números no lo dicen todo. El término *familia* — en Puerto Rico y en muchos países hispanos — no solamente incluye a los padres y a los hijos sino también a los abuelos, tíos, primos y a los parientes políticos[4]. Tal vez[5] en una casa no vivan muchas personas, pero la familia sigue siendo[6] extensa y es una red de apoyo[7] importante. En toda celebración (o hasta[8] para una despedida en el aeropuerto) la familia extendida se junta[9].

El cumpleaños de la abuela.

Aunque[10] los censos muestran[11] que la familia hispana se vuelve[12] más pequeña (en México, por ejemplo, una madre tiene ahora 3 hijos, a diferencia de 6,5 hijos en 1973), la familia sigue siendo muy importante. De niños, los hispanos aprenden a ser leales[13] a su familia, a estar unidos y a ayudarse[14] siempre. La familia hispana enseña a los niños respeto, honor y cortesía. Es el grupo social más importante en la cultura hispana.

[1]most recent census [2]together [3]small [4]in-laws [5]Perhaps [6]continues to be [7]support system [8]even [9]gets together [10]Even though [11]show [12]is becoming [13]loyal [14]to help each other

32 ¿Qué recuerdas?

¿Sí o no?

1. Las familias en Puerto Rico tienen muchos hijos.
2. En Puerto Rico, los abuelos típicamente viven con sus hijos y sus nietos.
3. Por lo general, para el hispano la palabra *familia* se refiere *(refers)* solamente a los parientes que viven en su casa.
4. Muchas familias hispanas enseñan a los niños respeto, honor y cortesía.
5. En la cultura hispana, la familia es el grupo social más importante.

33 Algo personal

1. Al describir tu familia, ¿a quiénes incluyes? ¿Es tu definición de "familia" igual *(the same)* o diferente que la definición hispana? Explica.
2. ¿Es la familia importante para ti? Explica.
3. Compara una familia típica en Puerto Rico con una

• After reading the article, what generalization can you make about the size of Puerto Rican families? The importance of the family unit?

Autoevaluación

As a review and self-check, respond to the following:

1. Give the names of five members of your family and say how each is related to you.

2. Describe two or three members of your family.

3. Imagine you are looking at a picture of your best friend's family. Name the people in the picture and their relationship to your friend.

4. Name three or four friends or relatives who do not live in your state and say where they live.

5. What might you ask someone in Spanish who looks happy? Sad?

6. What do you know about family life in the Spanish-speaking world?

Palabras y expresiones

How many of these words and expressions do you recognize?

Para describir
abierto,-a
amable
apurado,-a
bonito,-a
caliente
cansado,-a
cariñoso,-a
cerrado,-a
contento,-a
divertido,-a
enfermo,-a
frío,-a
guapo,-a
libre
limpio,-a
loco,-a
más
mis
nervioso,-a
nuestro,-a
ocupado,-a
otro,-a
popular
su, sus
sucio,-a
todo,-a
triste
tus
único,-a

Familia
el abuelo, la abuela
el esposo, la esposa
la familia
el hermano, la hermana
el hijo, la hija
la madre
el nieto, la nieta
el padre

los padres
el pariente, la pariente
el primo, la prima
el sobrino, la sobrina
el tío, la tía

Otras expresiones
la casa
la foto(grafía)
mucho
nunca

la playa
por
¡qué (+ *description*)!
el tiempo
el verano

Verbos
quiero
salir
vivir

¡Qué playa más bonita! (Crash Boat Beach, Puerto Rico.)

Vocabulario I

A mí me gusta...

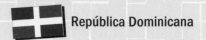 República Dominicana

nadar

patinar (sobre ruedas)

jugar al béisbol

jugar al tenis

Tigres vs. Osos

ir a un partido de fútbol

bailar

cantar

¿Dónde vives?

Vivo en la República Dominicana.

preguntar y contestar

ir de compras

comprar

mirar fotos

tocar el piano

hacer la tarea

oír (la) radio

ver (la) televisión

1 ¿Qué es?

 Selecciona la foto apropiada a lo que oyes.

A

B

C

D

E

F

2 Me gusta...

Write sentences saying five things you like to do and with whom you like to do each activity.

MODELO Me gusta ver la televisión con mi familia.

Diálogo I Me gusta mucho

ANDRÉS: Felipe, ¡vamos a la playa!

FELIPE: ¿A la playa? ¿Te gusta la playa?

ANDRÉS: Sí, me gusta mucho.

ANDRÉS: Natalia y otros amigos van a ir allí.

FELIPE: Bueno, yo quiero ir al partido de fútbol.

ANDRÉS: Ah, sí... pero me gusta más nadar.

FELIPE: A ti no te gusta nadar. A ti te gusta Natalia.

ANDRÉS: ¿Por qué no vamos al partido y, luego, a la playa?

FELIPE: Está bien, chico. ¡Vamos!

3 ¿Qué recuerdas?

1. ¿A quién le gusta mucho la playa?
2. ¿Quiénes van a ir a la playa?
3. ¿De qué hay un partido?
4. ¿Qué le gusta a Andrés hacer en la playa?
5. ¿Adónde van los muchachos hoy?

4 Algo personal

1. ¿Te gusta ir a la playa?
2. ¿Te gusta ir a los partidos de fútbol?
3. ¿Qué te gusta hacer?

Estrategia

Using contextual cues

The context in which a word is used often determines its meaning. One example of this is *chico,* which can mean **boy** or **small.** In the dialog, however, Felipe uses *chico* as a term of friendship that Andrés does not take literally, much as you might use the words **buddy** or **pal.** Additional terms that are used include *hombre, compa* (from *compadre*), *chica, niña* and *guapa* (used among female friends). Other contextual cues include facial expressions and gestures. Looking at the context often indicates the intended meaning of words.

5 ¿Qué les gusta?

Write the names Natalia and Andrés. Next, listen and list under each person's name what he or she likes to do. Then circle any item on the lists that they both like to do.

¿Qué les gusta?

Cultura viva I

La República Dominicana

Actividades

Do you like baseball? More foreign-born U.S. professional baseball players originate from the Dominican Republic than from any other country. Do you enjoy sun-filled days on beautiful beaches, snorkeling, scuba diving or other water sports? Visitors may choose to explore beautiful beaches, such as *Boca Chica* and *El Dorado*. Does lively music make you want to get up and dance? Dominican music, particularly the *merengue*, a unique, fast-paced Caribbean music style, is popular throughout Latin America. If any of these activities appeal to you, you may want to visit *la República Dominicana*.

Unos amigos en la playa.

Geografía

The Caribbean island of Hispaniola *(La Española)* is shared by the Dominican Republic, which occupies the eastern three-fourths of this tropical island, and Haiti, which is located on the remaining western portion of the island. Christopher Columbus *(Cristóbal Colón)* claimed the Caribbean island for Spain in December 1492.

Historia

Santo Domingo, the capital of the Dominican Republic and the first capital in the Americas, was founded by Christopher Columbus' brother Bartholomew *(Bartolomé)* in 1496. You may recognize the names of other explorers who visited the Dominican Republic such as Ponce de León, Hernán Cortés, Diego de Velázquez and Vasco Núñez de Balboa.

Una estátua de Cristóbal Colón en la capital, Santo Domingo.

---

 6 Conexiones con otras disciplinas: **historia y geografía**

Use an encyclopedia or search the Internet for information about the Dominican Republic and list four or five interesting details about some aspect of the country's history (explorers, development as a country, native populations, important dates, etc.). Then create a map of Hispaniola, indicating the border between the two countries that make up the island and identify major cities, rivers, etc.

¿Les gusta a todos en tu familia?

Working with a classmate, take turns asking and answering questions about what everyone in your family likes to do. If there is someone who does not like an activity that follows, say who that person is.

MODELO bailar

> **A:** ¿Les gusta bailar a todos en tu familia?
>
> **B:** Sí, nos gusta bailar a todos./No, no nos gusta bailar a todos porque a mi padre no le gusta bailar.

1. ir a restaurantes
2. leer libros
3. pasear en el parque
4. vivir en los Estados Unidos
5. visitar a la familia
6. salir de casa los sábados
7. ir a conciertos de rock

Nos gusta bailar.

A mi familia y a mis amigos...

Name at least six people who are important in your life and say how you know each person (they are either family or friends). Then say something each person likes and at least one thing the person does not like.

MODELO A mi amigo Miguel le gustan las playas.
A Miguel no le gusta nadar.

 # Comunicación

Nos gusta(n)...

With a classmate, find out four things that both of you like. Write down your findings, using *Nos gusta(n)*.

MODELO **A:** ¿Te gusta tocar el piano?

> **B:** No, no me gusta. ¿A ti te gusta cantar?
>
> **A:** ¡Sí, claro! Me gusta mucho.
>
> **A y B:** (Write Nos gusta cantar.)

A Manu Ginóbli le gusta jugar básquetbol.

Sus actividades favoritas

In small groups, discuss the activities you like most and least. Each member of the group must then compile a list of two things others in the group like and do not like to do. Finally, choose one member of your group to report the information to the class.

> **A:** A mí me gusta nadar. ¿Qué les gusta hacer a Uds.?
>
> **B:** A mí me gusta ir de compras.
>
> **C:** A mí me gusta escuchar música en la radio.
>
> **B:** A *(name of student A)* le gusta nadar, a *(name of student C)* le gusta escuchar la radio y a mí me gusta ir de compras.

¿Les gusta(n)?

Make a list of seven activities or items that are common in your daily life. Then ask your classmates if they like the activity or item. When you find someone who likes what you named, have the person sign his or her name *(Firma aquí, por favor.)* next to the appropriate activity or item. You have ten minutes to locate one person for each activity or item on your list. Next, summarize your findings in several short sentences. Finally, report the results to the class.

> ver televisión
>
> **A:** Ana, ¿te gusta ver la televisión?
>
> **ANA:** Sí, me gusta ver la televisión.
>
> **A:** Firma aquí, por favor.
>
> **A:** *(Writes and says:* A Ana le gusta ver la televisión.*)*

A ellos les gusta leer el periódico.

¿Le gusta/Le gustan?	Sí	No	Firma
1. los partidos de tenis	X		María A.
2. jugar al béisbol			
3. ...			

lenta

rápido

guapa

feo

alto

bajo

difícil

$f(x)dx= g(b)-g(o)$

$2+2=4$

fácil

inteligente

cómica

importante

malo

bueno

divertido

ideal

gordo

aburrido

fantástico

horrible

interesante

delgado

canosa · rubia · calvo · moreno · tonta · pelirrojo · egoísta · generosa

18 ¿Cómo es?

Mira las fotos y contesta las preguntas con sí o no, según lo que oyes.

 **1**

 **2**

 **3**

 **4**

 **5**

 **6**

 **7**

 **8**

19 ¿Quién y cómo?

Create a list of six friends or relatives and indicate their relationship to you. Under each name write words that describe the person, categorizing the words according to whether they refer to physical traits *(características físicas)* or personality characteristics *(características de personalidad).*

MODELO Patti Funston (hermana)

características físicas	características de personalidad
guapa y delgada	inteligente y divertida

Diálogo II ¿Cómo es ella?

FELIPE: ¿Cómo es tu amiga Natalia?

ANDRÉS: Es morena y es muy inteligente.

FELIPE: ¡Qué bien!

ANDRÉS: Sí, y también es muy guapa.

FELIPE: ¿De dónde es ella?

ANDRÉS: Ella es de Santo Domingo.

FELIPE: ¡A las muchachas de Santo Domingo les gusta bailar!

ANDRÉS: Sí, ella baila muy bien el merengue. ¡Mira, allí está!

FELIPE: ¡Ah, sí!, con la chica pelirroja.

¿Qué recuerdas?

1. ¿Cómo es Natalia?
2. ¿De dónde es Natalia?
3. ¿A quiénes les gusta bailar?
4. ¿Con quién está Natalia?

Algo personal

1. ¿Cómo eres tú?
2. ¿Cómo es tu amigo/a favorito/a?
3. ¿Dónde estás ahora?

¿Cuál es el opuesto?

 You will hear some descriptions of people and objects. Give the opposite *(el opuesto)* of each adjective you hear.

MODELO gordos

Mis amigos son inteligentes.

El merengue

What do you associate with the Dominican Republic? Along with baseball, this Spanish-speaking Caribbean country is known for its music and dance. One example is the folkloric dance and musical style known as the *merengue*. Although *merengue* music is varied in tempo, the dance is recognizable because the dancing couples hold one another in a waltz-like position as they move about the floor dragging one foot with each step they take. *Merengue* has existed for over one hundred years. Although no one can be certain exactly how *merengue* evolved, most probably it has

Ellos bailan merengue.

Juan Luis Guerra.

African and European roots. One interesting theory suggests the music consists of a mix of African slave songs and the sophisticated French minuet of the late eighteenth century. Regardless of how it originated, *merengue* remains the national dance of the Dominican Republic and is extremely popular throughout the Caribbean and South America as well. When you visit the country, you will more than likely see people dancing *merengue* and you will most certainly hear *merengue* music performed by a number of popular musicians such as Juan Luis Guerra.

 Conexión con otras disciplinas: música

Using an encyclopedia or the Internet, research some aspect of Dominican music that interests you (e.g., *merengue*, Juan Luis Guerra, Wilfrido Vargas). Prepare a short report on your findings. If possible, demonstrate what you found out (dance the *merengue*, play a CD with Dominican music, etc.).

 Comparando

Compare music in the Dominican Republic with popular music you usually listen to in the United States. What seems similar? What is different? What do you like about both kinds of music?

Idioma

Estructura

Ser vs. estar

Both *ser* and *estar* are equivalent to the English verb **to be**. However, the two verbs are used in very different situations.

- *Ser* may be used to express origin.

  Soy de la República Dominicana.   I am from the Dominican Republic.

- *Ser* is also used to indicate characteristics that distinguish people or objects from one another.

  Jaime es alto.   Jaime is tall.

- *Estar* is used to express a temporary condition.

  ¡Qué bonita está hoy!   How pretty she is (looks) today!

- *Estar* may also refer to where someone or something is located.

  ¿Dónde está tu casa?   Where is your house?

Note: Although *estar* is generally used to express location, *ser* is used to refer to the location of an event, in which case it means **to take place**.

  ¿Dónde es el concierto?   Where is the concert (taking place)?

 Práctica

 25 **¿De dónde son?**

Selecciona la letra de la forma apropiada de *ser* para completar las oraciones.

1. Juan Luis Guerra __ de la República Dominicana.   A. soy
2. Yo __ de los Estados Unidos.   B. eres
3. Shakira y Juan Pablo Montoya __ de Colombia.   C. es
4. ¿__ Ricky Martin de Puerto Rico?   D. somos
5. ¿Pues, __ tú y yo de la misma ciudad?   E. sois
6. ¿De dónde __ tú?   F. son

¿De dónde es Juan Pablo Montoya?

26 ¿Cómo son?

Describe your relatives, your friends and yourself, using the appropriate form of ser and one or two adjectives. You may make up any of the information you wish.

MODELO el profesor/la profesora de inglés
El profesor de inglés es calvo y muy divertido.

1. yo
2. mi madre
3. mis abuelos
4. mi dentista
5. mi amiga favorita
6. los otros estudiantes de la clase de español y yo

27 ¿Cómo están allí?

Completa las oraciones con la forma apropiada de *estar*.

1. Yo __ en mi clase favorita ahora.
2. Mi amiga favorita no __ en la clase.
3. Tres estudiantes __ enfermos hoy.
4. La profesora es simpática y hoy __ muy bonita.
5. Nosotros __ muy cansados pero contentos porque mañana es sábado.
6. ¿Cómo __ tú hoy?

28 ¿Ser o estar?

Usa la forma correcta de *ser* o *estar* para completar las siguientes oraciones.

1. Óscar de la Renta __ de la República Dominicana.
2. Su casa __ en Santo Domingo.
3. Eduardo __ el tío de Mónica.
4. No __ cansado... ¡Estoy apurado!
5. El carro __ de Hernán y Gloria.
6. El Yunque __ en Puerto Rico.
7. ¡Qué simpática __ tú!
8. Nosotros __ contentos de estar en San Pedro de Macorís.
9. ¿Tienes calor o __ bien?
10. ¿Dónde __ el concierto de merengue?

El Yunque está en Puerto Rico.

29 ¿Cuál es tu opinión?

En parejas, describan a las personas en las fotos.

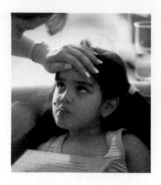

1   2   3

30 Biografía

Bring to class magazine cutouts of a famous person (e.g., singer, athlete, television/film star). Next, working in small groups, decide who will be the "biographer" and write down what others say about and how they describe each person (everyone in the group should be the biographer one time). Finally, one student holds up a picture, while the others add a sentence to describe the person shown (and the biographer writes down what everyone in the group says).

MODELO **A:** ¿Cómo es Jennifer López?
           B: Es guapa.
           C: Es una cantante popular.
                (The biographer writes *Jennifer López es guapa y es una cantante popular.*)

Jennifer López es guapa y es una cantante popular.

Comunicación

31 ¿Quién es?

Write five or six sentences about a celebrity, including where the person is from, what the person is like, why the person is famous, etc. Do not name the celebrity. Then, working with a partner, describe the celebrity as your classmate draws the person's picture. The activity ends when your partner guesses the name of the person. Switch roles.

In groups of three, two of you choose a classmate you all know well. Then those two members of the group talk about the person without naming him/her, while the third member of the group listens. Discuss what the person likes or dislikes, talk about his/her personality and give a physical description of the classmate. Keep the descriptions positive! The third person in the group must then try to guess whom you were talking about. Switch roles.

Hacemos preguntas.

33 Entrevista

Write six questions you would like to ask someone in class. Include questions about how the person feels today, what the person likes and dislikes, favorite pastimes, personality, what the person's family is like, and so forth. Next, interview a classmate you do not know well and take notes. Then switch roles. Finally, write a summary describing how you are alike and different, making positive statements only. Present the results to the class.

¿Te gusta nadar?

¿Cómo es tu familia?

¿Te gusta escuchar música?

Lectura personal

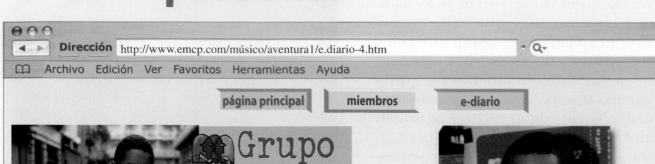

página principal   miembros   e-diario

Grupo musical La OLA

Nombre: **Manuel Andrade Blanco**
Edad: **17 años**
País natal: **Panamá**
Deporte favorito: **el béisbol**
La muchacha ideal: **alta, morena, generosa, inteligente**

Estamos ahora en la bonita isla de la República Dominicana, el país natal de mi héroe: el beisbolista Sammy Sosa. A mí me gusta mucho el béisbol y admiro mucho a Sammy Sosa. Sé todo sobre él. Samuel Peralta Sosa nació¹ el doce de noviembre de 1968. Su familia era pobre² y por lo tanto³ Sammy jugaba⁴ al béisbol (o a la pelota como dicen los dominicanos) con un palo⁵ y un calcetín⁶. Empezó⁷ a jugar profesionalmente a los dieciséis años con los Texas Rangers. En 1998, anotó⁸ 64 jonrones, un nuevo récord. En mi opinión, Sammy Sosa es uno de los grandes jugadores de la historia y también es una persona generosa y amable. Él ha donado⁹ millones de dólares a su país. Estoy muy, muy contento porque esta tarde voy a ir a San Pedro de Macorís para ver la casa donde vivió¹⁰ Sammy Sosa con su madre y sus seis hermanos. Es una casa pequeña y rosada¹¹. Claro, ¡voy a sacar muchas fotos!

¹was born ²poor ³therefore ⁴played ⁵stick ⁶sock ⁷He began ⁸he hit ⁹has donated ¹⁰lived ¹¹small and pink

34 ¿Qué recuerdas?

1. ¿Dónde nació Sammy Sosa?
2. ¿Cuántos hermanos tiene?
3. ¿Por qué admira Manuel a Sammy Sosa?
4. ¿En qué año anotó Sammy Sosa un nuevo récord de jonrones?
5. ¿Qué va a ver Manuel en San Pedro de Macorís?

35 Algo personal

1. ¿Te gusta el béisbol? ¿Cuántos jugadores de la República Dominicana puedes nombrar?
2. ¿Quién es tu héroe? ¿Por qué admiras a esa persona?
3. ¿Piensas (Do you think) que los jugadores famosos deben ayudar (should help) a sus países? Explica.

- How does your hero's childhood compare with Sammy Sosa's childhood?

¿Qué aprendí?

Autoevaluación
As a review and self-check, respond to the following:

1. Name two activities you enjoy.

2. Ask if your friend likes something. How would you ask your teacher the same question?

3. Your cousin tells you he likes to study. How would you respond, emphasizing that you like to play tennis?

4. Describe your best friend in Spanish.

5. How would you say in Spanish that something is interesting? Sad?

6. How would you say Marta is a good student, but she is bored today?

7. What do you know about the Dominican Republic?

Palabras y expresiones
How many of these words and expressions do you recognize?

Para describir		Otras expresiones	Verbos
aburrido,-a	gordo,-a	el béisbol	bailar
alto,-a	horrible	la compra	cantar
bajo,-a	ideal	el fútbol	comprar
bueno,-a	importante	me	contestar
calvo,-a	inteligente	mí	escuchar
canoso,-a	interesante	nos	gustar
cómico,-a	lento,-a	el partido	ir de compras
delgado,-a	malo,-a	el piano	jugar (ue)
difícil	moreno,-a	la radio	jugar a (+ *sport/game*)
egoísta	pelirrojo,-a	la tarea	mirar
fácil	rápido,-a	la televisión	nadar
feo,-a	rubio,-a	el tenis	patinar (sobre ruedas)
generoso,-a	tonto,-a	ti	tocar

En la vida hay buenos y malos.

Tú lees

Estrategia

Skimming

Before beginning to read an article, quickly look over the contents. Skimming through the reading will give you an idea what the article is about and will tell you whether the content interests you or not. To skim the article that follows, read the title and first line or two of each paragraph, note highlighted words and look for supportive visuals such as photographs or illustrations.

Preparación

Contesta las siguientes preguntas como preparación para la lectura.

1. ¿Cuál es la idea principal de la lectura?
2. Selecciona los equipos de la columna de la derecha que van con las ciudades de la columna de la izquierda.

1. Cleveland   A. los Rancheros
2. Cincinnati   B. los Atléticos
3. Oakland   C. los Bravos
4. Boston   D. los Indios
5. Atlanta   E. los Dodgers
6. Filadelfia   F. los Gigantes
7. Texas   G. los Filis
8. Los Ángeles   H. los Medias Rojas
9. San Francisco   I. los Piratas
10. Pittsburgh   J. los Rojos

El béisbol y la familia Martínez

El béisbol no sólo es un deporte[1] muy popular en los Estados Unidos, también es muy popular en muchos de los países hispanos. A muchas personas de Puerto Rico, Cuba y la República Dominicana les gusta mucho jugar al béisbol y muchos beisbolistas profesionales son hispanos.

La familia Martínez de la República Dominicana, por ejemplo, tiene tres hijos que han sido[2] beisbolistas en las ligas profesionales de los Estados Unidos. Su hijo mayor[3], Ramón Martínez, fue[4] un lanzador[5] para los Dodgers de Los Ángeles. Pedro Martínez, que es el hermano menor[6], es un lanzador para los Mets de Nueva York. Además, Jesús Martínez, el hijo menor de la familia, fue un lanzador en las ligas menores de los Dodgers.

Pedro Martínez.

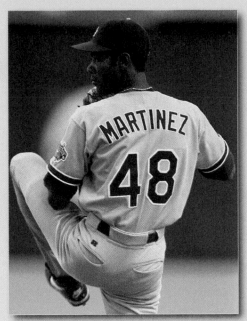

Ramón es el ídolo de sus hermanos menores, pero Pedro es el más[7] famoso de los tres porque es el primer[8] dominicano que ha ganado[9] tres veces el premio[10] Cy Young. Los tres hermanos no juegan al béisbol todo el tiempo. También les gusta nadar, escuchar música y pasar tiempo con sus padres en la República Dominicana. Los Martínez—una familia unida por el béisbol.

[1]sport [2]have been [3]older [4]was [5]pitcher [6]younger [7]the most [8]first [9]has won [10]award

Ramón Martínez.

A ¿Qué recuerdas?

1. ¿Dónde es popular el béisbol?
2. ¿A qué personas les gusta jugar mucho al béisbol?
3. ¿Cuántos hijos de la familia Martínez han sido beisbolistas?
4. ¿En qué posición juega Pedro Martínez?
5. ¿Para qué equipo juega Pedro?
6. ¿Por qué es muy famoso Pedro?
7. ¿Qué hacen los hermanos Martínez además de jugar al béisbol?

B Algo personal

1. ¿Te gusta jugar al béisbol? ¿Qué deporte te gusta jugar?
2. ¿Cuál es tu equipo de béisbol profesional favorito?
3. ¿Quién es tu beisbolista favorito?
4. ¿Ves por televisión o vas a los partidos profesionales? ¿A cuáles?
5. ¿Cuál es el deporte más popular donde vives?

Los hermanos Ramón y Pedro Martínez.

Tú escribes

Estrategia
Creating an outline
You can better organize your thoughts before beginning to write by creating an outline of your ideas on paper. This visual map of your thoughts may also allow you to discover connections about the theme that you had not considered before.

A Make a list of everyone who is in your family, leaving space under each name to write comments. Then write related ideas in the space, creating an outline consisting of everyone's ages, their interests and your opinion about each person.

B Summarize the ideas from your outline in a complete paragraph in Spanish that describes your family. Do not forget to give your paragraph a title. Finally, add a family photograph or add original artwork and graphics to make your paragraph more attractive.

Mi familia.

Proyectos adicionales ■ ■ ■ ■ ■

A Conexión con la tecnología

Research your family's history using the resources available on the Internet. If you prefer, make up an identity or pretend to be someone famous (preferably someone Hispanic). Do you have any Spanish-speaking ancestors? Where did your ancestors come from? Investigate the life of one relative who was born and lived in another country. Find out the name of the country (and city) where the person was born, where the country (and city) is located on a map and details about the country (population, principal attractions, capital, holidays, etc.). Share your research with the class.

B Conexión con otras disciplinas: geografía/cultura

In small groups, create a travel brochure on Puerto Rico or the Dominican Republic. Include information such as: geographical location, capital city, population, main cities, major tourist attractions, events and anything else you find interesting or fun. Use the Internet or the library for your research. Present your group's travel brochure to the rest of the class as if you were a travel agent or a representative of the country's Tourist Bureau.

C Comparaciones

Give the Spanish equivalents for the baseball terms shown. You can find them on the Internet or in a dictionary. Next, draw a baseball field and identify in Spanish as many of the people and other elements as you can (e.g., infield, baseball, umpire, pitcher, etc.). Label the drawing *el campo de béisbol*. Then, compare your drawing with a classmate's to see what is similar and what is different.

los jugadores *(players)*
1. the batter
2. the catcher
3. the first baseman
4. the outfielder
5. the pitcher
6. the player
7. the second baseman
8. the shortstop
9. the third baseman
10. the umpire

el juego *(game)*
11. first/second/third base
12. out
13. strikeout
14. ball
15. bat
16. baseball glove
17. home run
18. infield
19. inning
20. outfield
21. run
22. strike

REPASO

Now that I have completed this chapter, I can...

	Go to these pages for help:
talk about family and relationships.	134
seek and provide personal information.	134
express possession.	134
say some things people do.	154
express an opinion.	154
state likes and dislikes.	158
describe people and things.	164

I can also...

identify members of my family in Spanish.	134
talk about life in Puerto Rico and the Dominican Republic.	137, 157
talk about *merengue* dance.	167
read in Spanish about baseball in Spanish-speaking countries.	174
read and use Spanish words in context.	174
write a paragraph in Spanish.	176

Trabalenguas

Papá, pon para Pepín pan.

Resolviendo el misterio

After watching Episode 4 of *El cuarto misterioso*, answer the following questions.

1. Why is Rafael stalking Ana and Conchita?

2. What do the young people learn about one another?

3. At lunch, the girls mention that they like Mexico. Give reasons why.

Vocabulario

abierto,-a open *4A*

el **abuelo**, la **abuela** grandfather, grandmother *4A*

aburrido,-a bored, boring *4B*

alto,-a tall, high *4B*

amable kind, nice *4A*

apurado,-a in a hurry *4A*

bailar to dance *4B*

bajo,-a short (not tall), low *4B*

el **béisbol** baseball *4B*

bonito,-a pretty, good-looking, attractive *4A*

bueno,-a good *4B*

caliente hot *4A*

calvo,-a bald *4B*

canoso,-a white-haired *4B*

cansado,-a tired *4A*

cantar to sing *4B*

cariñoso,-a affectionate *4A*

la **casa** house *4A*

cerrado,-a closed *4A*

cómico,-a comical, funny *4B*

la **compra** purchase *4B*

comprar to buy *4B*

contento,-a happy, glad *4A*

contestar to answer *4B*

delgado,-a thin *4B*

difícil difficult, hard *4B*

divertido,-a fun *4A*

egoísta selfish *4B*

enfermo,-a sick *4A*

escuchar to listen to *4B*

el **esposo**, la **esposa** husband, wife, spouse *4A*

fácil easy *4B*

la **familia** family *4A*

feo,-a ugly *4B*

la **foto(grafía)** photo *4A*

frío,-a cold *4A*

el **fútbol** soccer *4B*

generoso,-a generous *4B*

gordo,-a fat *4B*

guapo,-a good-looking, attractive, handsome, pretty *4A*

gustar to like, to be pleasing to *4B*

el **hermano**, la **hermana** brother, sister *4A*

el **hijo**, la **hija** son, daughter *4A*

horrible horrible *4B*

ideal ideal *4B*

importante important *4B*

inteligente intelligent *4B*

interesante interesting *4B*

ir de compras to go shopping *4B*

jugar (ue) to play *4B*

jugar a (+ *sport/game*) to play *4B*

lento,-a slow *4B*

libre free *4A*

limpio,-a clean *4A*

loco,-a crazy *4A*

la **madre** mother *4A*

malo,-a bad *4B*

más more, else *4A*

me (to, for) me *4B*

mí me (after a preposition) *4B*

mirar to look (at) *4B*

mis my (pl.) *4A*

moreno,-a brunette, dark-haired, dark-skinned *4B*

mucho,-a much, a lot, very, very much *4B*

nadar to swim *4B*

nervioso,-a nervous *4A*

el **nieto**, la **nieta** granddaughter, grandson *4A*

nos (to, for) us *4B*

nuestro,-a our *4A*

nunca never *4A*

ocupado,-a busy, occupied *4A*

otro,-a other, another *4A*

el **padre** father *4A*

los **padres** parents, fathers *4A*

para for, to, in order to *4A*

el **pariente**, la **pariente** relative *4A*

el **partido** game, match *4B*

patinar (sobre ruedas) to in-line skate *4B*

pelirrojo,-a red-haired *4B*

el **piano** piano *4B*

la **playa** beach *4A*

popular popular *4A*

por for *4A*

el **primo**, la **prima** cousin *4A*

¡qué (+ *description*)**!** how (+*description*)! *4A*

quiero I love, I want *4A*

la **radio** radio (broadcast) *4B*

rápido,-a rapid, fast *4B*

rubio,-a blond *4B*

salir to go out *4A*

el **sobrino**, la **sobrina** nephew, niece *4A*

su, sus his, her, its, your (*Ud./Uds.*), their *4A*

sucio,-a dirty *4A*

la **tarea** homework *4B*

la **televisión** television *4B*

el **tenis** tennis *4B*

ti you (after a preposition) *4B*

el **tiempo** time *4A*

el **tío**, la **tía** uncle, aunt *4A*

tocar to play *4B*

todo,-a all, every, whole, entire *4A*

tonto,-a silly *4B*

triste sad *4A*

tus your (pl.) *4A*

único,-a only, unique *4A*

el **verano** summer *4A*

vivir to live *4A*

Mira la foto de mis padres y yo.

CAPÍTULO 5

Una semana típica

El cuarto misterioso

Contesta las siguientes preguntas sobre esta escena del *Episodio 5–El cumpleaños de Conchita*.

1. ¿Qué pasa en esta escena?
2. ¿Qué tipos de instrumentos vas a oír?
3. ¿Cómo se celebran los cumpleaños los jóvenes americanos?

DVD 1, Track 48. Un mariachi toca para la fiesta de cumpleaños de Conchita.

Objetivos

describe everyday activities

seek and provide personal information

say what someone is going to do

express strong
feelings

write about
everyday life

say what someone
likes or dislikes

talk about dates
and holidays

www.emcp.com
i-CULTURE
Authentic Connections to the World

1 ¿Qué buscan?

Selecciona la ilustración que corresponde con lo que oyes.

A

B

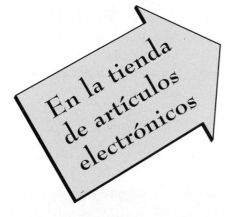

En la tienda de artículos de artículos electrónicos

C

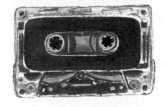

D

E

F

2 Lógico

Completa en forma lógica las frases de la izquierda con las frases de la derecha.

1. Buscamos el DVD...
2. Los chicos pasan...
3. ¡Qué lástima! No tenemos...
4. La chica entra...
5. ¡Caramba, no tenemos dinero...

A. ...para comprar el CD.
B. ...a la tienda de artículos electrónicos.
C. ...el CD con la canción *Loco amor*.
D. ...tiempo cada semana en la tienda de artículos electrónicos.
E. ...de la película ¡*Loco por ti!*

A mí me gusta escuchar música.

Diálogo I Me gustan las tiendas

MARTA: Vamos a ver si tienen el CD de Alejandro Sanz en la tienda.

SOFÍA: ¿Otra tienda? No tenemos más dinero.

MARTA: Sólo quiero mirar si tienen el disco compacto.

MARTA: Buenas. Buscamos el CD de Alejandro Sanz.

SEÑOR: No, no tenemos CDs de Alejandro Sanz.

MARTA: ¡Qué lástima! Bueno, gracias.

SOFÍA: ¡Ahora sí! ¡Vamos a casa!

MARTA: No. ¿Por qué no vamos a otra tienda?

SOFÍA: ¡Caramba! ¡Qué sorpresa!

 3 ¿Qué recuerdas?

1. ¿Qué van a ver Marta y Sofía si tienen en la tienda de artículos electrónicos?
2. ¿Tienen el CD de Alejandro Sanz en la tienda de artículos electrónicos?
3. ¿A quién le gustan las tiendas?
4. ¿Van a casa las chicas?

4 Algo personal

1. ¿Cuál es tu disco compacto favorito?
2. ¿Qué canción te gusta? ¿Por qué?
3. ¿Te gustan las tiendas de artículos electrónicos? Explica.
4. ¿Qué artículos electrónicos tienes en casa?

 5 ¿Lo tienen?

 Write the names Marta and Sofía. Next, listen and list under their names what they are looking for at an electronics store. Then circle any items on the lists that are the same.

Marta	Sofía

Costa Rica

El volcán Arenal y una orquídea (orchid) en Costa Rica.

Christopher Columbus visited Cariari (now the city of Puerto Limón) in 1502. He named the land Costa Rica (rich coast) because he thought the area offered a wealth of gold and silver. Today, this small, Spanish-speaking country has a population of about four million people, most of whom live in the capital and industrial city of San José. Situated at the center of the American continent, Costa Rica features a diverse landscape of beaches, mountains, volcanos (like the Irazú) and rain forests (*selvas tropicales or bosques lluviosos*). In fact, Costa Rica is famous throughout the world for its ecological tourism and has dedicated over twenty-five percent of its land as protected areas, national parks and reserves, which are the seasonal home for 10 percent of the world's birds, over 9,000 species of plants and 1,200 species of orchids. The country has a long democratic tradition, spends more money on education than many of its Latin American neighbors and has had no army for more than fifty years. It is noteworthy in this peace-loving nation that one of Costa Rica's former presidents, Óscar Arias, was awarded the Nobel Peace Prize.

Una selva tropical en Monteverde, Costa Rica

 6

Conexiones con otras disciplinas:
geografía y ciencias

Use an encyclopedia or search the Internet for information about Costa Rica and plan a vacation there. Find out about places to visit, things to do, what you will see or eat and so forth. Summarize your findings, adding visuals (e.g., photographs, maps), and share your plans with the class.

MODELO Voy a visitar el volcán Irazú en Cártago.

¡Oportunidades!

¿Trabajar en Costa Rica?

How would you like to be paid for traveling and having a good time? Travel-related companies throughout the world require bilingual employees and since tourism is one of the top industries in countries like Costa Rica, the job prospects are nearly limitless. Companies that offer eco-touring, hotels, cruise lines, travel agencies and airlines all need employees who can speak both Spanish and English. If you are hired by a company in a country you would like to visit for pleasure, the rewards are double. For example, during your free time in Costa Rica you might enjoy river rafting, camping on the side of a volcano (*Poás* or *Irazú*) or spending a week in a wildlife sanctuary or government-protected rain forest.

Estructura

Saying what someone has: *tener*

The verb *tener* (to have) is an irregular verb.

tener			
yo	**tengo**	nosotros nosotras	**tenemos**
tú	**tienes**	vosotros vosotras	**tenéis**
Ud. él ella	**tiene**	Uds. ellos ellas	**tienen**

Tengo un equipo de sonido nuevo. **I have** a new sound system.
Marisol **tiene** veinte CDs. Marisol **has** twenty CDs.

Note: *Tener* is sometimes used in Spanish expressions where the verb **to be** is used in English. One such expression is *tener* (+ number) *años*, which you have already used to talk about someone's age.

¿Cuántos años **tienes**? How old **are you**?
Tengo dieciséis años. **I am** sixteen (years old).

  ## Práctica

◆ **7** **Un CD para Susana**

Completa el diálogo con las formas apropiadas de tener.

Jorge: Quiero ver si la tienda de artículos electrónicos (1) un CD para Susana.
Pilar: ¿Qué CD buscas?
Jorge: Ella no (2) el nuevo disco compacto del grupo Presuntos Implicados.
Pilar: Bueno, vamos a preguntar.
Jorge: Hola, señor. ¿(3) Uds. el nuevo disco compacto de Presuntos Implicados?
Señor: Nosotros (4) muchos CDs, pero no (5) CDs de Presuntos Implicados.
Jorge: ¡Caramba! ¡Qué lástima! Muchas gracias.
Pilar: Son las siete, nosotros (6) una hora. ¿Vamos a otra tienda?
Jorge: Está bien, pero sabes, yo (7) un problema. No (8) dinero. ¿Cuánto (9) tú?
Pilar: Pues, Jorge, yo tampoco (10) dinero.

8 Todos tienen algo

Working in pairs, take turns asking one another questions about what various people have. Answer according to what you see in the illustrations, adding any details you wish.

MODELO

don Carlos
A: ¿Qué tiene don Carlos?
B: Tiene un reproductor de MP3 fantástico

1. tú   2. Silvia y su hermano   3. yo

4. Ud.   5. Elvira y Alejandra   6. nosotros

9 Conexión con otras disciplinas: matemáticas

Di cuántos años tienen las siguientes personas de acuerdo al año en que nacieron *(were born)*.

1. Kathy / 1961
2. Doña Marta / 1927
3. Daniel y Estefanía / 2002
4. Keeley / 1989
5. Rafael y Gustavo / 1976
6. el Sr. Cortés / 1956
7. yo / 1953
8. tú / ?

Comunicación

10 Tengo muchos CDs

Tipos de música

clásica	mariachi	rock
cumbia	merengue	romántica
disco	popular	salsa
flamenco	ranchera	tejana (Tex-Mex)
jazz	rap	vallenato

Working in pairs, talk about your interests in entertainment. For example, find out what kind of music and films you like. You might also discuss such things as how many CDs you have of different types of music, whether or not you have DVDs, which CDs or DVDs you have and what equipment you use to play the CDs and DVDs. Try to determine what interests you have in common *(en común)* and how your interests are different. Be creative!

MODELO **A:** ¿Te gusta la música rock?
        B: Sí, me gusta mucho. Tengo veinte CDs y tres son de JLo.

11 ¿Qué tenemos en casa?

Working in small groups, take turns talking about your families' entertainment preferences. First, find out who is in each person's family. Then discuss family members' favorite music, television and radio programs *(programas de televisión y radio)* and movies. Next, find out what kind of electronics your classmates' families have for listening to music or watching movies at home.

MODELO **A:** Tengo dos hermanos y una hermana. A mis hermanos les gusta ver partidos de fútbol en la televisión. A mi hermana le gusta escuchar música en su reproductor de MP3.

B: Yo tengo un hermano. Le gusta la música merengue y le gusta ver películas en DVD.

C: Yo no tengo hermanos, pero tengo muchos tíos. A ellos les gustan los CDs de música clásica.

Estructura

Expressing strong feelings with *¡Qué* (+ adjective/noun)*!*

There are times when you may wish to express strong feelings — both positive and negative — about something or someone. In Spanish, use *qué* followed by an adjective as the equivalent of **How...!** Similarly, when *qué* is followed by a person, place or thing, it is equivalent to **What a...!**

¡Qué (+ adjective)!	¡Qué (+ noun)!

| *¡Qué fantástico!* | How fantastic! | *¡Qué CD!* | What a CD! |
| *¡Qué aburrido!* | How boring! | *¡Qué lástima!* | What a shame! |

  Práctica

12 ¿Cómo reaccionas?

Using *qué* and an adjective, react to the following circumstances.

MODELO *A good friend buys you your favorite CD.*
¡Qué amable!

1. *You are watching a very funny DVD.*
2. *It is very cold outside.*
3. *You just dropped a brand new MP3 player in the mud.*
4. *Your parents tell you some really sad news.*
5. *You have just learned to use your new CD burner.*

¡Qué amable!

13 Expresando tu opinión

Write captions for the following photos, using *qué* plus a noun.

MODELO MODELO

 ¡Qué equipo de sonido!

1

2

3

4

5

6

14 Me gusta lo que tienen

The following people have just purchased some electronic equipment. Say what they have and express how much you like each item.

MODELO Belia / una computadora rápida
Belia tiene una computadora rápida. ¡Qué computadora!

1. mis primos / equipo de sonido nuevo
2. Clara / reproductor de CDs para diez CDs
3. Sonia / dos DVDs fantásticos
4. los López / carro BMW nuevo
5. tú / CD nuevo de Alejandro Sanz

Comunicación

15 ¡Qué tienda tan estupenda!

Imagine that you and a friend are window-shopping at a fantastic home audio and video store that carries computers, DVD and CD players, CD burners, etc. With your partner, create a dialog in which you talk about some of the things you see, expressing how you feel about each one. Discuss who you know has each item you are looking at and add any other details you wish. Be creative!

MODELO A: Oye, Carlos. ¡Mira! ¡Qué equipo de sonido!
B: Sí, muy bonito. Rogelio tiene uno.

Las actividades de Virginia la semana que viene

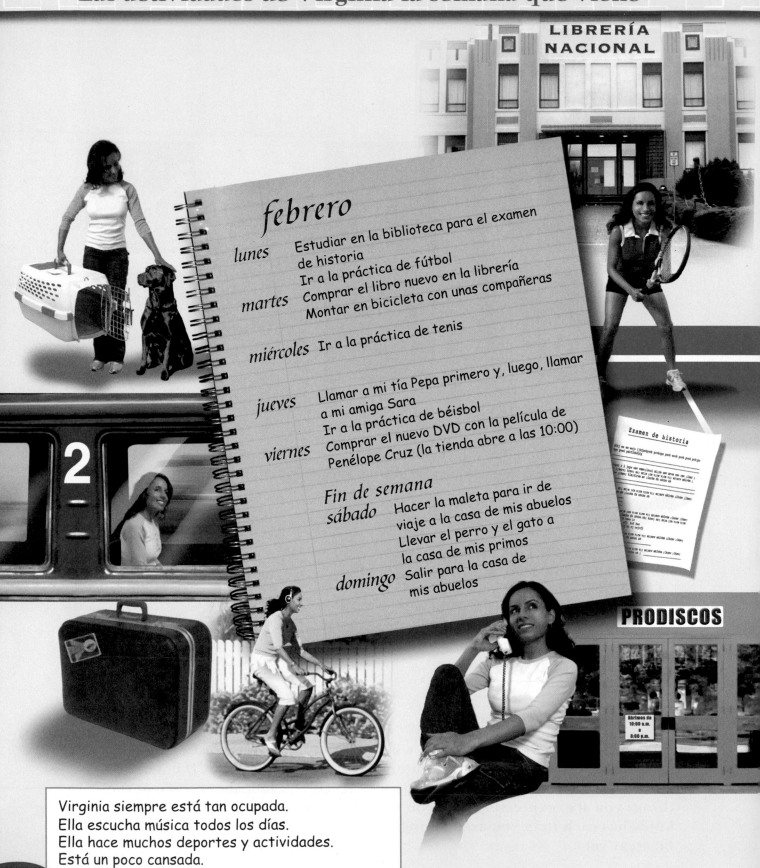

LIBRERÍA NACIONAL

febrero

lunes Estudiar en la biblioteca para el examen de historia
Ir a la práctica de fútbol

martes Comprar el libro nuevo en la librería
Montar en bicicleta con unas compañeras

miércoles Ir a la práctica de tenis

jueves Llamar a mi tía Pepa primero y, luego, llamar a mi amiga Sara
Ir a la práctica de béisbol

viernes Comprar el nuevo DVD con la película de Penélope Cruz (la tienda abre a las 10:00)

Fin de semana
sábado Hacer la maleta para ir de viaje a la casa de mis abuelos
Llevar el perro y el gato a la casa de mis primos

domingo Salir para la casa de mis abuelos

Examen de historia

PRODISCOS

Abrimos de
10:00 a.m.
a
9:00 p.m.

Virginia siempre está tan ocupada.
Ella escucha música todos los días.
Ella hace muchos deportes y actividades.
Está un poco cansada.

16 Las actividades de Javier la semana que viene

 Selecciona la letra de la ilustración que corresponde con lo que oyes.

A

B

C

D

E

F

17 El horario de Josefina

Unscramble the following sentences to find out about a typical week in Josefina's life.

MODELO el lunes / de fútbol / práctica / tiene
El lunes tiene práctica de fútbol.

1. en bicicleta / monta / el martes / con unas compañeras
2. tiene / el miércoles / un partido de fútbol
3. el jueves / con una amiga / de compras / va / a la librería
4. un examen de historia / el viernes / tiene
5. hace / el sábado / para / la maleta / ir de viaje / a Limón
6. de la película / compra / nuevo / el DVD / el domingo / de Penélope Cruz

18 Una semana típica

Make a list of the activities you would normally do on each day of a typical week.

MODELO El lunes voy a la librería.
El martes tengo clase de piano.

¿Cómo son los días de la semana?

In most Spanish-speaking countries, the first day of the week is *lunes* and days of the week are not capitalized. Only *sábado* and *domingo* have different plural forms (*sábados, domingos*). In addition, you must use *el* or *los* with the days of the week when telling when activities or events take place. Spanish does not use *en* as English uses **on**: *Josefina tiene práctica de fútbol el lunes* (Josefina has soccer practice on Monday).

Diálogo II   ¡Qué semana!

MARTA: ¡Caramba, tico! Estoy tan ocupada la semana que viene.

TOMÁS: ¿Por qué? ¿Qué vas a hacer?

MARTA: El lunes voy a estudiar para el examen de biología.

TOMÁS: Yo también, pero estoy un poco cansado.

MARTA: El martes tengo práctica de tenis y, luego, de fútbol.

TOMÁS: ¡Pues, Marta, te gusta hacer muchos deportes!

MARTA: El miércoles voy a la librería y el sábado voy a hacer un viaje.

TOMÁS: ¿Adónde vas?

MARTA: A casa de mi tía en Puntarenas. ¡Ay! La voy a llamar. Adiós.

TOMÁS: ¡Adiós! ¡Qué semana!

19 ¿Qué recuerdas?

1. ¿Quién está muy ocupada la semana que viene?
2. ¿Qué va a hacer Marta primero?
3. ¿Quién está un poco cansado?
4. ¿Qué deportes le gusta hacer a Marta?
5. ¿Adónde tiene que ir de viaje Marta?

20 Algo personal

1. ¿Estás un poco cansado/a hoy? Explica.
2. ¿Te gustan los deportes? ¿Cuáles?
3. ¿Qué haces primero los fines de semana? ¿Y luego?

¿Te gustan los deportes?

21 ¿Cuándo?

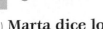 Marta dice lo que tiene que hacer. Indica el día en que va a hacerlo, según el diálogo.

A. lunes
B. martes
C. miércoles
D. jueves
E. viernes
F. sábado

22 Las actividades de Tomás

Escribe en una hoja de papel lo que vas a escuchar.

¡Pura vida! Costa Ricans have their own regional words and expressions that give their Spanish its own special flavor. For example, they refer to themselves as *ticos* or *ticas*, which is a typical ending they add to everyday words (*chico—chiquitico*). *Ticos* and *ticas* are courteous and respectful and do not use *tú* as freely as people from other Spanish-speaking countries. When you are visiting the country, you may hear the phrase *pura vida* (pure life), which is very popular as a positive response or reaction to almost any situation. Other popular expressions in Costa Rica include the following:

expresión	*equivalente*
¡Buena nota!	Okay!
el chunche	thing (or whatchamacallit)
macho, macha	refers to anyone with blond hair
maje	buddy, pal (among friends)

Una tica macha.

¡Dilo en tico!

Answer the questions on the left with the most appropriate response on the right.

1. ¿Cómo estás, tico?
2. ¿Vamos a comer?
3. Oye, ¿quién es la macha?
4. Maje, ¿vamos a la práctica de tenis?
5. ¿Qué es ese chunche?

A. La rubia es la tica nueva.
B. Es un reproductor de CDs.
C. No, amigo, hoy estoy un poco cansado.
D. Pura vida.
E. ¡Buena nota!

Idioma

Direct object pronouns

A direct object is the person or thing in a sentence that receives the action of the verb directly and answers the question **what?** or **whom?** Add the word *a* (called the *a personal*) before any direct object that refers to a person. Note, however, that you should not use the *a personal* with the verb *tener*.

Veo el reproductor de DVDs.	(I see **what?**)	I see the DVD player.
*Veo **a** la profesora y **a** Sandra.*	(I see **whom?**)	I see the teacher and Sandra.
*Tomás **tiene** dos hermanas en San José.*	(He has **what?**)	Tomás has two sisters in San José.

Sometimes the following direct object pronouns (*pronombres de complemento directo*) replace a direct object.

los pronombres de complemento directo

me	*me*	**nos**	*us*
te	*you* (tú)	**os**	*you* (vosotros,-as)
lo	*him, it, you* (Ud.)	**los**	*them, you* (Uds.)
la	*her, it, you* (Ud.)	**las**	*them, you* (Uds.)

Notice in the following examples that direct object pronouns usually precede the conjugated form of the verb and any negative expressions (such as *no* or *nunca*) are placed before the object pronouns. In addition, the direct object pronouns *lo, la, los* and *las* can refer to either people or objects.

*No **la** veo.*	I do not see **her** (*Blanca*).
	I do not see **it** (*la biblioteca*).
*Nunca **lo** veo.*	I never see **him** (*Rubén*).
	I never see **it** (*el libro*).

Sometimes the direct object pronoun *lo* is used to refer to a nonspecific direct object or a direct object that is expressed as an idea or a phrase (instead of a person or object).

¿Sabes dónde está el gato?	Do you know where the cat is?
*Sí, **lo** sé.*	Yes, I do (know it).

Note: Some people place an *a* in front of a direct object that refers to a pet they consider part of the family: *Veo **al** perro* (I see the dog).

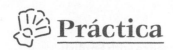

Práctica

La *a* personal

Completa las siguientes oraciones con la *a* personal cuando sea necesario.

1. El sábado voy a ver __ una película en mi nuevo reproductor de DVD.
2. Veo __ mis abuelos cada semana.
3. Sí, quiero __ mi mamá.
4. Busco __ un quemador de CDs.
5. ¿Te gusta escuchar __ música en un reproductor de MP3?
6. ¿Tienes __ tres hermanos?
7. Voy a llamar __ mi primo el lunes.
8. Llevo __ mi gato a casa de mis padres.

Unas preguntas

Alterna con un(a) compañero/a de clase en hacer y contestar las siguientes preguntas.

1. ¿A quién ves ahora?
2. ¿Buscas a tus amigos los fines de semana para escuchar CDs?
3. ¿A quién llamas hoy por teléfono?
4. ¿A quién escribes un correo electrónico hoy?
5. ¿Comprendes a tu profesor(a) de español?
6. ¿Ves a tus amigos todos los días?

Veo a mi perro.

¿Ves a tus amigos todos los días?

26 ¡Lo veo!

With a classmate, take turns asking and answering whether or not you can see the following from where you are sitting.

MODELO A: ¿Ves la puerta?
B: Sí, (No, no) la veo.
A: ¿Ves el reproductor de CDs?
B: Sí, (No, no) lo veo.

1. ¿Ves la pizarra?
2. ¿Ves el pupitre?
3. ¿Ves los discos compactos?
4. ¿Ves la computadora?
5. ¿Ves el libro de español?
6. ¿Ves el reloj?
7. ¿Ves los casetes?
8. ¿Me ves?

Estrategia

Avoiding interference with English

Try to avoid letting English interfere with new structures and vocabulary that you are learning in Spanish. For example, the pronouns *lo* and *la* are the Spanish equivalents of the English pronoun **it** only when **it** functions as a direct object of the verb. When **it** is the subject of a sentence, the Spanish subject pronoun is omitted.

¿Lo ves?	Do you see **it**?
No, no lo veo.	No, I do not see **it**.
but:	
No está aquí.	**It** is not here.
Es bonito.	**It** is pretty.

27 Un fin de semana con mis abuelos

Completa el párrafo, escogiendo de las siguientes palabras.

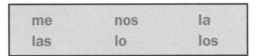

me	nos	la
las	lo	los

Este fin de semana voy a ir a Puntarenas para estar con mis abuelos. No (1) veo mucho porque mi familia y yo vivimos en San José. Pero ellos (2) ven en el verano porque les gusta ir a la capital. A mí me gusta pasar tiempo en Puntarenas porque mi abuelo Raúl (3) comprende. A él le gusta mucho la música y (4) toca también en el piano. Las canciones de amor son sus canciones favoritas. Siempre (5) canta. También compra muchos CDs y (6) escucha todos los días. Mi abuelo Raúl es muy cariñoso. ¡(7) quiero mucho!

28 ¿Qué haces todos los días?

Trabajando con un compañero o una compañera, contesta las siguientes preguntas. Usa *lo, los, la* o *las* para las respuestas.

MODELO A: ¿Practicas tenis todos los días?
B: Sí, (No, no) lo practico.

1. ¿Llevas a tu perro a caminar todos los días?
2. ¿Montas en bicicleta todos los días?
3. ¿Lees revistas en español todos los días?
4. ¿Escuchas discos compactos de tu cantante favorito/a todos los días?
5. ¿Llamas a tus parientes todos los días?
6. ¿Cantas canciones de amor todos los días?
7. ¿Ves películas en DVD todos los días?

Practico tenis todos los días.

Visita Puntarenas

 Pretend you and a classmate are members of a tour that is going to visit Puntarenas, Costa Rica. Ask your partner questions using the cues given to find out if members of the group have the indicated items. Your partner should answer each question affirmatively or negatively, using a direct object pronoun.

MODELO la Sra. Ordóñez / tener / mapa de Puntarenas

A: ¿Tiene la Sra. Ordóñez el mapa de Puntarenas?

B: Sí, (No, no) lo tiene.

1. nosotros / tener / maletas
2. tú / tener / discos compactos para el viaje
3. yo / tener / reproductor de CDs
4. Gabriel / tener / reproductor de MP3 para el viaje
5. tú / tener / número de la oficina de turismo de Puntarenas
6. Néstor y Lina / tener / dinero para el viaje

La Playa Coco en Costa Rica.

Comunicación

Adivina, adivinador

 Try this guessing game *(juego de adivinanzas)* with a classmate. First, one partner writes on a piece of paper the name of another classmate. Then the other partner asks questions about people in class until he or she can guess the person's name. It may be helpful to use the verbs *ver*, *mirar* and *buscar* as you play the game. Switch roles.

MODELO **A:** ¿A quién ves?

B: Veo a un muchacho moreno y delgado.

A: ¿Ves a Raúl?

B: Sí. Veo a Raúl.

Un viaje a Costa Rica

 Imagine that you and a friend are planning to go to Costa Rica. Discuss what you are going to do to prepare for the trip. Then ask and answer questions about when and how you are going to do each activity.

MODELO **A:** ¿Cuándo compramos el libro sobre Costa Rica en la librería?

B: Lo compramos el martes. ¿Cuándo vas a hacer las maletas?

A: Las hago mañana, hoy estoy un poco cansado. ¿Vas a llevar tus CDs de Presuntos Implicados?

B: Sí, los llevo.

Lectura Cultural

Los chicos ticos

¿Cómo es la vida diaria[1] de los chicos costarricenses[2]? La revista SOMOS entrevistó[3] a Susana Paniagua Vargas, de dieciséis años, que vive en San Rafael de Heredia, Costa Rica, con esa misma[4] pregunta.

Somos: ¿Cómo es un día típico?

Susana: Voy a la escuela de las 8:00 a.m. hasta las 2:20 p.m. Luego, llego[5] a mi casa y tomo un refresco. Cuando no puedo[6] ir a casa de alguna amiga, por lo general, paso toda la tarde en el teléfono.

Somos: ¿Qué hacen tú y tus amigos los fines de semana?

Susana: Nos reunimos[7] en un parque o en casa de una amiga. Cuando hay partidos de fútbol vamos al estadio. O, vamos al cine y después pasamos a algún[8] club de jóvenes[9] a bailar.

Somos: ¿Qué tipo de música escuchan?

Susana: Rock en español, rave, pop, vallenato[10].

Somos: ¿A qué hora tienen que regresar[11] a casa?

Susana: Entre semana[12] a las 9:00 p.m. pero los fines de semana a las 11:00 p.m.

Somos: Cuando salen, ¿qué medio[13] de transporte usan?

Susana: Generalmente[14] el bus, pero prefiero el taxi. (Para manejar[15] carro se necesita tener 18 años.)

Somos: ¿Algunos trabajan medio tiempo?

Susana: No es común que los jóvenes de mi edad trabajen en Costa Rica cuando hay clases; sin embargo[16], cuando hay vacaciones muchos trabajan en tiendas de ropa.

[1]daily life [2]Costa Ricans [3]interviewed [4]same [5]I arrive [6]not able to [7]We get together [8]any [9]youth [10]a combination of African, European and Colombian folkloric sounds [11]return [12]Weekdays [13]means [14]Generally [15]drive [16]however

---

 ¿Qué recuerdas?

- How are teenagers in Costa Rica similar to teenagers in the U.S.? What are some differences?

1. ¿A qué hora va Susana a la escuela?
2. ¿Qué hace por las tardes?
3. ¿Adónde van Susana y sus amigos los fines de semana? ¿A qué hora regresan a casa?
4. ¿Qué música escuchan los jóvenes en Costa Rica? ¿Qué deporte les gusta ver?
5. ¿Trabajan los estudiantes en Costa Rica cuando hay escuela?

 Algo personal

1. ¿A qué hora vas tú a la escuela? ¿Qué haces después? ¿Tienes un trabajo?
2. ¿Adónde van tú y tus amigos los fines de semana? ¿En qué van?
3. ¿Qué música escuchan tus amigos? ¿Qué deporte ven tus amigos?
4. ¿A qué hora tienes que estar en casa entre semana? ¿Y los fines de semana?

Autoevaluación

As a review and self-check, respond to the following:

(1) Name one item you have in your house from an electronics store. Then name one thing you want to buy there.

(2) Name an activity you usually do at least once a week and say what day you do the activity.

(3) What activity are you going take part in during the coming weekend?

(4) What might you say in Spanish as a reaction in the following situations: you are watching a funny DVD; you heard some bad news about a family member.

(5) Ask if a friend sees the following: the new compact discs, the teacher.

(6) How would you answer the questions you asked in number 5?

(7) What is your schedule for this week? Name two of your activities for next week.

(8) Say two things you have learned about Costa Rica.

Palabras y expresiones

How many of these words and expressions do you recognize?

Artículos electrónicos
el casete
el DVD
el equipo de sonido
la grabadora
el quemador de CDs
el reproductor de CDs/
    DVDs/MP3

Actividades
la actividad
el deporte
la librería
la película
la práctica
el viaje

Pronombres
la
las
lo
los
me
nos
te

Otras expresiones
el amor
cada
la canción
¡caramba!
el compañero, la
    compañera

el dinero
el fin (de semana)
el gato, la gata
la lástima
la maleta
el perro, la perra
un poco
primero
que
¡qué (+ noun)!
que viene
la semana
si
la sorpresa
tan

tener (+ number) años
todos los días
hacer un viaje

Verbos
abrir
buscar
entrar
llamar
montar
pasar
tener

¿El dinero? Yo lo tengo.

Nicaragua

DICIEMBRE

LUNES	MARTES	MIERCOLES	JUEVES	VIERNES	SABADO	
1 anteayer	2 ayer	3 hoy	4 mañana	5 pasado mañana	6	7
8	9	10	11	12	13	1
15	16	17	18	19	20	21
22	23	24	25 Navidad	26	27	28
29	30	31 Noche Vieja				

Luna Nueva 4 · C. Creciente 11 · Luna Liena 19 · C. Menguante 2.

Ayer, dos de diciembre, fue mi cumpleaños. Me gusta mucho celebrar mi cumpleaños.

Aquí estoy con mi hermana menor, mi hermano mayor y mi tía. Mi tía siempre viene para mi cumpleaños.

Mi tía y yo vamos mañana temprano a hacer compras.

Feliz Año Nuevo

El cumpleaños de mi tía es el primero de enero, el Día de Año Nuevo.

Voy a escribir en el periódico de mi colegio sobre mi fiesta de cumpleaños.

1 ¿Qué día es?

Escoge una respuesta correcta a cada pregunta que escuchas.

1. A. Navidad   B. Año Nuevo   C. mi cumpleaños
2. A. sábado   B. lunes   C. viernes
3. A. sábado   B. martes   C. jueves
4. A. miércoles   B. sábado   C. domingo
5. A. 24 de diciembre   B. 25 de diciembre   C. 31 de diciembre

2 Un e-mail

Gonzalo escribe un e-mail a su amiga Rosario. Completa el e-mail de una manera lógica.

El pretérito de *ser*

You already have learned how to form and use present tense of some verbs in Spanish. Here are the past-tense (preterite) forms of the verb *ser*.

ser			
yo	**fui**	nosotros / nosotras	**fuimos**
tú	**fuiste**	vosotros / vosotras	**fuisteis**
Ud. él ella	**fue**	Uds. ellos ellas	**fueron**

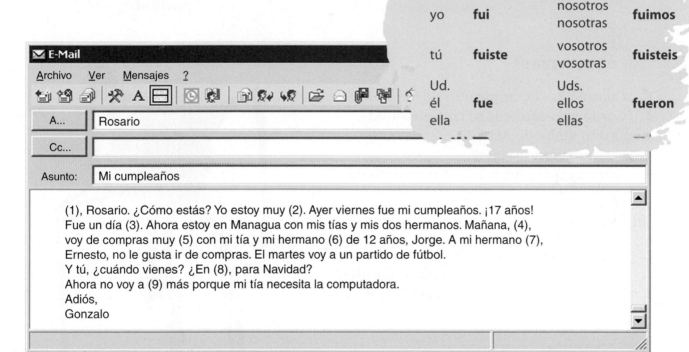

✉ E-Mail

Archivo   Ver   Mensajes   ?

A...   Rosario

Cc...

Asunto: Mi cumpleaños

(1), Rosario. ¿Cómo estás? Yo estoy muy (2). Ayer viernes fue mi cumpleaños. ¡17 años!
Fue un día (3). Ahora estoy en Managua con mis tías y mis dos hermanos. Mañana, (4),
voy de compras muy (5) con mi tía y mi hermano (6) de 12 años, Jorge. A mi hermano (7),
Ernesto, no le gusta ir de compras. El martes voy a un partido de fútbol.
Y tú, ¿cuándo vienes? ¿En (8), para Navidad?
Ahora no voy a (9) más porque mi tía necesita la computadora.
Adiós,
Gonzalo

3 Las fechas

Contesta las siguientes preguntas.

1. Si hoy es jueves, ¿qué día es mañana?
2. Si hoy es jueves, ¿qué día es pasado mañana?
3. Si hoy es jueves, ¿qué día fue ayer?
4. Si hoy es jueves, ¿qué día fue anteayer?
5. Si ayer fue domingo, ¿qué día es hoy?
6. Si mañana es martes, ¿qué día fue ayer?
7. Si hoy es miércoles, ¿qué día es mañana?
8. ¿Qué día es hoy?
9. ¿Cuál es la fecha?
10. ¿En qué mes estamos?

Diálogo I ¿Cuándo es tu cumpleaños?

ISABEL: Oye, Sergio, ¿cuándo es tu cumpleaños?

SERGIO: ¡Chica! ¡Mi cumpleaños es pasado mañana!

ISABEL: ¡Ay, sí!

DARÍO: Y, ¿cómo lo vas a celebrar?

SERGIO: Voy a tener una fiesta. Mi hermano mayor viene de Arizona. Mis primos van a estar aquí también.

ISABEL: ¡Fantástico!

DARÍO: ¿Y cuándo viene tu hermano Jaime?

SERGIO: Viene mañana temprano.

ISABEL: ¿Y tu hermana menor?

SERGIO: Ella está en la Florida, pero viene para la Navidad.

 ¿Qué recuerdas?

1. ¿Cuándo es el cumpleaños de Sergio?
2. ¿Cómo va a celebrar su cumpleaños?
3. ¿Quién viene de Arizona?
4. ¿Cuándo viene Jaime?
5. ¿Dónde está la hermana menor de Sergio?

 Algo personal

1. ¿Cuándo es tu cumpleaños?
2. ¿Celebras los cumpleaños con tu familia?
3. ¿Tienes un(a) hermano/a mayor? ¿Menor? ¿Cómo se llama?

 ¿Cuál es la respuesta?

))) Escoge una respuesta correcta a lo que escuchas.

1. A. mi hermano mayor   B. mi hermano menor
2. A. el jueves   B. el domingo
3. A. el 25 de diciembre   B. el 31 de diciembre
4. A. su hermano mayor   B. su hermano menor
5. A. el viernes   B. el sábado
6. A. el día de la Navidad   B. el Día de Año Nuevo

Managua, Nicaragua.

Granada, Nicaragua.

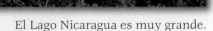

El Lago Nicaragua es muy grande.

Nicaragua

Costa Rica's Spanish-speaking neighbor to the north is the largest country of Central America, Nicaragua. This beautiful country of lakes, mountains, volcanoes, forests and friendly people suffered through a long civil war, and a U.S. trade embargo during the 1980s hurt the economy. Many roads are damaged or unpaved and communication systems do not extend to the rural areas. However, improvements are being made and the capital, Managua, is a large and growing commercial center with a population of one million. It is located on the shores of Lake Managua and is connected by the river Tipitapa to Lake Nicaragua, which was once an ocean bay and today is one of the largest lakes in the world. In fact, it is the only freshwater lake in the world to have swordfish and sharks (*tiburones*).

7 Nicaragua

¿Cierto o falso?

1. Costa Rica está muy lejos de Nicaragua.
2. La capital de Nicaragua es Managua.
3. Un millón de personas viven en la capital.
4. Managua no está cerca del Lago Managua.
5. El Lago Nicaragua tiene tiburones.

8 Conexión con otras disciplinas: geografía

Find out more about Nicaragua on the Internet or at the library. Then create a map in Spanish showing major cities, lakes, rivers, mountains, surrounding countries and oceans.

Idioma

Telling where someone is coming from: *venir*

The present tense of *venir* (to come) is very similar to that of the irregular verb *tener*.

¿Viene Ud.
para la Navidad?

venir			
yo	**vengo**	nosotros nosotras	**venimos**
tú	**vienes**	vosotros vosotras	**venís**
Ud. él ella	**viene**	Uds. ellos ellas	**vienen**

*¿**Vienes** tú para la Navidad?*	**Are you coming** for Christmas?
*No, pero **vengo** para el Año Nuevo.*	No, but **I am coming** for New Year's Day.

 ## Práctica

9 ### El cumpleaños de la abuela

Completa el párrafo que sigue con las formas apropiadas de *venir*.

Pasado mañana es el cumpleaños de la abuela. Va a cumplir ochenta años y hay una fiesta grande en un hotel de Managua. Pero, ¿cómo (1) todos a la fiesta? Pues, mis tíos y mis primos (2) en carro de León. ¡Mi tío siempre (3) a celebrar el cumpleaños de la abuela! Claro, yo (4) a pie porque el hotel está cerca de mi casa. Francisca, la nieta favorita de la abuela, (5) en avión de Costa Rica. Doris y Leonardo (6) de Granada el día de la fiesta. El tío Ricardo (7) en bicicleta porque también vive muy, muy cerca. Y tú, ¿cómo (8)?

10 La fiesta de Año Nuevo

Sergio's parents are having a New Year's party. Working in pairs, take turns asking and answering how each of the guests will arrive. Include an appropriate means of transportation (a pie, en autobús, bicicleta, carro, metro, taxi) in your answers.

MODELO **A:** ¿Cómo vienen tus abuelos a la fiesta?
  B: Mis abuelos vienen en taxi.

1. los tíos
2. Isabel y tu hermana
3. Darío
4. el primo de Sergio
5. los padres de Sergio
6. mis abuelos
7. yo
8. tú

Tú vienes en metro.

Repaso rápido

Present tense to indicate the future

You have learned to use the present tense of a verb to say what people are doing now or what they do frequently. The present tense of a verb can also be used to refer to the not-too-distant future as long as a future time expression is used.

Ella **viene** *a mi casa el fin de semana.*	She **is coming** to my house on the weekend.
Mañana **celebro** *mi cumpleaños.*	Tomorrow I **will celebrate** my birthday.
¿Uds. **están** *en casa el domingo?*	**Will you be** home on Sunday?
Laura **va** *a la fiesta el sábado.*	Laura **is going** to the party on Saturday.

Mañana celebro mi cumpleaños.

11 El concierto de Navidad

Pretend that you and your partner are in charge of the invitations for the Christmas holiday concert at your school. Using this incomplete invitation list, take turns asking and answering questions about who is attending on Saturday night and who is attending on Sunday night.

MODELO A: ¿Mis padres?
B: Vienen el domingo.

Lista de invitaciones	
sábado	domingo
Marta y su prima	Srta. López y su hermano
Gabriel	Sr. Robles
yo	mis padres
tú	yo
la madre de Fernando Peña	tú

1. ¿El Sr. Robles?
2. ¿Gabriel?
3. ¿La Srta. López y su hermano?
4. ¿Marta y su prima?
5. ¿Tú?
6. ¿La madre de Fernando Peña?
7. ¿Yo?
8. ¿Tú y yo?

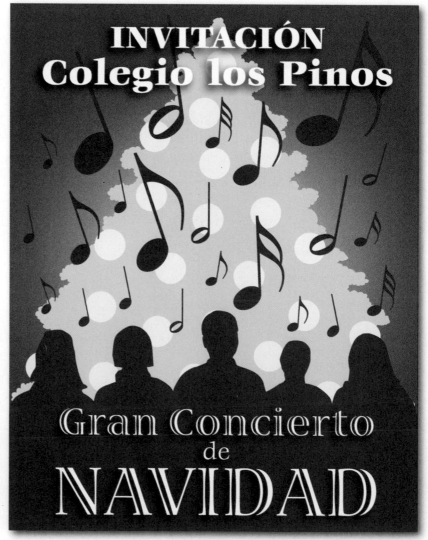

INVITACIÓN
Colegio los Pinos

Gran Concierto
de
NAVIDAD

Comunicación

Los planes del mes

Pretend today is *el miércoles 8* and you are talking with a friend about activities that happened or will happen this month. Among the activities that will happen, include a birthday celebration that you are having for someone you know and say who is coming to the celebration. Use the calendar as a guide.

MODELO   **A:** ¿Cuándo es la fiesta para celebrar el cumpleaños de Julia?
          B: La fiesta es pasado mañana, el viernes diez.
          A: ¿Y quién viene a la fiesta?
          B: Vienen muchos amigos.

L	M	M	J	V	S	D
		1	2	3	4	5
6	7	⑧	9	10	11	12
13	14	15	16	17	18	19

13 **Año nuevo, vida nueva**

Imagine today is December 26th and you are writing an e-mail to your best friend to tell him/her about the New Year's party your family is having for your relatives and special friends. Tell them who is invited and how and when each person is coming. Include as many details as you can.

¡Feliz Año Nuevo!

Los meses

marzo, abril, mayo

junio, julio, agosto

diciembre, enero, febrero

septiembre, octubre, noviembre

14 **¿Cuándo cumplen años?**

 Selecciona la letra de la fecha que corresponde con lo que escuchas.

A. 16.06   C. 20.05   E. 12.11
B. 02.03   D. 30.08   F. 23.01

15 **¡Me gusta!**

Say how much you like or dislike the following situations, using *gustar* and any expressions you have learned.

MODELO El mes que viene es diciembre. ¡Es Navidad!
¡Qué bueno! Me gusta mucho./No me gusta ni un poquito.

1. Las horas de clase no pasan rápidamente.
2. Mi cumpleaños es en enero.
3. Un día vamos a ser viejos.
4. Soy muy joven.
5. Hoy es el día de mi cumpleaños.
6. Tengo una fiesta y vienen todos mis amigos.
7. A veces celebro mi cumpleaños con mis abuelos.
8. No tengo CDs ni reproductor de CDs.

16 **Conexión con otras disciplinas: matemáticas**

Continue the pattern up to the number shown in parentheses.

1. ciento cincuenta, trescientos, cuatrocientos cincuenta... (1.050)
2. cuatrocientos, seiscientos, ochocientos... (2.000)
3. nueve mil, ocho mil, siete mil... (1.000)
4. treinta y cinco mil seiscientos, treinta mil quinientos, veinticinco mil cuatrocientos... (5.000)
5. cien mil, noventa mil, ochenta mil... (10.000)

Diálogo II ¡Feliz cumpleaños!

ISABEL: ¿Cuál es la fecha de hoy?

DARÍO: Hoy es el veinticinco de octubre.

ISABEL: ¡Hoy es el cumpleaños de Sergio!

DARÍO: ¡Pues vamos a su casa!

ISABEL: ¡Feliz cumpleaños, Sergio!

DARÍO: ¿Cuántos años cumples? ¿Veinticinco? ¿Treinta?

SERGIO: ¡Oye, no! Yo soy joven. Cumplo diecisiete años.

DARÍO: Ja, ja. Pero los años pasan rápidamente.

SERGIO: ¡Los años y el tiempo pasan rápidamente!

ISABEL: Sí, en dos meses estamos en Navidad.

SERGIO: ¡Qué bueno!

DARÍO: ¿Bueno? No me gusta la idea ni un poquito.

17 ¿Qué recuerdas?

1. ¿Cuándo es el cumpleaños de Sergio?
2. ¿Cuántos años cumple Sergio?
3. ¿Qué pasan rápidamente?
4. ¿Le gusta la idea de la Navidad a Darío?

18 Algo personal

1. ¿Cuándo es la fecha de tu cumpleaños?
2. ¿Cuántos años vas a cumplir?
3. En tu opinión, ¿pasan los años rápidamente?

¿Te gusta la Navidad?

19 ¡Feliz cumpleaños, Sergio!

Di si lo que oyes es cierto o falso, según el Diálogo II. Si es falso, corrige la información.

OCTUBRE 25

Los días de fiesta

Celebramos el Día de los Reyes Magos.

Family life in Nicaragua, Costa Rica and throughout the Spanish-speaking world reflects Catholic traditions such as baptisms, communions and weddings. Holidays honoring local patron saints, as well as other Catholic holidays, are important events throughout the country. In addition, the Nicaraguan people are very sociable and on *días especiales* they enjoy being with their family and friends and perhaps listening to music, dancing and sharing good food. Here are some important holidays (*días especiales*) celebrated throughout the Spanish-speaking world:

1. el Día de Año Nuevo (*New Year's Day*) el primero de enero
2. el Día de los Reyes Magos (*Epiphany*) el 6 de enero
3. el Día de San Valentín (*Valentine's Day*) el 14 de febrero
4. la Semana Santa (*Holy Week*) variable date, usually April
5. el Domingo de Ramos (*Palm Sunday*) variable date, usually April
6. el Viernes Santo (*Good Friday*) variable date, usually April
7. el Domingo de Resurrección (*Easter Sunday*) variable date, usually April
8. el Día del Trabajo (*Labor Day*) el primero de mayo
9. el Día de la Raza/de la Hispanidad (*Columbus Day*) el 12 de octubre
10. el Día de Todos los Santos (*All Saints' Day*) el primero de noviembre
11. la Nochebuena (*Christmas Eve*) el 24 de diciembre
12. la Navidad (*Christmas*) el 25 de diciembre
13. el Día de los Santos Inocentes (*Fools' Day*) el 28 de diciembre
14. la Noche Vieja (*New Year's Eve*) el 31 de diciembre

La Nochebuena es el 24 de diciembre.

---

20 Los días de fiesta

Create a list of at least ten holidays or events in Spanish. Then, working with a partner, take turns asking and answering in what month the holidays or events take place.

MODELO el Día de San Valentín
A: ¿En qué mes es el Día de San Valentín?
B: Es en febrero.

21 Comparando

Compare the holidays in the *Cultura viva* with holidays where you live. For example, say which holidays you celebrate that are not listed and which holidays are celebrated on the same date or different dates.

Idioma

Estructura

Using the numbers 101 – 999,999

You have already learned to use *cien* (100) before a noun. Use *ciento* in place of *cien* for the numbers 101 to 199: *Tengo **cien** casetes y **ciento** veinte discos compactos*. The numbers from 200 to 999 have masculine and feminine forms that agree with the noun they describe: *Hay quinient**os** ochenta chic**os** y seiscient**as** cincuenta chic**as** en el colegio*. *Mil* (1,000) has only one form. Numbers beginning with *mil* are written with a period in Spanish instead of a comma: *1.000*.

4.000	=	*cuatro mil*
105.800	=	*ciento cinco mil ochocientos*
999.999	=	*novecientos noventa y nueve mil, novecientos noventa y nueve*

When the year is written in Spanish, it has no period. When it is spoken, it is read like any other four-digit number, **not** grouped two numbers at a time, as is done in English.

1562	=	*mil quinientos sesenta y dos*

  ## Práctica

22 ### Un regalo de cumpleaños

Imagine you are shopping for a birthday gift while visiting friends in Managua and you see the items that follow. Make a list of each article along with the price written out as you would write out numbers on a check. Remember that the prices are given in *córdobas nicaragüenses (NIO)*.

MODELO   El reproductor de CDs

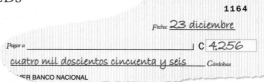

NIO 4.256

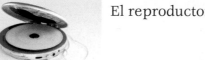

1. NIO 582

2. NIO 291

3. NIO 11.640

4. NIO 7.275

5. NIO 2.910

6. NIO 873

Conexión con otras disciplinas: matemáticas

23

Imagine that Nicaragua is hosting a world youth meeting *(reunión juvenil mundial)* and you are in charge of recording how many boys and girls are attending the event and where they are from. Write out how many people are coming from each of the following countries.

MODELO 2.800 / Ecuador
Vienen dos mil ochocientos muchachos de Ecuador.

1. 153 / El Salvador
2. 721 / Bolivia
3. 2.199 / Argentina
4. 362 / Venezuela
5. 586 / Colombia
6. 93.537 / México
7. 3.738 / Chile
8. ¿Cuántos muchachos vienen en total?

¿Cuántos muchachos vienen del Ecuador?

24 ¿Cuánto dinero tienen?

Trabajando en parejas, alternen en preguntar y contestar cuánto dinero tienen las personas indicadas y qué van a comprar.

MODELO tú / NIO 200
A: ¿Cuánto dinero tienes tú?
B: Tengo doscientos córdobas.
A: ¿Qué vas a comprar?
B: Voy a comprar unos calcetines.

1. tus padres / NIO 4.500
2. Gloria / NIO 950
3. Antonio / NIO 5.700

4. los hermanos Ruiz / NIO 18.000
5. la profesora / NIO 820
6. yo / NIO 250

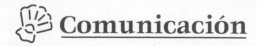

Comunicación

25 **La fiesta de fin de año**

Imagine you and a friend are in charge of organizing a party for 200 people to celebrate the end of the year at your school. The school has allocated a budget of $5,000 *(dólares)* for the party. Working in pairs, prepare a list of the things you would need for the party and discuss how much money you would need to allocate for each item. Be creative!

MODELO **A:** Bueno, necesitamos mil quinientos dólares para comida.
B: Mil quinientos es mucho. Para comida necesitamos setecientos.
A: Está bien. ¿Y para refrescos?
B: Para los refrescos necesitamos trescientos cincuenta dólares.

Fiesta de fin de año
- *comida*
- *refrescos*
- *música*

Estructura

Asking for and giving the date

Use *¿Cuál es la fecha de hoy?* to ask for the date in Spanish. The answer follows this pattern:

form of *ser* + *el* + number for day of month (or *primero*) + *de* + month + *de/del* + year

Note: The word *primero* (abbreviated *1º*) is used for the first day of a month instead of *uno*.

Es el ocho de marzo.	It is March eighth.
Es el primero de enero.	It is January first.

In written form the date may appear as follows:

8 de marzo de 2006	or	*8.3.04 (or 8/3/06)*

The following expressions may be helpful when talking about days and dates:

¿Qué día es hoy?	*Hoy es viernes.*
¿En qué mes estamos?	*Estamos en mayo.*
¿En qué año?	*En 2006.*

When you want to express **on** in Spanish, use the definite article *el* or *los*.

No voy el sábado.	I am not going on Saturday.

Práctica

 Fechas memorables

Give the following dates, first in numbers and then in words.

1. *(day, month and year you were born)*
2. *(date you obtained or plan to obtain your driver's license)*
3. *(year you plan to buy a car)*
4. *(year you will be able to vote)*
5. *(year of your high school graduation)*
6. *(date of some other important future event in your life)*

¿Cuál es la fecha de tu graduación?

 Conexión con otras disciplinas: historia

In pairs, take turns asking and answering questions about several important dates in Nicaragua's history. Follow the model.

MODELO Nicaragua / tener / su fiesta nacional de independencia: septiembre
  A: ¿En qué mes tiene Nicaragua su fiesta nacional de independencia?
  B: Nicaragua tiene su fiesta nacional de independencia en septiembre.

1. los nicaragüenses / celebrar / 200 años de independencia: 2021
2. en Nicaragua / el Día del Trabajo / ser: 1º mayo
3. los nicaragüenses / celebrar / el Día de la Liberación: 19 de julio
4. Nicaragua / declarar / la independencia de España: 1821

 Comunicación

Días especiales

With another student, talk about events or special occasions you celebrate during the year. Discuss when these special days occur (name the day of the week, if possible), say what you do to make the day(s) special and mention what you do or do not like about each occasion. If possible, bring a photo that depicts how you celebrate or observe the special event.

MODELO ¿Qué celebras en mayo?
  Celebro el Día del Trabajo.

Lectura personal

página principal   miembros   e-diario

Grupo musical La OLA

Nombre: **Ceci Eugenia Madrigal**
Edad: **18 años**
Cumpleaños: **28 de febrero**
País natal: **Uruguay**
Actividad favorita: **bailar**

Les da dulces a la gente en la Gritería.

Queridos amigos, estamos ahora en Nicaragua. Ayer fue el concierto en Managua... ¡Fue fantástico! Me gustan mucho los nicaragüenses porque son muy alegres. Esta noche estamos en casa de un pariente de Manuel que vive en Managua. Es el siete de diciembre y ¡qué noche! Desde las 6:00 P.M. se escuchan cohetes[1]. Hay grupos de niños y adultos que van de casa en casa gritando[2], "¿Quién causa tanta alegría? ¡La concepción de María!"[3] Luego, cantan canciones especiales a la Virgen María y las personas de las casas les dan[4] frutas y dulces[5]. ¡Novecientas personas han venido[6] a esta casa! ¿Qué celebración es? Se llama La Gritería, una fiesta católica muy popular que solamente se celebra en Nicaragua. Interesante, ¿verdad?

[1]firecrackers   [2]shouting   [3]Who causes so much joy? The Conception of the Virgin Mary!   [4]they give them   [5]candy   [6]have come

29 ¿Qué recuerdas?

1. ¿Cuál es el único país que celebra La Gritería?
2. ¿En qué fecha es la fiesta de La Gritería?
3. ¿A qué hora empieza la fiesta?
4. ¿Cómo celebran La Gritería en Nicaragua?
5. ¿En honor a quién es esta celebración?

- **What holiday does La Gritería remind you of? Compare and contrast the two holidays.**

30 Algo personal

1. ¿Cuál es una fiesta popular en tu comunidad? ¿Es una fiesta religiosa o no?
2. ¿Qué fiestas religiosas conoces? ¿En qué fecha se celebran?
3. ¿Hay una fiesta que solamente se celebra en los Estados Unidos? ¿Cuál(es)?

¿Qué aprendí?

Autoevaluación
As a review and self-check, respond to the following:

1. How would you say in Spanish that your birthday was yesterday?

2. Imagine your birthday is today. In Spanish, say who is coming to the party.

3. What do you say to wish someone a happy birthday in Spanish? How would you ask how old the person is?

4. Write an e-mail to a friend describing your plans for next week.

5. What day is today? What was yesterday?

6. What is today's date?

7. Name two common holidays/celebrations in Spanish-speaking countries.

8. Say two things you have learned about Nicaragua.

Palabras y expresiones
How many of these words and expressions do you recognize?

Para describir
feliz
joven
mayor
menor
pasado,-a
poquito
primero,-a
rápidamente
viejo,-a

Números
ciento
doscientos,-as
trescientos,-as
cuatrocientos,-as

quinientos,-as
seiscientos,-as
setecientos,-as
ochocientos,-as
novecientos,-as
mil

Fechas
abril
agosto
el año
el Año Nuevo
anteayer
ayer
el cumpleaños
diciembre

enero
febrero
la fecha
julio
junio
marzo
mayo
el mes
la Navidad
noviembre
octubre
pasado mañana
septiembre

Verbos
celebrar
cumplir (años)
fue
venir

Otras expresiones
a veces
¿de veras?
¡Feliz cumpleaños!
la idea
ni
temprano
la vez (pl. veces)

¡Viento en popa!

Tú lees

Estrategia

Scanning for details before reading
Quickly look over what you are about to read and search for specific details. For example, imagine you want to buy something and are hoping to find a sale in the newspaper. You would not read every advertisement you find. Instead, you would look very quickly for the item and prices. The same holds true when you scan any article you are about to read: Instead of trying to understand every word, just look for specific details that stand out and that help you understand the main idea of a reading.

Preparación

Busca estos detalles como preparación para la lectura.

1. ¿En qué país hace viajes Safaris Corobicí?
2. En los viajes, ¿qué observan los turistas?

Viaje por Costa Rica

Safaris Corobicí

Viajes en bote por Costa Rica

- Especializado en tours escénicos en el Río[1] Corobicí para naturalistas y observadores de aves[2]

- Viajes en bote diarios–desde las 7 A.M. hasta las 4 P.M.

- Viajes desde 2 horas hasta medio día de duración

Los viajes pueden ser arreglados para su comodidad[3]–familias con niños[4] o personas con requerimientos especiales. Organizamos viajes para grupos grandes (21 hasta 100 personas) o grupos pequeños (1 hasta 20 personas). Nuestros guías reman[5] el bote y Uds. sólo disfrutan[6] del río. Excepto por algunas[7] pequeñas partes, este río no tiene aguas turbulentas. En el Río Corobicí, hay varias zonas para nadar. Este es un paraíso donde los turistas pueden observar muchas aves tropicales, monos con caras blancas[8], tres especies de iguanas y cocodrilos en las orillas[9] del Río Corobicí. Uds. sólo necesitan traer un traje de baño[10], un sombrero[11], una cámara, unos binoculares y loción de protección solar.[12]

[1]river [2]birds [3]comfort [4]children [5]row [6]enjoy [7]some [8]white faced monkeys [9]riverbank [10]bathing suit [11]hat [12]sun-protection lotion

A ¿Qué recuerdas?

1. ¿Para cuántas personas son los viajes?
2. ¿Por cuánto tiempo es el viaje más corto?
3. ¿A qué hora son los viajes?
4. ¿De cuántas personas es un grupo grande?
5. ¿Qué necesitan traer los turistas?

B Algo personal

1. ¿Te gusta hacer viajes en bote? ¿Dónde?
2. ¿Te gusta observar animales? ¿Cuáles?
3. ¿Qué te gusta de los safaris Corobicí?

Vamos a hacer un viaje por Costa Rica.

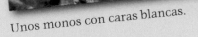

Unos monos con caras blancas.

El tucán es un ave tropical que vive en Costa Rica.

Tú escribes ■ ■■■■■ ■ ■■■■■ ■■

Estrategia

Brainstorming

Brainstorming consists of setting your mind free to think about everything that relates to a certain topic. Concentrating on one or two of the main ideas and jotting down what comes to mind will provide information you need to organize and express your ideas about a topic.

A Brainstorm about your favorite and least favorite holidays of the year. Think about as many ideas as you can relate to both of them—where you are, people you are with, activities and so on. Finally, list what you like or do not like about each holiday.

B Write at least two short paragraphs in Spanish that contrast the two holidays you have chosen. In one paragraph write about the holiday that you like and in the other write about the one you do not like. Develop each contrasting theme of your paper with information such as when the holiday occurs, whom you are with, what activities go on, where you are, how you feel about the holiday and anything else you wish to include. Finally, add graphics or artwork to make the composition attractive and interesting.

¿Te gusta el Día de los Reyes Magos?

Proyectos adicionales ■ ■ ■ ■ ■ ■

A Conexión con la tecnología

Imagine you are about to take a vacation to Costa Rica. Locate information from the Internet or at the library to help you plan your trip (e.g., cities you wish to visit, weather, food, things to do, important events, geography, means of transportation, where you can stay and cost). Finally, create an itinerary for every day of the trip and present it to the class.

B Comparaciones

Choose a Spanish-speaking country and find out how the people there celebrate a special holiday of your choosing. You can do your research at the library, on the Internet or, if you prefer, you can use e-mail and write to a key pal who lives in the selected country. Find out about traditions that make the holiday special, if there are certain foods that people eat and any other information you might consider interesting. Then compare how the holiday is similar or different in that country and where you live.

C Conexión con otras disciplinas: música

Working in pairs, complete a survey *(encuesta)* identifying what kind of music your peers enjoy. Ask if they are familiar with Latin American music *(vallenato, merengue, salsa, etc.)* or Spanish music *(flamenco)*. Then find out if someone watches musical performances in Spanish on television and, if so, when. Share your findings with the class.

MODELO A cinco estudiantes les gusta la música rock. A mí me gusta la música popular y a diez estudiantes les gusta el rap. Tres estudiantes ven cantantes famosos que cantan en español los sábados en Univisión.

Bailamos el merengue todos los fines de semana.

Nombre	Tipo de música	Música latina o española que conocen	Ven cantantes que cantan en español
yo	popular	flamenco	no
Carlos	rock	salsa	no
Stephanie	rap	no	sí, sábados en Univisión
David	rap	merengue	no

REPASO

Now that I have completed this chapter, I can...	Go to these pages for help:
describe everyday activities.	182
say what someone is going to do.	190
seek and provide personal information.	200
write about everyday life.	200
say what someone likes or dislikes.	209
express strong feelings.	209
talk about dates and holidays.	209

I can also...	
identify some objects in an electronics store.	182
describe music you like.	182
identify opportunities to use Spanish for work or leisure travel.	185
talk about life in Costa Rica and Nicaragua.	185, 203
talk about the days of the week.	190
recognize how my English can interfere with learning Spanish.	196
read in Spanish about things to do in Costa Rica.	198
talk about the months.	200
state when something happened or will happen.	200
use the numbers 101– 999,999.	209
use some weather expressions.	209
identify and discuss special days.	211
write in Spanish about special times of the year.	211

Trabalenguas

Hoy ya es ayer y ayer ya es hoy,
ya llegó el día y hoy es hoy.

Resolviendo el misterio

After watching Episode 5 of *El cuarto misterioso*, answer the following questions.

1. How does Conchita's birthday party differ from the typical birthday celebration of a typical American teenager?

2. Does José have a right to be jealous when he sees Conchita dancing with Rafael?

3. What do you think is the relationship between don Pedro and Fernando Medina?

Vocabulario

a veces sometimes, at times 5B
abril April 5B
abrir to open 5A
la **actividad** activity, exercise 5A
agosto August 5B
el **amor** love 5A
anteayer the day before yesterday 5B
el **año** year 5B
el **Año Nuevo** New Year's Day 5B
el **artículo** article, item 5A
ayer yesterday 5B
buscar to look for 5A
cada each, every 5A
la **canción** song 5A
¡caramba! wow! 5A
el **casete** casette 5A
celebrar to celebrate 5B
ciento one hundred 5B
el **compañero**, la **compañera** classmate, partner 5A
cuatrocientos,-as four hundred 5B
el **cumpleaños** birthday 5B
cumplir (+ años) to become (+ number of years), to reach 5B
¿de veras? really? 5B
el **deporte** sport 5A
diciembre December 5B
el **dinero** money 5A
doscientos,-as two hundred 5B
el **DVD** DVD, digital videodisc 5A
electrónico,-a electronic 5A
enero January 5B
entrar to go in, to come in 5A
el **equipo de sonido** sound system 5A
febrero February 5B
la **fecha** date 5B

feliz happy 5B
¡Feliz cumpleaños! Happy Birthday! 5B
el **fin (de semana)** weekend 5A
el **gato**, la **gata** the cat 5A
la **grabadora** tape recorder 5A
hacer un viaje to take a trip 5A
la **idea** idea 5A
joven young 5B
julio July 5B
junio June 5B
la **the** (f., s.) 5A
las **the** (f., pl.) 5A
la **lástima** shame 5A
la **librería** bookstore 5A
llamar to call, to telephone 5A
lo him, it, you (d.o.) 5A
los them, you (d.o.) 5A
la **maleta** suitcase 5A
marzo March 5B
mayo May 5B
mayor older, oldest 5B
me me (d.o.) 5A
menor younger, youngest 5B
el **mes** month 5B
mil thousand 5B
montar to ride 5A
la **Navidad** Christmas 5B
ni not even 5B
nos us (d.o.) 5A
novecientos,-as nine hundred 5B
noviembre November 5B
ochocientos,-as eight hundred 5B
octubre October 5B
pasado,-a past 5B
pasado mañana the day after tomorrow 5B
pasar to pass, to spend (time) 5A
la **película** movie, film 5A
el **perro**, la **perra** dog 5A
poquito a very little (bit) 5B
la **práctica** practice 5A
primero first (adverb) 5A
primero,-a first 5B

¡qué (+ noun)! what a (+ noun)! 5A
que that, which 5A
el **quemador de CDs** CD burner 5A
que viene upcoming, next 5A
quinientos,-as five hundred 5B
rápidamente rapidly 5B
el **reproductor de CDs/DVDs/ MP3** CD/DVD/MP3 player 5A
seiscientos,-as six hundred 5B
la **semana** week 5A
septiembre September 5B
setecientos,-as seven hundred 5B
si if 5A
la **sorpresa** surprise 5A
tan so 5A
te you (d.o.) 5A
temprano early 5B
tener (+ number) **años** to be (+ number) years old 5A
tener to have 5A
todos los días every day 5A
trescientos,-as three hundred 5B
un poco a little (bit) 5A
venir to come 5B
la **vez** (pl. veces) time 5B
el **viaje** trip 5A
viejo,-a old 5B

Tengo una maleta vieja.

¿Es el cumpleaños del perro?

CAPÍTULO 6

En casa

El cuarto misterioso

Contesta las siguientes preguntas sobre esta escena del *Episodio 6–La llave.*

1. ¿Dónde está José en esta escena?
2. Describe este cuarto. ¿Tienes un cuarto similar en tu casa?
3. ¿Qué va a encontrar José?

DVD 1, Track 65. José entra en "el cuarto misterioso" después de encontrar una llave en un libro de su tío.

Objetivos

el plato

el lavaplatos

identify items in the kitchen

express obligations, wishes and preferences

talk about everyday activities

discuss food and table items

describe a household

point out people and things

state an opinion

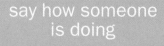

say how someone is doing

Lo siento. Eres muy pequeño.

"Lo siento. Eres muy pequeño."

El chico pide prestado el carro de su hermano.

La chica repite lo que dice su hermano.

tell what someone says

www.emcp.com
EMC
i-CULTURE
Authentic Connections to the World

doscientos veinticinco **225**

¿Qué cosas tenemos que hacer?

el horno microondas

la estufa

el refrigerador

Él enciende las luces.

¿La pongo con los platos de todos los días?

¡Ah, sí! ¡Ya los veo!

Para empezar, Santiago, debes cerrar la puerta del refrigerador.

el plato

Después, pienso que tienes que hacer más arepas. Y, Daniela, tú debes poner la mesa.

No. Prefiero los platos especiales.

el lavaplatos

el fregadero

los cubiertos

Los chicos quieren ayudar en la cocina. Mañana ellos viajan otra vez a Colombia.

la luz (las luces)

la lámpara

el comedor

el vaso

las servilletas

la mesa

1 ¿Qué tenemos que hacer en la cocina?

 Selecciona la ilustración que corresponde con lo que oyes.

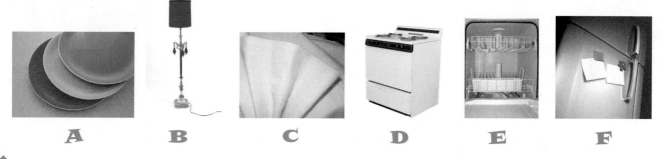

A   **B**   **C**   **D**   **E**   **F**

2 ¿Adónde llamo?

Imagine you live in Caracas, Venezuela, and several appliances in your home are broken. Decide whom you would call to come and have them fixed.

A

ELÉCTRICOS GALAXIA

¡Los mejores técnicos en reparación de electrodomésticos en Caracas!

Todas las marcas: estufas, lavaplatos, fregaderos y triturador de desperdicios, lavadoras, secadoras, aspiradoras, planchas. Garantía total, domicilios, Av. Junín, llámenos hoy: 614-22-64.

B

CENTRALES

Somos especialistas en la reparación de microondas, refrigeradores, lavaplatos, licuadoras, tostadoras, procesadores de comida. Servicio a domicilio. Venta de repuestos. 40 años sirviendo a Caracas. Servicio las 24 horas del día. Línea directa: 215-58-78.

1

2

3

4

5

Diálogo I   ¿Me vas a ayudar?

JULIO: ¿Qué haces, mamá?

MAMÁ: Hago la comida. ¿Me vas a ayudar?

JULIO: ¿Qué debo hacer?

MAMÁ: ¿Por qué no enciendes el lavaplatos?

JULIO: ¿Qué más?

MAMÁ: ¿Por qué no limpias el refrigerador?

JULIO: No, ¡el refrigerador no! Prefiero otra cosa mamá.

MAMÁ: Bueno, ¿por qué no pones la mesa?

JULIO: ¡Sí, cómo no!

3   ¿Qué recuerdas?

1. ¿Qué hace la mamá de Julio?
2. ¿Va a ayudar Julio a su mamá?
3. ¿Qué hace Julio primero?
4. ¿Julio va a limpiar el refrigerador o prefiere hacer otra cosa?

4   Algo personal

1. ¿Ayudas en la cocina en tu casa?
2. ¿Qué cosas haces para ayudar en la cocina?
3. ¿Qué cosas hay en la cocina de tu casa?

5   ¿Qué hacen para ayudar?

Mira las palabras de la lista. Di la que corresponde con lo que oyes.

el refrigerador   la lámpara   la estufa
el vaso   la mesa   el fregadero

Explorando Venezuela

When European explorers came to the shores of Lake Maracaibo, they named the area Venezuela (meaning "Little Venice") because the homes that were located along the shores of the lake reminded them of Venice, Italy. Venezuela is a land of varied geography, with wonderful beaches (*Playa Medina, Playa Colorada*), mountains

Caracas, Venezuela.

(*Andes*), plains and deserts (*Médanos de Coro*). One of the most sensational natural attractions found in the country is Angel Falls (*el Salto del Ángel*), the highest waterfall in the world. Venezuela also has big industrialized cities, such as Caracas, the capital and economic and political center of the nation. Other large cities include Maracaibo, known for its petroleum production, Mérida, a cultural and intellectual center, and Puerto Cruz, a very popular destination for tourists from all over the world.

At one time Venezuela had one of the highest standards of living in South America due to its many natural resources, especially the vast abundance of oil (*el petróleo*) found near Lake Maracaibo. The country is one of the world's principal producers of oil and an important member of OPEC (in Spanish, *OPEP*, or *Organización de Países Exportadores de Petróleo*). Venezuela is also known for its pearl industry. In addition to exporting big quantities of oil and pearls (*las perlas*), the country is one of the world's largest exporters of cocoa beans (*el cacao*), the basic ingredient for chocolate.

When Venezuelans gather, they enjoy talking, laughing and sharing good food, such as *arepas*, *ropa vieja* and *cachapas*. Investigate this fascinating South American country. You may be surprised by what you find!

Venezuela exporta petróleo, perlas y cacao.

6 Explorando Venezuela

Completa las siguientes oraciones Venezuela.

1. *Venezuela* quiere decir...
2. Dos playas famosas en Venezuela son...
3. Una de las atracciones más importantes de Venezuela es...
4. La capital de Venezuela es...
5. Tres productos de exportación de Venezuela son...
6. Tres comidas famosas de Venezuela son ropa vieja, cachapas y...

Idioma

Expressing obligations with *tener que* and *deber*

Use the expressions *tener que* (+ infinitive) and *deber* (+ infinitive) when you wish to express what someone is obligated to do. Whereas *tener que* (+ infinitive) indicates what someone has to do, *deber* (+ infinitive) implies more of a moral obligation or what someone should do.

Tengo que *poner la mesa.*	**I have to** set the table.
Debo *ayudar a mi madre.*	**I should (ought to)** help my mother.

  ## Práctica

7 **¿*Debo* o *tengo que*?**

Complete the following sentences with the correct form of *deber* or *tener que* as appropriate.

1. Mi padre tiene mucho que hacer en la cocina. __ ayudarlo.
2. __ comer todos los días para vivir.
3. Los refrescos están calientes y me gustan fríos. __ ponerlos en el refrigerador.
4. Para comer la comida caliente rápidamente __ usar el horno microondas y no la estufa.
5. Mañana hay un examen de historia. __ estudiar mucho hoy.
6. El fin de semana viajo a Colombia. __ tener un pasaporte.

8 **¿*Deben hacerlo* o *tienen que hacerlo*?**

Create sentences using the following cues and adding the appropriate form of either *deber* or *tener que*, according to what fits logically.

MODELO lavar los platos mañana (Pedro)
Pedro tiene que lavar los platos mañana.

estudiar primero y hacer deportes después (los estudiantes)
Los estudiantes deben estudiar primero y hacer deportes después.

1. ayudar a su madre (ellos)
2. llamar a nuestra abuela (mi hermana)
3. poner los platos sucios en el lavaplatos (yo)
4. cerrar siempre la puerta del refrigerador (tú)

Los estudiantes deben estudiar.

Comunicación

9 Nuestras obligaciones

First, create a list of at least two things you must do and two things you should do this week. Then, in small groups, talk about your schedules and obligations.

MODELO A: El jueves tengo que ir de compras.
           B: Por las tardes yo debo estudiar.

Estructura

Stem-changing verbs: *e → ie*

The *verb pensar* (to think) requires the spelling change *e → ie* in all forms of the present-tense stem except for *nosotros* and *vosotros*. Note, however, that this stem change does not affect the regular verb endings (*o, as, a, amos, áis, an*).

pensar (ie)	
p**ie**nso	pensamos
p**ie**nsas	pensáis
p**ie**nsa	p**ie**nsan

When combined with other words, *pensar* has several different uses:

- When followed immediately by an infinitive, *pensar* indicates what someone plans or intends to do.

  Pienso ir *a Venezuela.*   I plan to go to Venezuela.
  ¿Cuándo ***piensas ir?***   When do you intend to go?

- When combined with *de*, *pensar* is used to ask for an opinion. Use *pensar* followed by *que* to express your opinion or thoughts.

  ¿Qué ***piensas de*** *los platos nuevos?*   What do you think of the new plates?
  Pienso que *son bonitos.*   I think they are pretty.

- *Pensar* may be combined with *en* to indicate whom or what someone is thinking about.

  *¿**En** qué* ***piensas?***   What are you thinking about?
  Pienso en *mi tarea de español.*   I am thinking about my spanish homework.

Pensar (ie) is just one of many *e → ie* stem-changing verbs. (The letters in parentheses after the infinitive are to help you identify these verbs and to indicate the change that occurs in the stem.) Others include the following: *cerrar (ie)*, *empezar (ie)*, *encender (ie)*, *preferir (ie)*, *querer (ie)* and *sentir (ie)*.

Note: The verb *empezar* is used with a when an infinitive follows, as in *Empiezo a estudiar* (I am beginning to study).

Práctica

 10 ¿Qué piensan hacer?

Tell what these people are planning to do, using words from each column and the appropriate form of *pensar*. Verb forms may be repeated.

A	B	C
Juan y Raúl	pienso	hacer un almuerzo especial
unos amigos y yo	piensas	hacer arepas
yo	piensa	comer en el comedor
una amiga	pensamos	buscar los platos de todos los días
Ana y Eva	piensan	poner la mesa
tú		ayudar en la cocina

11 Un almuerzo especial

Completa el siguiente párrafo con la forma correcta de los verbos indicados entre paréntesis.

Paco y Aurora 1. *(pensar)* hacer un almuerzo especial para su amiga María. Ella va a estudiar a Colombia por un año. Aurora 2. *(pensar)* hacer unas arepas y Paco 3. *(querer)* hacer un pollo con mole y una ensalada. Ellos 4. *(empezar)* a hacer la comida muy temprano. Otros amigos 5. *(pensar)* venir al almuerzo. Rafael 6. *(venir)* y Carmen y José 7. *(pensar)* venir también. Graciela lo 8. *(sentir)* mucho, pero no 9. *(venir)* al almuerzo porque tiene que estudiar. Pedro 10. *(deber)* ayudar a sus padres en la casa y 11. *(preferir)* venir después del almuerzo. Él 12. *(querer)* decirle "adiós" a María. Y tú, ¿qué 13. *(pensar)*? ¿14. *(venir)* al almuerzo?

 12 ¡Somos diferentes!

Use the cues that follow to create sentences that compare and contrast how different Sara and Julio are from their parents.

MODELO empezar a escuchar música / empezar a leer
Si nosotros empezamos a escuchar música, ellos empiezan a leer.

¿Prefieres nadar o caminar en la playa? (Los Roques, Venezuela.)

1. querer nadar en la playa / querer caminar en la playa
2. pensar ir al parque / pensar ir a un museo
3. encender el reproductor de CDs / encender el televisor
4. tener que hacer la tarea / tener que lavar los platos
5. querer comer en un restaurante / querer hacer arepas y comer en casa otra vez
6. cerrar la puerta / abrir las ventanas
7. preferir ir al cine / preferir ver un DVD en casa
8. empezar a mirar la televisión / empezar a escuchar la radio

Una fiesta

In pairs, take turns asking and answering questions about what your family and friends are thinking about, according to the illustrations, as you all prepare for a holiday dinner.

MODELO tu madre

    A: ¿En qué piensa tu madre?

    B: Mi madre piensa en la comida.

1. yo   **2. Gloria**   **3. tus hermanos**

4. Andrés y Camila   **5. nosotros**   **6. tú**

Comunicación

Pensamos hacer mucho

In small groups, talk about some things you are planning to do next summer or at some time during your life. Be creative. You might also discuss what you think of each person's aspirations. Then decide what your remarks have in common. One student should report the results of your discussion to the class.

¡Oportunidades!

¿Piensas viajar a otro país?
Do you enjoy travel? Have you ever wondered what it might be like to live in another country? What if you were transferred to Venezuela to work? Do you think you would enjoy the experience? Do any members of your family live in another country? Would you like to visit them if they did? Can you think of any benefits your language skills might afford you while traveling?

MODELO   **A:** Pienso viajar a otro país. Quiero ir a Venezuela el verano que viene.

       B: En el verano yo pienso ayudar a mis padres en casa y leer cien libros.

       C: Pienso cantar con JLo en un concierto.

el postre

Mamá, pásame esa cuchara que está allá.

Quiero poner un poco de sal en la sopa.

la sopa

el tenedor

el cuchillo

la cucharita

la taza

la mantequilla

el azúcar

la sal

la pimienta

el pa[n]

el aceite

la cuchara

Esta arepa está muy buena.

el mantel

15 ¿Qué necesitas?

Di lo que necesitas para hacer lo que oyes. *(Say what you need in order to do what you hear.)*

MODELO Necesito una cuchara.

16 A la hora de comer

Completa las siguientes oraciones, según las ilustraciones.

MODELO Pásame un <u>tenedor</u>, por favor.

1. El __ es de nuestra abuela.

2. Pásame la __, por favor.

3. Necesito la __.

4. Pásame el __, por favor.

5. Me gusta la __ bien caliente.

6. Quiero más __ para la ensalada.

7. Necesitan unas __ para el postre.

8. Son las __ de los días especiales.

9. Quiero un __ de agua fría.

10. Los __ son muy bonitos.

17 ¿Qué vemos en el comedor?

Working in pairs, take turns asking what your partner needs while you point to an item shown in the illustration *En la mesa*. Your partner then must ask you to pass the item to him or her.

MODELO **A:** ¿Qué necesitas? ¿Qué quieres?
B: Pásame el pan, por favor.

18 ¿Qué buscamos?

Create a drawing similar to the one in the illustration *En la mesa*, but with three items missing. Then, in pairs, take turns asking each other questions about which objects are missing (or not) from your illustration. List in Spanish the objects missing from your partner's illustration. Check to see if you guessed which objects were missing.

Diálogo II   ¿Te gusta la sopa?

JULIO: Mamá, pásame esa cucharita, por favor.

MAMÁ: ¿Cuál? ¿Esta cucharita?

JULIO: Sí, esa cucharita, mamá.

PAPÁ: Sara, ¿cómo está la sopa?

SARA: Me gusta, pero necesita un poco más de sal.

JULIO: Mira, aquí está la sal.

MAMÁ: ¿Y tú, amor? ¿Te gusta la sopa?

PAPÁ: No sé. No tengo cuchara.

MAMÁ: Lo siento. Aquí está.

PAPÁ: Esta arepa está buena.

 19 **¿Qué recuerdas?**

1. ¿Qué quiere Julio?
2. ¿Le gusta a Sara la sopa?
3. ¿Qué necesita un poco más de sal?
4. ¿Qué no tiene el papá?
5. ¿Qué le gusta al papá?

 20 **Algo personal**

1. ¿Tiene comedor tu casa?
2. ¿Cómo es la mesa del comedor de tu casa?
3. ¿Qué sopa te gusta? Explica.

 21 **Yo necesito...**

Mi casa tiene un comedor elegante.

 Selecciona la letra de la frase que completa lógicamente cada oración que oyes. *(Select the letter of the phrase that logically completes each sentence you hear.)*

A. de agua mineral
B. sal
C. tenedor
D. el lavaplatos

E. arepas
F. sobre el pan caliente
G. una cuchara y un plato
H. mantel

¿Te gustan estos platos?

Las arepas venezolanas

Arepas are perhaps the most common food in Venezuela. Originally they were made from corn that was ground to make corn meal. As with many everyday foods in the United States, however, *arepas* today are usually prepared using packaged, precooked white corn flour, salt and water. The resulting easy-to-make buns can be eaten alone or as a kind of bread to accompany a meal. *Arepas* can also be stuffed with meat, cheese, scrambled eggs or other fillings, much like *tortillas* or *empanadas*. Another very popular Venezuelan dish is *hallaca*, which is served in nearly every Venezuelan home at Christmas. This typical food consists of a corn-flour pie filled with pork, chicken, vegetables and spices. It is cooked in plantain leaves from a variety of bananas called *plátano*.

Las arepas son populares en Venezuela.

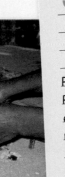

Preparando arepas.

De la cocina de _____

Las arepas
2 tazas de harina de maíz
2 cucharitas de sal
2 tazas de agua caliente

Preparación
Para empezar, poner la harina de maíz[1] en una taza grande y poco a poco poner el agua con sal. Luego, mezclar[2] el agua con la harina hasta que se convierta en masa. Después, dejar[3] la masa en reposo[4] por cinco minutos. Hacer con la masa unos rollos[5] de tres pulgadas[6] de diámetro y de una pulgada a dos pulgadas de ancho[7]. En una sartén[8] con un poco de aceite, freír[9] las arepas hasta ver los rollos dorados[10]. Después, poner las arepas en el horno a 350 grados para cocinar por aproximadamente treinta minutos, hasta tener arepas crujientes[11].

[1]corn flour [2]mix [3]leave [4]rest [5]rolls [6]inches [7]thick [8]frying pan [9]fry [10]golden [11]crunchy

22 Conexión con otras disciplinas: habilidades para la vida diaria

You can easily prepare the recipe at home for a taste of this typical Venezuelan bread. Look at the recipe for *arepas* and answer these questions.

1. ¿Cuáles son los ingredientes para hacer arepas?
2. ¿Qué debes hacer para empezar?
3. ¿Qué diámetro deben tener los rollos?
4. Después de hacer rollos con la masa, ¿qué debes hacer?
5. ¿A qué temperatura tiene que estar el horno?
6. ¿Cuánto tiempo deben estar las arepas en el horno?

Estructura

Pointing out someone or something: demonstrative adjectives

Use a demonstrative adjective *(adjetivo demostrativo)* before a noun to point out or draw attention to where someone or something is located in relation to yourself ("this house," "that car," etc.).

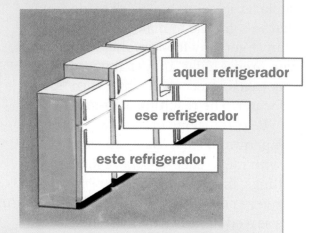

aquel refrigerador

ese refrigerador

este refrigerador

Los adjetivos demostrativos			
singular		**plural**	
masculino	**femenino**	**masculino**	**femenino**
este vaso *(this glass)*	esta taza *(this cup)*	estos vasos *(these glasses)*	estas tazas *(these cups)*
ese vaso *(that glass)*	esa taza *(that cup)*	esos vasos *(those glasses)*	esas tazas *(those cups)*
aquel vaso *(that glass over there)*	aquella taza *(that cup over there)*	aquellos vasos *(those glasses over there)*	aquellas tazas *(those cups over there)*

When pointing out people or objects that are nearby, use *este, esta, estos* or *estas* (this/these). Use *ese, esa, esos* or *esas* (that/those) to draw attention to people or objects that are farther away. Call attention to people or objects that are even farther away ("over there") by using *aquel, aquella, aquellos* or *aquellas* (that/those over there).

near speaker *(aquí)*	*Me gusta **este** refrigerador.*	I like **this** refrigerator.
away from speaker *(allí)*	*¿Te gustan **esos** refrigeradores?*	Do you like **those** refrigerators?
far away from speaker *(allá)*	*Prefiero **aquel** refrigerador.*	I prefer **that** refrigerator **(over there)**.

 **Práctica**

 ## ¡Otra cocina!

Completa las oraciones con la forma apropiada de este.

Quiero otra cocina para mi casa porque (1) cocina es muy fea. (2) paredes tienen un color muy triste. La puerta de (3) horno microondas no cierra. (4) fregadero es muy pequeño, necesito un fregadero doble. (5) refrigerador está muy viejo y (6) lavaplatos es muy malo. (7) luces no encienden y (8) lámpara es muy fea. No me gusta (9) mesa y (10) sillas son horribles.

 ## ¿Qué vamos a poner en la mesa?

With a classmate, pretend you are discussing whether or not you need the following items as you are preparing the table for dinner. Answer each question negatively as shown in the model.

MODELO las servilletas verdes

    A: ¿Quieres estas servilletas verdes?

    B: No, no quiero esas servilletas verdes.

1. los cubiertos
2. el mantel
3. la mantequilla
4. el aceite
5. los platos de sopa
6. las tazas
7. el cuchillo
8. los vasos nuevos
9. la silla

¿Qué prefieres?

Imagine you are in a department store buying kitchenware for your new house. Use the appropriate form of *este*, *ese* or *aquel* to say what items you prefer, based upon the cues shown in the illustration.

MODELO ¿Qué platos prefieres?
Prefiero esos platos.

1. ¿Qué mantel prefieres?

2. ¿Qué cubiertos prefieres?

3. ¿Qué servilletas prefieres?

4. ¿Qué lámpara prefieres?

5. ¿Qué taza prefieres?

6. ¿Qué vasos prefieres?

Comunicación

26 **Para la nueva casa de mi familia**

 Imagine you are with a friend in the store shown in the illustration. With a classmate, discuss which items you are thinking about buying. Express your preferences, ask each other's opinion and try to decide which things you want to, have to or ought to buy.

> **MODELO** **A:** ¿Qué piensas de estos cubiertos?
> **B:** Prefiero aquellos cubiertos porque son más bonitos.

27 **En un restaurante en Caracas**

During lunch with a friend in Caracas, you discuss your plans for the week. Talk about some things you want to do, ought to do, have to do or prefer to do each day this week. Make the conversation realistic by politely interrupting one another, asking for things to be passed to you and commenting on things and people you see.

> **A:** El lunes tengo que ir con mi mamá a la tienda a mirar unas estufas nuevas.
> **MODELO**
> **B:** ¿Unas estufas?... ¡Ay, qué aburrido! Por favor, pásame esa cucharita.
> **A:** Sí, cómo no.

28 En el comedor

Working in small groups, pretend you are having dinner together in your dining room in Venezuela. Each member of the group should make at least four questions or statements including some of the following: requests for items at the table, questions about what your friends think and need, comments about the food, questions about what your friends are going to do during the week, and so on. Be polite (use *por favor* and *gracias*).

MODELO   **A:** Pásame ese cuchillo y la mantequilla, por favor.
   B: Aquí tienes. ¿Qué piensan de las arepas?
   C: Están muy buenas, pero la ensalada necesita un poco de aceite.

Más comida

el flan	*caramel custard*
el panecillo	*bread roll*
la papa	*potato*
el pastel (la torta)	*cake*
las verduras	*vegetables*

La comida está muy buena.

El plato.

El aceite.

Lectura personal

Una deliciosa tradición

Es diciembre y, por toda Venezuela, muchas familias hacen las tradicionales hallacas. Es una vieja tradición y es el plato representativo de la Navidad venezolana. El origen de las hallacas viene de un plato de los indígenas llamado[1] Hayaco Iritari. La hallaca es similar a un tamal grande envuelto[2] en una hoja de plátano[3].

La mayoría de las familias hacen una fiesta de la preparación de las hallacas. En las cocinas, se reúnen[4] parientes y amigos para participar en este animado proceso. Mientras que[5] escuchan la gaita — ritmo típico venezolano — todos en la cocina ayudan en la labor, desde lavar[6] las hojas donde se pone la masa[7] hasta amarrar[8] las hallacas.

El proceso es laborioso[9] porque la preparación es elaborada y porque se preparan muchas para almacenar[10] en el refrigerador y comer durante todo el mes de diciembre.

Cuando los venezolanos piensan en la Navidad, piensan en hallacas.

Cuando comes hallaca, tienes que abrir la hoja de plátano. Comes la masa con un tenedor. No debes comer la hoja. Muchas personas prefieren comer las hallacas con pan.

[1]called [2]wrapped [3]plantain/banana leaf [4]get together [5]While [6]from washing [7]dough [8]tie [9]tedious [10]to store

29 ¿Qué recuerdas?

Completa las siguientes oraciones.

1. En Venezuela, el plato típico de la Navidad es...
2. El nombre *hallaca* viene de...
3. La hallaca es como un...
4. La preparación de hallacas es...
5. . . . se reúnen en la cocina para ayudar a hacer hallacas.

> • How do Venezuelans make the preparation of *hallacas* fun? Describe something your family or your acquaintances do that is also hard work yet fun.

30 Algo personal

1. ¿Cuál es un plato representativo de la Navidad en los Estados Unidos? Compara ese plato con las hallacas de Venezuela.
2. ¿Se reúnen tu familia o tus amigos en la cocina? ¿Qué hacen?
3. ¿Preparan en tu casa un plato que tiene un proceso laborioso? ¿Cómo dividen la labor?

Autoevaluación

As a review and self-check, respond to the following:

1. Name three items you might see on the table while having dinner with a Venezuelan family in Caracas.

2. You are in charge of preparing dinner. Tell the people helping you three things they have to do or should do to help you.

3. What might you say to ask a friend what he or she is thinking about?

4. Ask two friends what they are thinking about doing this Saturday.

5. Say that you like *arepas* but that you prefer bread with butter.

6. Imagine you are seated at the dining-room table and the glass and silverware you need are far away from you, near your friend. How can you ask your friend politely to pass you that glass and that silverware?

7. Name two typical Venezuelan dishes.

Palabras y expresiones

How many of these words and expressions do you recognize?

En la cocina
el aceite
el azúcar
la cocina
los cubiertos
la cuchara
la cucharita
el cuchillo
la estufa
el fregadero
el horno microondas
el lavaplatos
la luz
el mantel
la mantequilla
la mesa
el pan

la pimienta
el plato
el postre
el refrigerador
la sal
la servilleta
la sopa
la taza
el tenedor
el vaso

Otras expresiones
allá
aquel, aquella
    (aquellos, aquellas)
el comedor
la cosa

de todos los días
después
entonces
ese, esa (esos, esas)
especial
este, esta (estos, estas)
la lámpara
otra vez
pensar de/en/que
un poco de
poner la mesa
ya

Verbos
ayudar
cerrar (ie)
deber
empezar (ie)
encender (ie)
pásame
pensar (ie)
poner
preferir (ie)
querer (ie)
sentir (ie)
tener que
viajar

Una taza.

Los cubiertos.

el primer piso

la planta baja

la escalera

pequeña

grande

Cartagena, 15 de agosto

Hola papás,

¿Qué tal? Escribo desde Cartagena. Cartagena es una ciudad muy bonita e interesante. Cada día le gusta más a Daniela la idea de vivir aquí, pero también le gustaría vivir con Uds. en Caracas.

La casa del primo Julián es muy cómoda. Aquí va el dibujo de la casa donde vive él. Entramos en la casa por una puerta en el patio. El cuarto de Daniela está al lado de la cocina. Tiene unas ventanas pequeñas. Yo estoy en el cuarto de Julián. Cuando yo estoy aburrido, voy a la sala a ver televisión. Por las noches siempre comemos en el patio.

Mi tío dice que en dos semanas vamos a ir a Barranquilla. Vamos a pasar siete u ocho días allí en la casa de su tía Isabel. Allá vamos a aprender a montar a caballo. Tenemos muchas ganas de ir.

A Daniela no le gusta escribir cartas. Entonces, ella los va a llamar por teléfono en estos días.

un abrazo,

Santiago

Santiago escribe una carta.

el cuarto de Daniela

el garaje

las plantas

la cocina

el patio

el baño

el cuarto de Julián

el cuarto de los padres

la sala

el comedor

la piscina

1 Dictado

 Escucha la información y escribe lo que oyes.

2 ¿Dónde están?

Look at these illustrations and tell what Santiago and Daniela's relatives are doing somewhere in their house in Cartagena.

MODELO su abuela
Su abuela come en el patio.

 **¡Extra!**

Altos y bajos

Some people refer to *la planta baja* as *los bajos* (downstairs). The expression *los altos* is roughly equivalent to the English **upstairs** or **upper floor(s)**. The term *el primer piso* (the first floor) often identifies the second floor of a building, although many people also use the term to refer to the main floor.

1. su prima pequeña   **2.** su abuelo   **3.** su primo Julián   **4.** su tío   **5.** su tía

3 ¿Adónde deben ir?

Read the statements and say where the people should go.

MODELO Quiero un vaso de agua.
Debes ir a la cocina.

1. Mi hermana quiere buscar una naranja y un refresco.
2. Mis padres necesitan usar el carro.
3. Yo tengo ganas de ver televisión.
4. Mis abuelos están aquí para comer con la familia.
5. Mi hermana viene de jugar al fútbol.
6. Voy a leer y escuchar CDs.

4 Conexión con otras disciplinas: dibujo

Create a blueprint (or make a pop-up) of the floor plan of your home and label the rooms in Spanish. Make up the information if you wish. Then write at least five sentences in Spanish that describe your blueprint. For example, state if the blueprint is of a house *(casa)* or an apartment *(apartamento)*, how large it is, the number and type of rooms, etc.

Diálogo I   La casa de Elisa

JAVIER: Juan dice que la casa de Elisa es muy grande.
ROSA: Sí, yo tengo ganas de ir a su casa.
JAVIER: A mí también me gustaría mucho verla.
ROSA: ¡Vamos mañana!

JAVIER: Mira, allí está Juan.
ROSA: Oye, Juan, ¿cómo es la casa de Elisa?
JUAN: Es una casa grande e interesante. Tiene tres pisos.

ROSA: ¡Qué grande!
JUAN: Sí, tiene siete u ocho cuartos, dos salas y una piscina.
JAVIER: ¡Es la casa ideal!
ROSA: ¿Ideal? No pienso eso, prefiero casas pequeñas.

5 ¿Qué recuerdas?

1. ¿Quién dice que la casa de Elisa es grande?
2. ¿Quién tiene ganas de ir a la casa de Elisa?
3. ¿A quién le gustaría mucho ver la casa de Elisa?
4. ¿Cómo es la casa de Elisa?
5. ¿Cuántos pisos tiene la casa de Elisa?
6. ¿Y cuántos cuartos tiene?

6 Algo personal

1. ¿Cómo es tu casa ideal?
2. ¿Te gustan las casas grandes o pequeñas? Explica.

7 ¿Está en la casa, en el colegio o en el parque?

Di dónde están las siguientes personas según lo que oyes.

¡Extra!

Las palabras e y u

Before words that begin with *i* or *hi,* the word *y* becomes *e.* Similarly, the word *o* changes to *u* before words that begin with *o* or *ho.*

Marcos **e** *Inés viven en Cartagena. Dicen que van a montar a caballo mañana* **u** *otro día.*

Está en la casa.

Está en el parque.

Está en el colegio.

Cultura viva I

Colombia

Bogotá, Colombia.

Cartagena, Colombia.

The Spaniards founded *Cartagena de Indias* on the northwest coast of Colombia in 1533. Pirates frequently attacked the port seeking gold and other valuables, so a wall was constructed around the city as a means of defense. The wall *(la muralla)* remains today, one of the symbols of colonial times in Colombia. The capital, *Bogotá*, was founded in 1538. The city is vibrant and modern today, but you can catch a glimpse of the country's extensive history if you visit the exceptional *Museo del Oro* (Gold Museum), which holds over 30,000 pieces of pre-Columbian gold.

Colombia has a varied terrain, consisting of mountains, tropical jungles, plains, lowlands and a lengthy coastline that touches on two oceans. The country's climate does not change with the seasons but rather is determined by Colombia's elevations. Whereas the lowlands

Máscara de oro en el Museo del Oro, Bogotá.

and the coastal areas offer a tropical climate, such as you might experience when visiting the beautiful city of *Cartagena*, the temperature in the capital ranges between fifty and seventy degrees all year long.

Most people know that Colombia is famous for producing large quantities of excellent coffee, but not everyone knows it is a major exporter of emeralds. The country is also famous for its music, including the distinctive dance rhythms of *la cumbia, el porro, el merecumbé* and the accordion accompaniment of songs known as *vallenatos*. Visit Colombia sometime and experience this South American jewel!

---

8 ¿Qué sabes de Colombia?

Tell whether the statements are *cierto* or *falso*.

1. Colombia está en América Central.
2. Cartagena es una ciudad muy nueva.
3. El clima en Colombia es determinado por la elevación.
4. Cartagena es un símbolo del período colonial.
5. Cali es la capital del país.
6. Colombia es famosa por el café, las esmeraldas y la música.

9 Conexiones con otras disciplinas: geografía

Create a map of Colombia that shows major cities and rivers, mountains and surrounding countries.

Estructura

Expressing wishes with *querer* or *gustaría*

You have learned to express someone's wishes by using a form of *querer* and an infinitive. You can also express wishes by combining *me*, *te*, *le*, *nos*, *os* or *les* with the more polite but less emphatic *gustaría* and an infinitive.

Quiero viajar a Colombia.	**I want to travel** to Colombia.
Me gustaría viajar a Colombia.	**I would like to travel** to Colombia.
Quieren comprar una estufa nueva.	They **want to buy** a new stove.
Les gustaría comprar una estufa nueva.	They **would like to buy** a new stove.

 Práctica

13 **Una casa nueva**

Choose a word or expression from each column and create complete sentences telling what members of the Martínez family want when they buy a new house.

MODELO Nosotros queremos comprar una casa grande.

A	B
yo	quieren tener cuartos en el primer piso
a ti	te gustaría tener un cuarto en la planta baja
mi hermano	les gustaría tener un garaje para dos carros
a mis padres	queremos comprar una casa grande ✔
a nosotros	me gustaría tener plantas en el patio
a mí	quiero tener una piscina
mis hermanas	nos gustaría tener un comedor cómodo
nosotros ✔	quiere una cocina con un lavaplatos

14 **¿Qué te gustaría?**

Completa las oraciones de una manera original.

MODELO Me gustaría tener...
Me gustaría tener una casa grande.

1. No me gustaría vivir....
2. Me gustaría viajar....
3. No me gustaría ir....
4. Me gustaría vivir....
5. Me gustaría comprar....
6. Me gustaría ir....

Me gustaría tener una casa grande.

15 Comparaciones

Write a paragraph of four or five sentences describing the wishes, intentions and obligations of people you know well, using *gustaría*, *pensar*, *preferir* and *querer*. Then exchange your paper with a partner and take turns asking and answering questions about what each of you wrote.

> **MODELO** **A:** ¿Adónde les gustaría ir a tus padres?
> **B:** A mis padres les gustaría ir a Bogotá para ver a mis abuelos.

Mis padres quieren viajar a Colombia en julio. Les gustaría ver a mis abuelos en Bogotá. Un día pienso vivir en Bogotá, pero tengo que terminar las clases en el colegio.

 # Comunicación

16 Encuesta

Complete a survey about what rooms and furnishings your classmates would like to have in their ideal house *(casa ideal)*. Talk with at least two other people and, then, compare the information you obtained with a partner. Finally, one of you should report your survey results to the class.

> **MODELO** **A:** ¿Cómo es tu casa ideal?
> **B:** Me gustaría tener una casa grande de dos pisos.
> **C:** Yo prefiero una casa cómoda de un piso y también quiero tener una piscina.
> **A:** **B** dice que le gustaría tener una casa grande con dos pisos, pero **C** dice que prefiere una casa cómoda de un piso y tener una piscina.

17 ¿Cómo es tu casa?

In Spanish, write several statements describing your home, what you or someone in your family would like to buy for the house and where you would like to live in the future *(el futuro)*. Then, based on what you have written in small groups, talk about the homes. Try to use some of the alternative words suggested in the *Estrategia* during the discussion. You might talk about such things as the number of rooms, what you like or do not like, where the home is located and whether or not there is something you would like to buy for the house. Add details making up any of the information you wish.

> **MODELO** **A:** ¿Cómo es tu casa?
> **B:** Es muy grande. Tiene cinco piezas y cada pieza tiene un cuarto de baño. También tiene dos salas y un comedor grande. A mis padres les gustaría comprar una mesa grande para el comedor.
> **C:** Pues, mi casa es pequeña. Tiene seis cuartos: dos alcobas, un baño, una sala, un comedor y una cocina.

Estrategia

Recognizing words in context

Words and expressions you read and hear in Spanish vary from speaker to speaker and from one country to another. You may hear *cuarto*, *habitación* and *pieza* are all used to refer to a **room**. For the word **bedroom** you may see the words *alcoba, dormitorio, habitación, pieza, recámara* and *cuarto de dormir* (literally, a **room for sleeping**), which is sometimes shortened to *cuarto*. However, you should not confuse this shortened form of *cuarto* for the expression *cuarto de baño* (bathroom), which is usually shortened to *baño*. Knowing that these differences exist will help you in your goal of becoming fluent in Spanish. Always keep in mind that your goal is communication.

Tengo dieciséis años.

Eso es mentira. Debes pedir perdón.

Yo tengo quince años.

Sí, lo siento. Es una mentira. Tengo treinta años.

Clara dice la verdad.

Guillermo quiere decir que prefiere ser joven.

Lo siento. Eres muy pequeño.

"Lo siento. Eres muy pequeño."

El chico pide prestado el carro de su hermano.

La chica repite lo que dice su hermano.

18 ¿Cierto o falso?

 Di si lo que oyes es cierto o falso, según la información en el Vocabulario II. Si es falso, di lo que es cierto.

19 Un día en casa

 With a classmate, take turns asking and answering the following questions, according to the illustration.

MODELO A: ¿Qué tiene Cristina?
　　　　B: Cristina tiene prisa.

1. ¿Qué tiene Nicolás?
2. ¿Qué tiene Rogelio?
3. ¿Quién tiene mucha sed?
4. ¿Quién tiene frío?

5. ¿Qué tiene Mateo?
6. ¿Quién tiene mucha hambre?
7. ¿Quiénes tienen mucho calor?
8. ¿Qué tienes tú?

Marisela tiene hambre.

Diálogo II   Tengo mucho calor

JAVIER: Tengo mucho calor.

ROSA: Ya estamos cerca de la casa de Elisa.

JAVIER: También tengo mucha sed.

ROSA: ¡Allí está la casa de Elisa!

ROSA: ¡Qué grande y bonita es tu casa!

ELISA: Muchas gracias. Es tu casa también.

JAVIER: A Rosa no le gusta tu casa.

ROSA: Mentira, Elisa. No es verdad.

JAVIER: Pero dices que te gustan las casas pequeñas.

ROSA: Lo que digo es que prefiero una casa pequeña.

ELISA: Está bien. Yo comprendo. ¡Vamos a la playa!

JAVIER: Buena idea. Tengo mucho calor.

 ## ¿Qué recuerdas?

1. ¿Quién tiene mucho calor?
2. ¿Quién tiene mucha sed?
3. ¿De quién es la casa grande y bonita?
4. ¿Es verdad que a Rosa no le gusta la casa de Elisa?
5. ¿Adónde quiere ir Elisa?

 ## Algo personal

1. ¿Tienes calor? ¿Y sed?
2. ¿Dices mentiras? Explica.
3. ¿Adónde vas cuando hace mucho calor?

 ## ¿Qué tienen?

 Selecciona la ilustración apropiada que corresponda con lo que oyes.

A   B   C   D   E   F

¡Hogar, dulce hogar!

Homes in Spanish-speaking parts of the world are like castles in sentiment, if not in actual size. They offer a private refuge from the outside world and vary in their styles to reflect individual tastes, customs and availability of construction materials. Homes in rural areas are often small and simple, whereas homes in large cities and suburbs can be large and impressive. Interestingly, many

Una casa grande en Cartagena.

Esta casa tiene un patio bonito.

Hispanic families in metropolitan areas live in apartment buildings or condos, which they may own instead of renting. These homes can have as many as four or five bedrooms, a balcony, two bathrooms, a kitchen and a living room. In

some older Hispanic neighborhoods, homes often adjoin the sidewalk, leaving little or no room for a front yard. These homes traditionally have a patio at the back or the center of the residence that offers privacy and a place to relax among plants, birds and, sometimes, even small trees and beautiful fountains. In addition, older homes often have a flat roof (la azotea), which may be accessible by stairs, usually from the patio or a room near the back of the home. The azotea is sometimes used for hanging the laundry to dry or growing flowers and herbs, and even some vegetables, in pots. Today, chalets (e.g., houses with yards that resemble homes in the United States) are becoming popular, especially on the outskirts of some cities in part because city apartments and condos are becoming prohibitively expensive for most middle class families.

Una casa en México.

 23 ¡Hogar, dulce hogar!

Write five sentences stating what you know about homes in the Spanish-speaking world.

24 Nuestras casas

Compare housing in the United States with what you know about homes in the Spanish-speaking world.

Lectura personal

Dirección http://www.emcp.com/músico/aventura1/e.diario-6.htm

Archivo Edición Ver Favoritos Herramientas Ayuda

página principal   miembros   e-diario

Nombre: Chantal Morales Rivera
Edad: 16 años
País natal: República Dominicana
Actividad favorita: correr por la playa

Una plantación de café en Colombia.

¡Otro gran concierto en Cali, Colombia! Ya son diez conciertos y la verdad es que estamos un poco cansados. Por eso[1] desde el viernes estamos en la región cafetera[2] de Colombia, disfrutando[3] de una forma de turismo relativamente nueva: el agroturismo. En los años noventa, los caficultores[4] decidieron que sus plantaciones de café no solamente servían[5] para exportar "*the richest coffee in the world*" sino también para importar turistas y generar ingresos[6] complementarios. Así fue como[7] cientos de fincas[8] han sido[9] adaptadas para invitar al turista. La finca en que estamos se llama Villa María y está a veinte minutos de Pereira. La casa tiene cinco cuartos, cuatro baños, una cocina y una sala. También hay piscina, caballos y muchos senderos[10]. De aquí me gustan mucho el olor[11] del café, el silencio del campo[12] y los diferentes verdes de las montañas. Ya comprendo por qué miles de personas se dedican al agroturismo en la tierra[13] del café. Ahora estoy descansada[14] y tengo ganas de continuar los conciertos. ¡Gracias, Colombia!

[1]That is why [2]coffee growing [3]enjoying [4]coffee growers [5]served [6]income [7]That is how [8]plantations [9]have been [10]pathways [11]smell [12]countryside [13]land [14]rested

33 ¿Qué recuerdas?

1. ¿Dónde están los miembros del grupo musical La Ola?
2. ¿Qué tipo de turismo practican?
3. ¿Qué es Villa María? ¿Cómo es la casa?
4. ¿Qué hay para hacer en Villa María?
5. Al final, ¿qué tiene ganas de hacer Chantal?

34 Algo personal

1. ¿Adónde te gusta ir de vacaciones? ¿Qué haces allí?
2. Describe tu hotel ideal.
3. ¿Te gustaría hacer agroturismo? ¿Por qué sí o por qué no?

- **Make several comparisons between the coffee-growing region of Colombia and the region in the United States in which you live. Which one emphasizes rural life more?**

¿Qué aprendí?

Autoevaluación
As a review and self-check, respond to the following:

1. Describe your house.

2. Tell a friend what two different people say, including yourself.

3. Say where you would like to live.

4. Tell how you feel in these situations: it is hot and your mouth is dry, it is noon and you have not eaten, you stayed up too late and it is the next morning.

5. Imagine a classmate needs to borrow a pen and paper. How can you tell the person he or she should borrow the items from someone else because you do not have them?

6. What two things have you learned about Colombia?

Palabras y expresiones
How many of these words and expressions do you recognize?

La casa
el baño
el cuarto
la escalera
el garaje
el patio
la piscina
el piso
la planta
la planta baja
el primer piso
la sala

Para describir
al lado de
cómodo,-a
cuando

desde
donde
el lado
pequeño,-a
poco, -a
por
por la noche
primer

¿Cómo estás?
el calor
el frío
la gana
el hambre *(f.)*
el miedo
la prisa
¿Qué (+ tener)?

la sed
el sueño
tener (calor, frío,
   ganas de, hambre,
   miedo de, prisa, sed,
   sueño)

Otras expresiones
el abrazo
la carta
el dibujo
lo que
me/te/le/nos/les
   gustaría
la mentira
pedir (perdón, permiso,
   prestado,-a)

por teléfono
querer decir
querido,-a
la verdad

Verbos
aprender a
correr
decir (+ que)
escribir
gustaría
pedir (i, i)
repetir (i, i)

Nuestra casa tiene una piscina.

¿Te gusta mi cuarto?

¡Viento en popa!

Tú lees

Estrategia
Using graphics to understand a reading
Look at graphics, artwork, photographs and so forth that accompany what you are reading. The visual support will help you predict what the reading is about.

Preparación
Mira el dibujo para contestar las siguientes preguntas como preparación para la lectura.

1. ¿De qué es el dibujo?
2. ¿Cuántos cuartos hay en el dibujo?
3. ¿Qué hay en la sala?
4. ¿Qué piensas que vas a leer?

La casa de mis sueños

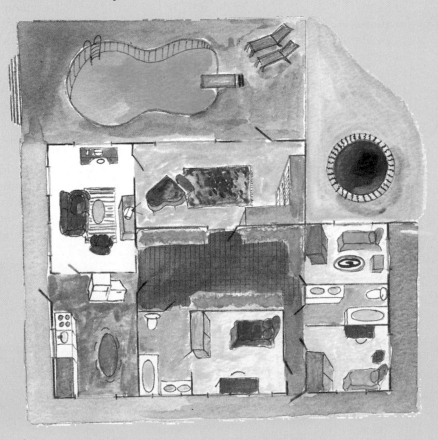

Me llamo Santiago y soy de Caracas. Aquí hay un dibujo de la casa de mis sueños[1]. Claro que[2] el dibujo no es perfecto. En la casa de mis sueños hay tres cuartos y todos son grandes. En la sala hay un piano para tocar música clásica y una biblioteca con todos los libros que me gustan. Al lado de la sala hay un cuarto para ver la televisión y películas en DVD. También hay una computadora con quemador de CDs y muchos videojuegos. Mi cuarto es grande, con una cama también grande, muchos pósters en la pared y un equipo de sonido. El cuarto de mis padres tiene una puerta que abre al patio y al jardín. El patio y el jardín son bonitos, con muchas flores. La flor favorita de mi mamá es el jazmín. Nuestro jardín está rodeado[3] de jazmines. En el jardín hay también una piscina olímpica con un trampolín donde puedo nadar todos los días.

En la casa de mis sueños, el lugar favorito de mis papás es la cocina. En la cocina papá y mamá preparan comidas exquisitas para cenar. Mi comida favorita es el ajiaco, ¡esa sopa de Colombia tan rica de papas, pollo, maíz, aguacate y crema de leche[4]! Como la cocina es tan grande[5], ellos siempre tienen muchos invitados[6]. La casa tiene muchas ventanas y mucha luz. ¡Quiero algún día construir[7] la casa de mis sueños!

[1]dreams   [2]Of course   [3]surrounded by   [4]potatoes, chicken, corn, avocado and whipping cream   [5]so big   [6]guests   [7]some day build

A ¿Qué recuerdas?

1. ¿De quién es el dibujo de la casa?
2. ¿Cómo son los cuartos de la casa?
3. ¿Qué hay en la biblioteca?
4. ¿Dónde están la computadora y los videojuegos?
5. ¿Qué hay en el cuarto de Santiago?
6. ¿Cuál es el lugar favorito de los padres de Santiago?
7. ¿Qué hacen los padres en la cocina?
8. ¿Qué flores hay en el jardín?
9. ¿Qué es el ajiaco y de dónde es?

B Algo personal

1. ¿Cómo es la casa de tus sueños?
2. ¿En qué son diferentes la casa de los sueños de Santiago y tu casa de los sueños? ¿En qué son similares?
3. ¿Cómo es tu cuarto en la casa de tus sueños? ¿Qué hay en él?
4. ¿Cuál es tu lugar favorito en la casa de tus sueños?

Muchos escalones.

¿Cómo es la casa de tus sueños?

Tú escribes ■ ■■ ■ ■■ ■■ ■ ■ ■ ■ ■ ■■

Estrategia

Connecting phrases

Your writing style may seem choppy in Spanish unless you connect your thoughts using transition words like *a causa de* (because of), *como* (since, like, as), *después* (later), *entonces* (then), *pero* (but), *por eso* (therefore), *sin embargo* (however), *también* (also), *y* (and). These words can act like adhesive to bind together the ideas in a paragraph as a connected unit.

 First, write several sentences that describe your *casa de tus sueños*. Include information such as what the house looks like, where it is located, what rooms it has, how many windows and doors it has, where rooms are located and any other details you wish to include. Then add transition words to make your sentences flow more smoothly and put the sentences together, one after another in paragraph form, to create a composition. Finally, create a colorful drawing of the house, including details that match your description.

> **MODELO** La casa de mis sueños está en una playa en América del Sur. Es muy grande. Tiene muchos cuartos y jardines....

La casa de mis sueños está en la playa.

Proyectos adicionales

A Conexión con la tecnología

Write a short e-mail in Spanish to someone you know about your home and family. Use Santiago's letter (see p. 244) as a model, if necessary.

B Conexión cultural

Imagine you are traveling with your family to Venezuela and Colombia on vacation and your parents have asked you to make suggestions about what to see and do. Use the library or the Internet to investigate cities you might visit. Then create a travel itinerary offering suggestions for the trip to both countries. Consider including the following in your list of recommendations: cities to visit, tourist attractions, your recommendation for the best time to visit South America and any other information you can find that may be of use during the trip.

C Comparando

Working in pairs, talk about what you know about housing and home life in the United States and in Spanish-speaking parts of the world such as Venezuela, Colombia, Puerto Rico and the Dominican Republic. Then make a side-by-side comparison listing at least five similarities or differences.

Castillo de San Felipe, Cartagena.

D ¡A escribir!

Help Santiago's parents write back to him (see p. 244). Include the following information: They are happy to hear from their dear son; they know that he is far from home in Caracas, but not far from his family; they want to see the photos of the trip to Cartagena. Include any other details you wish. Remember to include the city and the date and use appropriate greetings and farewells.

Now that I have completed this chapter, I can...	Go to these pages for help:
identify items in the kitchen and at the dinner table.	226
express obligations, wishes and preferences.	226
talk about everyday activities.	226
state an opinion.	231
discuss food and table items.	231
point out people and things.	238
describe a household.	244
tell what someone says.	252
say how someone is doing.	252

I can also...

talk about products and foods from Venezuela and Colombia.	229, 247
discuss home life in Venezuela and Colombia.	237, 255
describe my home.	244
recognize words in context.	251
recognize when to use *pedir* or *preguntar*.	257
plan a trip to Venezuela or Colombia.	265

Trabalenguas

La casa está en la plaza, en la casa hay un cuarto, dentro del cuarto hay un piso, encima del piso hay una mesa, encima de la mesa hay una jaula, dentro de la jaula hay un loro que canta y dice: de loro en jaula, jaula en mesa, mesa en piso, piso en cuarto, cuarto en casa, casa en la plaza.

Resolviendo el misterio

After watching Episode 6 of *El cuarto misterioso*, answer the following questions.

1. What surprised José in this episode?

2. Do you think that it was a good idea for Conchita to get into the car with Rafael?

3. Why do you think Rafael is interested in Conchita?

Vocabulario

el **abrazo** hug *6B*
el **aceite** oil *6A*
al lado de next to, beside *6B*
allá over there *6A*
aprender a *6B*
aquel, aquella (aquellos, aquellas) that, (those) far away *6A*
ayudar to help *6A*
el **azúcar** sugar *6A*
el **baño** bathroom *6B*
el **calor** heat *6B*
la **carta** letter *6B*
cerrar (ie) to close *6A*
la **cocina** kitchen *6A*
el **comedor** dining room *6A*
cómodo,-a comfortable *6B*
correr to run *6B*
la **cosa** thing *6A*
cuando when *6B*
el **cuarto** room, bedroom *6B*
los **cubiertos** silverware *6A*
la **cuchara** spoon *6A*
la **cucharita** teaspoon *6A*
el **cuchillo** knife *6A*
de todos los días everyday *6A*
deber should, to have to, must, ought *6A*
decir (+ *que*) to tell, to say *6B*
desde since, from *6B*
después afterwards, later, then *6A*
el **dibujo** drawing, sketch *6B*
dónde where *6B*
e and *(used before a word beginning with* i *or* hi*)* *6B*
empezar *(ie)* to begin, to start *6A*
encender *(ie)* to light, to turn on *(a light)* *6A*
entonces then *6A*
la **escalera** stairway, stairs *6B*
escribir to write *6B*
ese, **esa (esos, esas)** that (those) *6A*

especial special *6A*
este, esta (estos, estas) this (these) *6A*
la **estufa** stove *6A*
el **fregadero** sink *6A*
el **frío** cold *6B*
la **gana** desire *6B*
el **garaje** garage *6B*
gustaría would like *6B*
el **hambre** *(f.)* hunger *6B*
el **horno microondas** microwave oven *6A*
el **lado** side *6B*
la **lámpara** lamp *6A*
el **lavaplatos** dishwasher *6A*
lo que what, that which *6B*
la **luz** light *6A*
el **mantel** tablecloth *6A*
la **mantequilla** butter *6A*
me/te/le/nos/les gustaría I/you/he/she/it/we/they would like *6B*
la **mentira** lie *6B*
la **mesa** table *6A*
el **miedo** fear *6B*
otra vez again, another time *6A*
el **pan** bread *6A*
pásame pass me *6A*
el **patio** courtyard, patio, yard *6B*
pedir (i, i) to ask for, to order, to request; *pedir perdón* to say you are sorry; *pedir permiso (para)* to ask for permission (to do something); *pedir prestado,-a* to borrow *6B*
pensar (ie) to think, to intend, to plan *6A*
pensar de/en/que to think about *6A*
pequeño,-a small *6B*
el **permiso** permission, permit *6B*
la **pimienta** pepper (seasoning) *6A*
la **piscina** swimming pool *6B*
el **piso** floor *6B*
la **planta** plant *6B*
la **planta baja** ground floor *6B*

el **plato** dish, plate *6A*
el **plato de sopa** soup bowl *6A*
poco, -a not very, little *6B*
poner to put, to place *6A*
poner la mesa to set the table *6A*
por through, by *6B*
por la noche at night *6B*
por teléfono by phone *6B*
el **postre** dessert *6A*
preferir (ie) to prefer *6A*
primer first *6B*
el **primer piso** first floor *6B*
la **prisa** rush, hurry, haste *6B*
¿Qué (+ *tener*)? What is wrong (with someone) *6B*
querer (ie) to love, to want, to like *6A*
querer decir to mean *6B*
querido,-a dear *6B*
el **refrigerador** refrigerator *6A*
repetir (i, i) to repeat *6B*
la **sal** salt *6A*
la **sala** living room *6B*
la **sed** thirst *6B*
sentir (ie) to be sorry, to feel sorry, to regret *6A*
la **servilleta** napkin *6A*
la **sopa** soup *6A*
el **sueño** sleep *6B*
la **taza** cup *6A*
el **tenedor** fork *6A*
tener (calor, frío, hambre, miedo de, prisa, sed, sueño) to be (hot, cold, hungry, afraid, in a hurry, thirsty, sleepy) *6B*
tener ganas de to feel like *6B*
tener que to have to *6A*
u or *(used before a word that starts with* o *or* ho*)* *6B*
un poco (de) a little (bit) *6A*
el **vaso** glass *6A*
la **verdad** truth *6B*
viajar to travel *6A*
ya already *6A*

El tiempo libre

El cuarto misterioso

Contesta las siguientes preguntas sobre esta escena del *Episodio 7–Deportes*.

1. ¿Dónde está Ana?
2. ¿Qué pueden hacer los jóvenes para estar en buena condición física?
3. ¿Qué deportes son populares en la escuela de José?

DVD 2, Track 7. Francisco ve que Ana es muy fuerte mientras ella hace ejercicios en el gimnasio.

indicate order

say what someone can do

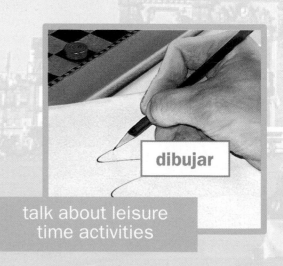

dibujar

talk about leisure time activities

discuss length
of time

discuss sports

talk about the
seasons and weather

describe what is
happening

www.emcp.com

EMC **i-CULTURE**
Authentic Connections to the World

doscientos sesenta y nueve **269**

¿Cuándo vas a hacer las tareas?

¿No recuerdas que quiero ver mi programa favorito? Vuelvo en cinco minutos.

Todavía no. Esta noche, después del partido.

Sí, sí, está bien.

el televisor

A Graciela le gusta ver la telenovela *Toda Una Vida* y ahora no puede. A Graciela le gustaría tener un televisor en su cuarto pero cuestan mucho. El papá de Graciela le va a dar un televisor para su cumpleaños.

jugar a los videojuegos

jugar al fútbol americano

jugar al básquetbol

jugar al voleibol

jugar a las damas

jugar al ajedrez

hacer aeróbicos

jugar a las cartas

dibujar

1 ¿Qué actividad es?

Identifica la actividad que oyes.

A

B

C

D

E

F

2 ¡Yo sé lo que vas a hacer!

Create a list of at least ten leisure activities. Then, working in small groups, take turns playing charades to act out activities on your list. The winner is the person who first says ¡*Yo sé lo que vas a hacer!*

Diálogo I ¿No quieres jugar al ajedrez?

LUZ: ¿No quieres jugar al ajedrez?
HUGO: Sí, pero después de este programa.
LUZ: ¿Qué programa es?
HUGO: Es mi telenovela favorita.

LUZ: ¿Ahora sí?
HUGO: ¿Por qué no vienes en dos horas?
LUZ: ¿Cómo? ¿No vamos a jugar al ajedrez?
HUGO: Es que el equipo de Argentina va a jugar ahora.

LUZ: ¡Veo que ya no sabes jugar al ajedrez!
HUGO: Sí, ya no recuerdo cómo jugar.
LUZ: ¡Claro! Tu vida ahora es ver televisión.
HUGO: No. ¡Mi vida ahora es ver televisión y jugar al fútbol!

 ¿Qué recuerdas?

1. ¿A qué quiere jugar Luz?
2. ¿Qué programa ve Hugo?
3. ¿Qué equipo va a jugar?
4. ¿Qué va a ver Hugo?
5. ¿Cómo es ahora la vida de Hugo?

 Algo personal

1. ¿Sabes jugar al fútbol?
2. ¿Te gusta jugar al ajedrez?
3. ¿Qué vas a hacer esta noche?
4. ¿Te gusta ver televisión?

 ¿Qué comprendiste?

))) **Di si los que oyes es cierto o falso, según el diálogo ¿No quieres jugar al ajedrez?**

¡Extra!

La fiebre del gol

It is easy to understand why Hugo is distracted as he talks with Luz. For many people, soccer (*el fútbol*) is more than just a simple pastime in Argentina and throughout the Spanish-speaking world. During the World Cup (*la Copa Mundial*) fans of all ages follow the action and nearly everyone has *la fiebre del gol* (goal fever).

¿Sabes jugar al ajedrez?

Buenos Aires, Argentina.

Argentina

Whether you enjoy countryside landscapes, soaring mountains, beautiful beaches or the hustle and bustle of modern city life, Argentina has it all. As the largest Spanish-speaking country in the world, the southernmost tip of Argentina begins near the frigid South Pole and extends north to the tropics of central South America. The plains of Patagonia in the south are the heart of the sheep-raising industry. In the central plains *(las pampas)*, cowboys known as *gauchos* tend herds of cattle on large ranches called *estancias*. (Argentina produces beef that is sold and shipped throughout the world.) In addition, world-class ski resorts, such as Bariloche, draw visitors from many countries. Argentina's capital, Buenos Aires, is a vibrant, modern city that combines skyscrapers *(rascacielos)*, plazas and parks, outstanding food and interesting old buildings into what has been called the "Paris of the Spanish-speaking world."

Una gaucha.

While visiting Argentina, you may find yourself alone atop a mountain *(Aconcagua)* or in a crowded cafe. Argentina's population includes descendants from large numbers of people from Spain, Italy, Poland, Germany, Great Britain and Japan. Wondering what to do? Ski the famous slopes of the *Andes*, dance the tango in the colorful neighborhood called *La Boca*, participate in the national sport—*el fútbol* or sit back and gaze at the breathtaking *Iguazú* waterfalls. And before you leave, try grilled beef *(carne a la parrilla)* in one of the capital's many fine restaurants or have a seat and sip a wonderful tea-like hot drink called *mate*.

Las cascadas de Iguazú.

6 **Argentina**

¿Cierto o falso?

1. Hay playas bonitas en la Argentina.
2. El país más grande de habla hispana es Ecuador.
3. Los gauchos viven en grandes estancias de las pampas.
4. Bariloche es la capital de la Argentina.
5. Hay muchas personas en la Argentina de Italia y Polonia.
6. El baile más famoso de la Argentina es el tango.
7. *Mate* es una ciudad en la Argentina.
8. El deporte nacional de la Argentina es el fútbol.

Es casi mediodía. ¿Cuánto tiempo hace que estás viendo televisión?

Bueno, parece casi un siglo. Debes apagar el televisor ahora.

Natalia tiene una lista de películas nuevas. Ella no quiere ver las mismas películas del mes pasado.

¿Cuándo vamos a alquilar la película?

Estupendo. ¿Cuándo jugamos a las damas?

Por la tarde.

Ahora mismo.

Hace una hora.

Sí, sí, en un segundo lo voy a apagar.

el control remoto

Pascual está durmiendo. Mario le permite a Pascual dormir a su lado.

)))) **Selecciona la ilustración que corresponde con lo que oyes.**

A

B

C

D

E

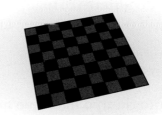

F

14 **¿Cuánto tiempo hay en...?**

Contesta las siguientes preguntas.

1. ¿Cuántas semanas hay en un año?
2. ¿Cuántos años hay en un siglo?
3. ¿Cuántas horas hay en un día?
4. ¿Cuántos cuartos de hora hay en una hora?
5. ¿Cuántos segundos hay en un minuto?
6. ¿Cuántos minutos hay en una hora?
7. ¿Cuántos segundos hay en una hora?
8. ¿Cuántas horas hay en una semana?

¿Cuántos minutos hay en una hora?

Diálogo II   Quiero alquilar una película

HUGO: ¿Estás durmiendo?
LUZ: No. Estoy viendo televisión. ¿Por qué?
HUGO: Porque quiero ir a alquilar una película.

LUZ: ¿Ahora mismo?
HUGO: Sí, quiero ir antes de comer. ¿Quieres ir?
LUZ: Un segundo.... Ya voy.

LUZ: No quiero ver las mismas películas otra vez.
HUGO: ¿Cuánto tiempo hace que no ves una película?
LUZ: ¡Uy! Hace mucho tiempo. Casi dos meses.
HUGO: ¡Entonces no vas a ver las mismas películas!

15 ¿Qué recuerdas?

1. ¿Está Luz durmiendo?
2. ¿Qué quiere hacer Hugo?
3. ¿Cuándo quiere ir Hugo?
4. ¿Cuánto tiempo hace que Luz no ve una película?

16 Algo personal

1. ¿Cuánto tiempo hace que no alquilas una película?
2. ¿Haces una lista de películas antes de ir a alquilar una?
3. ¿Cuánto tiempo hace que no ves una película?
4. ¿Por cuánto tiempo ves televisión en una semana?
5. ¿Cuánto tiempo libre tienes en una semana? ¿Qué haces?

17 Dictado

Escucha la información y escribe lo que oyes.

¿Cuánto tiempo hace que no alquilas una película?

Che, bailá conmigo…

In the world of dance and music, *tango* is synonymous with Argentina, and especially Buenos Aires. This well-known song was born a century ago near the docks of the capital in the neighborhood known as *La Boca*. While there, if you look carefully, you will see a street sign with the name *Caminito* that denotes the short dead-end street

El Caminito, una callejuela en La Boca, Buenos Aires.

Bailamos el tango.

(callejuela). This street's name has its origins in one of Carlos Gardel's most famous tangos. Carlos Gardel is considered the father of the tango and he is revered in Argentina still today, decades after his death. From the docks in *La Boca*, the *tango*

spread throughout the Americas to Europe and, today, is popular in ballrooms throughout the world.

El tango es de la Argentina.

18 **Conexiones con otras disciplinas: baile y música**

Prepare a project on the tango, choosing from one of the following options or making up your own:

- Search the word *tango* on the Internet or by looking up the words *Argentina* and *tango* in an encyclopedia at the library and write a summary of your findings.
- Locate someone who teaches the tango and invite the person to speak or demonstrate the tango for the class.
- Attend tango classes at a local community center or at a local dance studio and demonstrate the dance for the class.
- Play a tango for the class, comparing it to another musical style.

Idioma

Expressions with *hace*

You can describe an action that began in the past and has continued into the present using **hace** + **a time expression** + **que** + **the present tense of a verb**.

Hace diez minutos que veo televisión.   I have been watching television for ten minutes. (Ten minutes ago I started watching television.)

Reverse the order of *hace* and the time expression if a form of *¿cuánto?* introduces the question.

¿Cuánto tiempo hace que ves televisión?   How long have you been watching television?

 ## Práctica

19   **¿Cuánto tiempo hace?**

Say how long the following activities have been taking place.

MODELO   haces aeróbicos / una hora
              Hace una hora que haces aeróbicos.

1. juegan al béisbol en los Estados Unidos / más de un siglo
2. jugamos al voleibol / un año
3. vivo aquí / quince años
4. Uds. juegan a los videojuegos / veinte minutos
5. mi sobrina dibuja una casa / un cuarto de hora
6. jugamos al ajedrez / treinta segundos

Hace una hora que hacen aeróbicos.

20 ¿Qué haces?

In pairs, take turns asking and answering the following questions. Then summarize your partner's answers for each question.

MODELO   **A:** ¿Juegas a los videojuegos?

B: Sí, juego a los videojuegos.

A: (*Write:* **B** juega a los videojuegos.)

1. ¿Cuánto tiempo hace que no juegas al ajedrez? ¿Y a las damas?
2. ¿Sabes jugar al ajedrez o a las damas?
3. ¿Cuánto tiempo hace que no lees una revista?
4. ¿Qué revistas lees?
5. ¿Cuánto tiempo hace que dibujas?
6. ¿Sabes dibujar?
7. ¿Cuánto tiempo hace que no ves una telenovela?
8. ¿Te gusta ver televisión? ¿Te gustan las telenovelas?
9. ¿Cuánto tiempo hace que estudias español?
10. ¿Cuánto tiempo hace que no escribes una carta?

Juego a los videojuegos.

Comunicación

21 Mis pasatiempos

Prepare a list of your pastimes. Include at least six or seven activities. Then, with a partner, ask and answer questions about your favorite pastimes.

¿Damas en los baños?

The games *ajedrez* (chess) and *damas* (checkers) are two of the world's oldest pastimes. However, if you see the word *Damas* (Ladies) on the door of a public restroom not very far from another door labeled *Caballeros* (Gentlemen), do not assume you are going in to play checkers. Remember what you have learned: The meaning of any word may vary according to the context in which the word is used.

Nuestro pasatiempo favorito es el ajedrez.

¿Te gusta dibujar?

Estructura

Saying what is happening: present progressive

You can say what is happening right now using the *presente progresivo*, which consists of the present tense of *estar* plus a present participle *(gerundio)*.

¿Qué están haciendo Uds.?	What **are** (all of) you **doing?**
Marta está dibujando, Enrique está comiendo y yo estoy saliendo.	Marta **is drawing**, Enrique **is eating** and I **am leaving**.

Form the present participle of most verbs by changing the infinitive endings (*-ar, -er, -ir*) to *-ando* for *-ar* verbs or to *-iendo* for *-er* and *-ir* verbs.

-ar	-er	-ir
alquil**ar** → alquil**ando**	hac**er** → hac**iendo**	permit**ir** → permit**iendo**

Some *-ir* verbs with a stem change in the present tense require a different stem change in the present participle. This second change is shown in parentheses after infinitives in this book. Three verbs that follow this pattern are *dormir (ue, **u**)*, *preferir (ie, **i**)* and *sentir (ie, **i**)*.

verbo	presente	gerundio
dormir **(ue, u)**	d**ue**rmo	d**u**rmiendo
preferir **(ie, i)**	pref**ie**ren	pref**i**riendo
sentir **(ie, i)**	s**ie**nto	s**i**ntiendo

Some verbs have minor irregularities in their present participles. For example, the *i* in *-iendo* changes to *y* after most verb stems that end in a vowel and for the verb *ir*: *leer* (stem: *le*) → le**y**endo; *oír* (stem: *o*) → o**y**endo; *ir* → **y**endo. The present participle for the irregular verb *venir* requires a change in the stem from *e* to *i*: venir → v**i**niendo. Finally, the present participle for poder involves a stem change from *o* to *u*: pu*diendo*.

 ## Práctica

22 Todos están haciendo algo

Using the *presente progresivo* and the provided cues, say what these people are doing right now.

> nosotros / leer el periódico

MODELO Nosotros estamos leyendo el periódico.

1. mi padre y mi madre / salir de casa
2. mi hermano / buscar el control remoto
3. Esteban / alquilar una película estupenda
4. tú / pensar en tus pasatiempos
5. Uds. / apagar la luz de la cocina
6. María / poner la mesa

Ellas están leyendo el periódico.

23 ¿Qué estás haciendo?

In pairs, take turns asking and answering what you are doing right now, according to the illustrations.

> **MODELO**　**A:** ¿Qué estás haciendo?
> **B:** Estoy alquilando una película.

1　**2**　**3**　**4**　**5**

24 Tomando un mate

Pretend you are sitting in an outdoor café in Buenos Aires. Using the *presente progresivo*, describe what you see from your table.

> **MODELO**　una chica / escribir una carta
> Una chica está escribiendo una carta.

1. otra chica / dibujar
2. el mesero / poner una mesa
3. un muchacho / hablar por el celular
4. el niño / mirar a sus padres

5. un padre y una madre / comer con sus hijos
6. unos señores / jugar al ajedrez
7. tú / salir

 # Comunicación

 ## 25 Estoy...

 Working in pairs, imagine you are in the following places: *una cafetería, Buenos Aires, una tienda de videos, una fiesta para tu cumpleaños, una clase de español, la sala de la casa, el museo, la calle, el parque.* Pretend you are talking on the phone with a friend and discuss what you are doing right now. Add to the conversation by asking such things as who you are with, where each place is located, etc.

> **MODELO**
> **A:** ¿Qué estás haciendo?
> **B:** Estoy tomando café en una cafetería.
> **A:** ¿Dónde está la cafetería?
> **B:** Está en La Boca.

 ## 26 Están ocupados

 With a classmate, pretend you are calling one another trying to reach various people on the phone. The person answering must apologize and say the person you are trying to reach is not home and, then, say what the person is doing. Be creative!

> **MODELO**
> **A:** Hola. ¿Puedo hablar con Eduardo por favor?
> **B:** Lo siento. Eduardo está paseando por la calle ahora mismo.

Estrategia

Clarifying meaning by asking questions
If you hear a new word in a conversation but do not understand what it means, do not be afraid to ask someone to fill you in. Many words in Spanish have different uses depending on the region or country where they are used. So the next time you hear a word or expression you are unsure of, do not be embarrassed; ask someone to explain it to you.

Repaso rápido

direct object pronouns

You have already learned to use direct objects to show the person or thing in a sentence that receives the action of the verb. Do you remember the direct object pronouns?

los pronombres de complemento directo			
me	*me*	**nos**	*us*
te	*you (tú)*	**os**	*you (vosotros,-as)*
lo	*him, it, you (Ud.)*	**los**	*them, you (Uds.)*
la	*her, it, you (Ud.)*	**las**	*them, you (Uds.)*

	I do not see **her**.
*No **la** veo.*	I do not see **it**. (*la lista de las películas nuevas*)
	I never see **him**.
*Nunca **lo** veo.*	I never see **it**. (*el programa*)

Estructura

Using the present progressive with direct object pronouns

You have already seen that direct object pronouns usually precede conjugated verbs. However, direct object pronouns may be attached to an infinitive.

Lo voy a alquilar.
Voy a alquilar*lo*.

I am going to rent **it**. (*el DVD*)

Similarly, you may choose to attach an object pronoun to the end of a present participle. When doing so, however, you must add an accent mark to the present participle in order to maintain the original pronunciation of the present participle without the pronoun.

La estamos leyendo.
Estamos leyéndo*la*.

We are reading **it**. (*la revista*)

 ## Práctica

 Lo estamos haciendo

Tell what the following people are doing right now, using direct object pronouns.

1. la señora Herrera / empezar / un viaje a Venezuela
2. Uds. / escribir / la lista de películas nuevas
3. nosotros / leer / un libro sobre Buenos Aires ahora
4. yo / escuchar / la radio ahora
5. Pilar / buscar / el control remoto

Estamos tomando mate.

 Haciéndolo

Imagine you and your friend are watching television and commenting on various characters and programs. Working in pairs, take turns asking and answering questions using the provided cues. Follow the model, attaching direct object pronouns to the verbs in each sentence.

MODELO los hermanos / leer el diario de la hermana
   A: ¿Están leyendo los hermanos el diario de la hermana?
   B: Sí, están leyéndolo.

1. tú / buscar el programa
2. el cantante / cantar una canción de amor
3. Julia / escuchar la radio
4. nosotros / ver esta telenovela
5. Mónica / dibujar un mapa en la servilleta
6. mi equipo favorito / jugar un partido importante

29 **Otra vez**

Redo activity 27 by attaching the direct object pronouns to the end of the present participle. Make any other appropriate changes.

30 **Conexión con otras disciplinas:**
estadística

Prepare a list of at least eight pastimes in Spanish *(ir al cine, jugar al voleibol)*. Then ask five people to rank the pastimes, with *1* being their favorite and *8* being their least favorite activity. Prepare a written summary of your findings in Spanish. Follow the model.

MODELO ¿Qué pasatiempos de mi lista son tus favoritos, en una escala del uno al ocho?

Comparando inglés y español

You have learned to combine the present tense of *estar* with a present participle *(gerundio)* of a verb in Spanish to describe what is going on right now. This verb form is comparable to the *-ing* form of a verb in English. Notice, however, that words ending in *-ing* in English may require an infinitive in Spanish if the English word functions as a noun instead of a verb. Compare the following:

Me gusta **jugar** al voleibol.	I like **playing** volleyball. *(noun)*
Nadar es divertido.	**Swimming** is fun. *(noun)*

but:

Estoy **jugando** al voleibol.	I am **playing** volleyball. *(verb)*
¿Estás **nadando?**	Are you **swimming?** *(verb)*

¿Qué pasatiempos de mi lista son tus favoritos, en una escala del uno a ocho?

1. Me gusta leer revistas. 1 2 3 4 5 6 7 8
2. Me gusta escuchar la radio. 1 2 3 4 5 6 7 8

31 **Mirando y haciendo**

Mira a cuatro o cinco personas desde donde tú estás ahora. ¿Qué están haciendo?

MODELO El profesor está ayudando a un estudiante.

Los pasatiempos

 Write the names in Spanish of at least five
or six of your favorite pastimes. Next to
the list, add columns telling where you
participate in the activity, how long you
have done the activity and with whom
you do the activity. Then, working with a
partner, take turns asking and answering
questions about each other's pastimes.

Juego al voleibol en la playa.

MODELO **A:** ¿Cuál es tu pasatiempo favorito?
B: Mi pasatiempo favorito es jugar al
voleibol.
A: ¿Dónde juegas al voleibol?
B: Juego en la playa.
A: ¿Cuánto tiempo hace que tienes este pasatiempo?
B: Hace dos años que tengo este pasatiempo.

El tiempo libre

 In small groups, talk about the activities and pastimes you enjoy during
school breaks and vacation. Make sure each of you describes at least two
activities/pastimes. Have a group member make a list of all the activities and
pastimes you talk about and share the information with the class.

¡Nuestro pasatiempo favorito es el fútbol!

Lectura cultural

El juego del pato

En Argentina, el deporte más popular es el fútbol, pero el deporte nacional es el juego del pato[1]. Éste es un deporte hípico[2] similar al polo que se originó hace más de 4 siglos entre los gauchos[3] de Argentina.

Originalmente, jugaba con un hacia arriba[5] y atropellaban[7] unos a otros. trágicos que

el juego dcl pato se pato vivo[4] que se arrojaba dos grupos de jinetes[6] se para capturarlo y pasarlo Había tantos resultados fue prohibido en 1822.

Pasando la pelota por el aro.

En 1937, el juego del pato volvió, reglamentado[8] y modernizado. Ya no se juega con un pato sino con una pelota blanca con seis asas[9]. Dos equipos de cuatro jugadores cada uno juegan en un campo de 220 metros por 90 metros. El objetivo del juego es pasar la pelota—a la que se llama pato—por un aro[10] que tiene un metro de diámetro. Los jugadores, a caballo, deben recoger[11] el pato y lanzarlo con la mano derecha. Es un deporte de fuerza[12] y habilidad, y aunque no es muy popular, es el deporte más tradicional de Argentina.

El juego del pato, el deporte nacional de la Argentina.

[1]the duck game [2]equine [3]Argentinian cowboys [4]live duck [5]thrown into the air [6]horsemen
[7]would trample each other [8]regulated [9]handles [10]hoop [11]pick up [12]strength

34 ¿Qué recuerdas?

Correct these false statements.

1. El juego del pato es el deporte más popular de Argentina.
2. Hace más de 40 años que se originó el juego del pato.
3. Originalmente, los gauchos jugaban al pato con una pelota
4. En 1953 fue prohibido el juego del pato.
5. Hoy, el juego del pato se juega entre dos jinetes.

• Why do you think *el juego del pato* is not very popular today among Argentines? Do you think it could become popular in the United States if it were introduced here? Explain.

35 Algo personal

1. ¿Cuál crees que es el deporte nacional de Estados Unidos?
2. ¿Qué deporte practican los *cowboys* de Estados Unidos?
3. ¿A qué deporte es el juego del pato similar? Explica.
4. ¿Te gustaría aprender a jugar al pato? ¿Por qué sí o por qué no?

Autoevaluación

As a review and self-check, respond to the following:

1. What are your favorite leisure activities?
2. Name a sport that is very popular in Argentina.
3. Ask in Spanish if a friend can play volleyball tomorrow.
4. How long have you been studying Spanish?
5. Say four things people around you are doing right now.
6. A friend asks if you have your Spanish book. Answer by saying that you are looking for it.
7. What do you know about Argentina?

Palabras y expresiones
How many of these words and expressions do you know?

Pasatiempos
- los aeróbicos
- el ajedrez
- el básquetbol
- las cartas
- las damas
- el equipo
- el fútbol americano
- hacer aeróbicos
- el pasatiempo
- el programa
- la telenovela
- el videojuego
- el voleibol

Otras expresiones
- ahora mismo
- antes de
- ¿Cuánto (+ *time expression*) hace que (+ *present tense of verb*). . . ?
- después de
- esta noche
- hace (+ *time expression*) que
- el minuto
- mismo
- (*number +*) vez/ veces al/a la (*time expression*)

- por la (mañana, tarde, noche)
- el segundo
- el siglo
- todavía

Verbos
- alquilar
- apagar
- costar (ue)
- dar
- dibujar
- dormir (ue, u)
- jugar (ue)
- permitir
- poder (ue, u)
- recordar (ue, u)

- volver (ue, u)

Expresiones y otras palabras
- americano,-a
- casi
- el control remoto
- estupendo,-a
- la lista
- mismo,-a
- remoto,-a
- el televisor
- la vida

Estoy buscando un programa.

El control remoto.

No hace mucho calor.

montar en patineta

el otoño

¡Este lugar es excelente!

Hace frío.

esquiar

patinar sobre hielo

el invierno

el verano

hace sol

la primavera

llover

dar un paseo por la playa

la flor

Hay flores por todos lados.

Las estaciones

 Escoge la estación correcta, según lo que oyes.

la primavera

el otoño

el verano

el invierno

Las estaciones en Chile

Contesta las siguientes preguntas.

1. ¿En qué estación pueden patinar sobre hielo en Chile?
2. ¿En qué meses hay flores en Chile?
3. ¿En qué meses están esquiando en Chile?
4. ¿Qué estación es en abril y mayo en Chile?
5. ¿Qué estación es en enero y febrero en Chile?
6. ¿Qué estación es en junio y julio en Chile?

¿Cuándo es verano?

In the Southern Hemisphere, the seasons are the reverse of the seasons in the Northern Hemisphere. For this reason, people ski in Chile from June to August because it is winter there. Similarly, the summer months in Chile are December, January and February.

Diálogo I ¡Vamos a esquiar!

DIEGO: ¿Vamos a dar un paseo por la playa?
PABLO: No, gracias. Hace mucho calor.
ELENA: Yo prefiero montar en patineta.

PABLO: ¡Vamos a esquiar!
ELENA: ¡En enero no podemos esquiar en Chile!
PABLO: No, aquí, no. ¡Vamos a Colorado!

ELENA: ¡Qué tonto eres!
PABLO: Me gusta el invierno.
ELENA: ¡Ya está bien! Vamos a tomar un refresco.

3 ¿Qué recuerdas?

1. ¿Quién quiere dar un paseo por la playa?
2. ¿Por qué no quiere Pablo ir a la playa?
3. ¿Qué prefiere hacer Elena?
4. ¿Qué quiere hacer Pablo?
5. ¿A quién le gusta el invierno?

4 Algo personal

1. ¿Cuál es tu estación favorita? Explica.
2. ¿Qué te gusta hacer en tu estación favorita?
3. ¿Qué deportes practicas donde tú vives en la primavera? ¿Y en el verano? ¿Y en el otoño? ¿Y en el invierno?

5 ¿Qué actividades puedes hacer?

 Escucha la información y di qué actividad o actividades puedes hacer.

MODELO Puedo montar en patineta en el parque.

Montamos en patineta.

La Isla de Pascua.

Chile

Mainland Chile is located along the western coast of South America between the Andes Mountains and the Pacific Ocean. The country also has many interesting islands, including the *Juan Fernández Islands*, where Robinson Crusoe lived for four years, and Easter Island *(Isla de Pascua)*, an island with a mysterious past which is inhabited by people of Polynesian ancestry. Most Chileans live in urban areas, like the capital, Santiago. The

La región de los lagos (southern lakes region), Chile.

population is well educated and the country has a strong literary tradition: Chileans are very proud of their two Nobel Prize-winning poets, Gabriela Mistral and Pablo Neruda. Since much of Chile's population has European origins, it is not uncommon to encounter people of Italian, English, German, Irish or Polish ancestry, or to see street signs with names that are obviously not of Spanish origin. Indeed, the southern city of Puerto Montt was for many years a German colony and the liberator and first ruler of Chile was Bernardo O'Higgins.

When you visit, you will discover that Chile is a country of magnificent contrasts offering everything, from large cosmopolitan cities with the latest in modern-day conveniences and skyscrapers *(rascacielos)* that reach to the sky to the beautiful rustic countryside of the southern lakes region. Just a short distance away from cosmopolitan Santiago, ski resorts like Portillo or Farellones in the Andes Mountains and resort beaches near Viña del Mar offer an escape from the pressures of modern life.

Los rascacielos de Santiago.

6 Chile

Contesta las siguientes preguntas sobre Chile.

1. ¿Está Chile en América del Sur o en América del Norte?
2. ¿Qué montañas están en Chile?
3. ¿Qué océano está al oeste de Chile?
4. ¿En qué isla vive gente de ancestro polinesio?
5. ¿Cuál es la capital del país?
6. ¿Quién es una persona famosa de Chile?
7. ¿Adónde puede uno ir a esquiar? ¿Y a nadar en la playa?

7 Conexiones con otras disciplinas: geografía

Use an encyclopedia or search the Internet for information about Chile. Then list four or five interesting details about places mentioned in the *Cultura viva* (e.g., Juan Fernández Islands, Isla de Pascua, Viña del Mar, etc.).

Idioma

Estructura

Verbs that require special accentuation

Sometimes verbs that end in *-uar* or *-iar* (*esquiar, enviar* and *continuar,* for example) require a written accent mark to indicate that a vowel should be stressed for all present-tense forms except for *nosotros.* You will have to learn which verbs follow this pattern since some verbs that end in *-uar* or *-iar* may not follow this pattern (such as the verb *copiar*).

esquiar: esquío, esquías, esquía, esquiamos, esquiáis, esquían
enviar: envío, envías, envía, enviamos, enviáis, envían
continuar: continúo, continúas, continúa, continuamos, continuáis, continúan

but:

copiar: copio, copias, copia, copiamos, copiáis, copian

 ## Práctica

8 **Todos hacen algo**

Indica qué hacen estas personas cuando tienen tiempo libre.

MODELO Yo (esquiar) con mis padres.
Yo esquío con mis padres.

1. Eva y Luis (esquiar) en Portillo.
2. Claudia (copiar) canciones de la internet.
3. Tú (continuar) dando paseos por el parque.
4. Sara y Paz (enviar) correos electrónicos a sus amigos.
5. Nosotros (esquiar) en Farillones.
6. Yo (continuar) montando en patineta, mi actividad favorita.
7. Alberto (ver) DVDs.
8. Victoria (patinar) sobre hielo.
9. Mamá (enviar) cartas a mis abuelos.

Yo esquío con mis padres.

9 **¿Qué pasa?**

Read the following statements and indicate where there are missing accent marks. Then identify the letter of the illustration that best matches each statement.

1. Hace calor y están en la playa.
2. Esquiamos todos los días.
3. Ellos continúan en la nieve.
4. Ella copia el número de teléfono.

5. Continúa haciendo sol.
6. Él envía una carta.
7. Está nublado.
8. Ellos esquían ahora mismo.

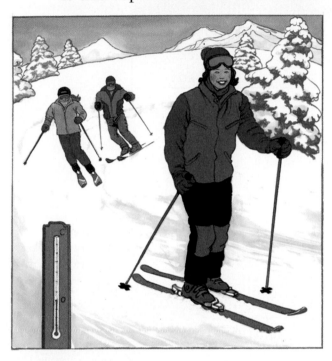

A

B

Comunicación

10 Un correo electrónico

Imagine you have a key pal in Chile. Write an e-mail telling him or her about your home and school life. You may want to say, for example, that you like to ski during the winter, that you and your family ski once a month, that you would like to go to Portillo, that you continue studying Spanish at school and that you are sending pictures of you and your family with the e-mail. Add any other details you would like.

Yo envío un correo electrónico a Chile.

Present tense of *dar* and *poner*

The verbs *dar* and *poner* have irregular present-tense yo forms. In addition, the verb *dar* has an irregular *vosotros, -as* form. Other verbs that are regular in the present tense except for the *yo* form of the verbs: *hacer (yo hago), saber (yo sé), ver (yo veo), salir (yo salgo).*

dar	
doy	damos
das	**dais**
da	dan

poner	
pongo	ponemos
pones	ponéis
pone	ponen

 ## Práctica

 11 **¿Dan un paseo a pie o en carro?**

Create logical sentences using the expression *dar un paseo* and either *a pie* or *en carro*, according to what makes the most sense.

MODELO Enrique / por el parque
Enrique da un paseo por el parque a pie.

1. yo / por la playa
2. tú / por la ciudad
3. nosotros / por el centro
4. Marta y Esperanza / por la calle
5. mi amigo / por la Avenida de la Independencia
6. mis padres / por la plaza

Ellas dan un paseo a pie. (Bariloche, Argentina.)

12 **¡Ponen todo en su lugar!**

Completa las oraciones con la forma apropiada del verbo *poner*.

MODELO Elena <u>pone</u> la patineta en su cuarto.

1. Paz __ las flores en la mesa del comedor.
2. Yo __ los papeles en el escritorio.
3. Carlos y Paula __ sus bicicletas en el garaje.
4. Mi padre __ el televisor en la sala.
5. Tú __ la leche en el refrigerador.
6. Todos nosotros __ los cubiertos sucios en el lavaplatos.

13 ¡Me gusta la primavera!

Completa el siguiente párrafo con la forma apropiada de *comer*, *poner*, *dar*, *salir* y *ver* para saber por qué Sara dice que le gusta la primavera.

En la primavera yo siempre (1) con mi madre los domingos por la mañana a buscar flores. Yo (2) flores por toda la casa. Casi todas las mañanas yo (3) paseos por el parque con mi hermana y por la tarde alquilamos películas en una tienda cerca de la casa para verlas por la noche. Mi padre siempre me (4) dinero para alquilarlas. Claro, a veces, nosotros no las (5) porque (6) a dar un paseo por la noche y entonces no hay tiempo para verlas. Ahora mis hermanos y yo (7) la mesa para la comida. Hoy vamos a (8) en el patio porque no hace calor y no llueve. ¡Me gusta la primavera!

Comunicación

14 Preguntas personales

En parejas, alternen en hacer y contestar las siguientes preguntas en español.

1. ¿Qué haces cuando tienes tiempo libre?
2. ¿Te gusta dar paseos? ¿Dónde?
3. ¿Dan tu familia y tú paseos en carro los fines de semana? ¿Adónde van?
4. ¿Cómo das paseos en el verano? ¿En carro? ¿A pie? ¿En bicicleta?
5. ¿Dan tus amigos y tú paseos en el verano? ¿Adónde?
6. ¿En qué estación del año te gusta más dar paseos? ¿Por qué?
7. ¿Adónde vas de viaje con tu familia en el verano? ¿En la primavera? ¿En el otoño? ¿En el invierno?
8. ¿Quién pone las maletas en el carro cuando vas de viaje con tu familia?
9. ¿Pones flores en tu casa en la primavera? ¿Quién las pone?
10. ¿Dónde pones tu mochila en las vacaciones, cuando no hay clases?

Pongo flores por toda la casa.

15 ¿Qué actividades haces?

Working in small groups, talk about the activities you enjoy during different times of the year according to the season. Include activities such as going for a walk, taking rides, skiing, ice-skating, watching television or any other favorite pastimes. Include details such as when and with whom you do an activity, what the weather is like at that time of year and why you like or dislike the activity.

MODELO A: ¿Qué actividades haces en el verano?
        B: En el verano doy paseos por las playas de Viña del Mar todos los fines de semana. Siempre voy con mi padre y caminamos por una hora.

el corredor

		CORREDOR No
PRIMERO	1º	208
SEGUNDO	2º	103
TERCERO	3º	501
CUARTO	4º	931
QUINTO	5º	002
SEXTO	6º	321
SEPTIMO	7º	711
OCTAVO	8º	600
NOVENO	9º	820
DECIMO	10º	030

16 ¿Quién es?

 Selecciona la foto de la persona apropiada.

A   B   C   D   E   F

17 El tiempo

Contesta las siguientes preguntas en español.

1. ¿En qué estación hace mucho frío?
2. ¿En qué estación llueve mucho?
3. ¿Cuándo hace mucho calor?
4. Cuando va a llover, ¿cómo está el día?
5. ¿Qué tiempo hace en primavera? ¿Y en verano? ¿Y en otoño? ¿Y en invierno?

18 ¿Qué tiempo hace?

 In small groups, take turns describing the weather during one of the seasons without naming the season. Others then try to guess which season you are describing.

Diálogo II ¿Qué temperatura hace?

DIEGO: ¡Qué buen refresco!
PABLO: ¿Qué temperatura hace?
ELENA: Hace calor. Hace treinta y cinco grados.

DIEGO: ¡Vamos a jugar al básquetbol!
PABLO: Soy mal jugador de básquetbol.
ELENA: Eres un buen basquetbolista.
PABLO: No, soy un buen esquiador.

ELENA: En julio podemos ir a esquiar a Portillo.
DIEGO: ¿Quién va a ser el primero en terminar el refresco?
PABLO: ¡Yo! Y el segundo vas a ser tú.

19 ¿Qué recuerdas?

1. ¿Dice Elena que hace calor o hace frío?
2. ¿A qué quiere jugar Diego?
3. ¿Quién es un buen esquiador?

4. ¿Adónde pueden ir a esquiar en julio?
5. ¿Quién va a ser el primero en terminar el refresco?

20 Algo personal

1. ¿Qué temperatura hace ahora?
2. ¿Qué tiempo hace?
3. ¿Te gusta cuando hace mucho calor? ¿Y cuando hace frío?

21 ¿Qué tiempo hace?

Selecciona la ilustración que corresponde con lo que oyes.

A   B   C

D   E   F

¿Fahrenheit o centígrados?

Whereas in the United States most people generally refer to the temperature in degrees Fahrenheit (grados Fahrenheit), throughout most of the world the temperature is given in degrees centigrade, also referred to as degrees Celsius (grados centígrados o grados Celsius). To ask for and understand the temperature in Spanish, you must know more than just the words that tell the temperature. You must be able to use degrees centigrade. For example, the temperature at

Hace mucho calor.

Hace -5 grados centígrados.

which water freezes is 0 in degrees centigrade and 32° in degrees Fahrenheit. You can make conversions using the following formula:

$$\frac{°C}{5} \times 9 + 32 = °F$$

---

22 Conexión con otras disciplinas: **matemáticas**

Cambia las temperaturas de grados centígrados a grados Fahrenheit para las siguientes ciudades en Chile.

MODELO La Serena 12°C
Hace 53.6°F.

1. Iquique   28°C
2. Arica   25°C
3. Concepción   20°C
4. Santiago   35°C
5. Balmaceda   30°C
6. Puerto Montt   18°C
7. Temuco   15°C
8. Punta Arenas   9°C

¿Qué temperatura hace en Santiago?

23 Pronóstico del tiempo

Present a weather forecast to your class in Spanish using any props, charts and maps you wish or ones that you create. Make believe you are an actual meteorologist reporting for the ten o'clock news.

 **Idioma**

Estructura

Describing people using -dor and -ista

You can identify someone who participates in a particular sport or activity by changing the ending on the sport to *-dor (-dora)* in some cases or *-ista* in others (which remains the same for males or females).

patinar	– el patina**dor** /la patina**dora**		el tenis	– el/la ten**ista**
esquiar	– el esquia**dor**/la esquia**dora**		el básquetbol	– el/la basquetbol**ista**
correr	– el corre**dor**/la corre**dora**		el fútbol	– el/la futbol**ista**
jugar	– el juga**dor**/ la juga**dora**			

Note: The accent mark is not used on the newly formed word when these endings are added.

 **Práctica**

 ¿Qué son?

Describe a estas personas usando las siguientes palabras: *basquetbolista, beisbolista, corredor(a), deportista, esquiador(a), futbolista, nadador(a), patinador(a), tenista.*

MODELO Mis primas nadan en la piscina.
Son nadadoras.

1. Juan está jugando al fútbol.
2. Beatriz está patinando sobre hielo.
3. Nosotros tenemos práctica de deportes.
4. Marta está jugando al tenis.
5. Jorge e Iván esquían muy bien.
6. Estoy jugando al básquetbol.
7. Tú estás listo para jugar al béisbol.
8. Estoy corriendo en el parque.

Juan está jugando al fútbol.

Di qué deportes practican las personas de las fotografías.

MODELO  Es beisbolista.

1

2

3

4

5

6

Comunicación

 26 Mis deportistas favoritos

 In small groups, talk about your favorite athletes. Try to include the names of one or two Spanish-speaking athletes, if possible. Say the person's name, sport and where the person is from (if you know). If the person plays with a team, name the team. Be as specific and detailed as you can, and add any information you can to your classmates' descriptions.

MODELO
A: Mi deportista favorito es Albert Pujols. Es beisbolista y es de la República Dominicana.
B: Juega con San Luis, ¿verdad?
A: Sí. Juega con San Luis.
C: Pues, mi deportista favorito es un basquetbolista. Se llama Pau Gasol.

¡Oportunidades!

El español y los deportes
You probably are familiar with a number of Spanish-speaking sports figures who learned English either before becoming famous or while traveling internationally as they participated in their sport. Knowing another language has helped them communicate with people they have met in their travels. What opportunities do you think might occur for you if you participate in sports and become really good? How might knowing Spanish help you if you are an athlete? Can you think of ways Spanish might help if you were a member of a sports team that competes internationally?

Estructura

Using ordinal numbers

You use ordinal numbers to place things in order (first, second, third, etc.). In Spanish, only the first ten ordinal numbers are used often. They generally follow definite articles and precede nouns. Like other adjectives in Spanish, the ordinal numbers agree in gender (masculine/feminine) and number (singular/plural) with the noun they modify.

> ¿Cuáles son los **primeros** corredores en terminar?

When *primero* and *tercero* appear before a masculine singular noun, they are shortened to *primer* and *tercer*.

> Francisco es el **primer** corredor en terminar.
> Lorenzo es el **tercer** corredor en terminar.

You can abbreviate ordinal numbers ending in -o, -a, -os, -as or -er by placing those letters at the upper right-hand side of the number: *primero* → 1º, *primera* → 1ª, *primeros* → 1ºˢ, *primeras* → 1ªˢ, *primer* → 1ᵉʳ, *tercer* → 3ᵉʳ.

  Práctica

27 **La competencia anual del colegio**

El Colegio San Ignacio de Santiago tiene una competencia de esquí en Portillo todos los años. Completa los resultados de la competencia de este año con el número ordinal apropiado.

MODELO   Ingrid fue la <u>décima</u> esquiadora en terminar.

Competencia Anual			
1ª	Olga	6º	Javier
2º	Edgar	7ª	Paula
3º	Hugo	8ª	Paz
4ª	Natalia	9º	Alfonso
5º	Enrique	10ª	Ingrid

1. Javier fue el __ esquiador en terminar.
2. Paula fue la __ esquiadora en terminar.
3. Alfonso fue el __ esquiador en terminar.
4. Paz fue la __ esquiadora en terminar.
5. Hugo fue el __ esquiador en terminar.
6. Olga fue la __ esquiadora en terminar.
7. Edgar fue el __ esquiador en terminar.
8. Natalia fue la __ esquiadora en terminar.
9. Enrique fue el __ esquiador en terminar.
10. Ingrid fue la __ esquiadora en terminar.

Ingrid fue la décima esquiadora en terminar.

28 ¡El pasatiempo nacional!

Irene loves soccer and would like to find out the standings for her favorite Chilean teams. Use the information provided in the chart to update her.

Tabla de posiciones

Equipos	PJ	PG	PE	PP	Pts.
1. Palestino	38	32	2	4	66
2. Everton	38	30	4	4	64
3. Colo Colo	38	27	5	3	59
4. Cobresal	38	24	3	11	51
5. Concepción	38	23	2	13	48
6. La Española	38	20	5	13	45
7. O'Higgins	38	18	6	14	42
8. La Católica	38	15	10	13	40
9. Cobreloa	38	12	5	21	29
10. La Serena	38	9	7	22	25

PJ: Partidos jugados; PG: Partidos ganados; PE: Partidos empatados; PP: Partidos perdidos; Pts.: Puntos

1. El Cobresal es el __ equipo.
2. El O'Higgins es el __ equipo.
3. El Colo Colo todavía es el __ equipo.
4. El Concepción es el __ equipo.
5. La Serena es el __ equipo.
6. La Católica es el __ equipo.
7. El Everton es el __ equipo.
8. El Palestino es el __ equipo.
9. El Cobreloa es el __ equipo.
10. La Española es el __ equipo.

Comunicación

29 ¿Quién fue el primero en terminar la carrera?

Working in pairs, talk about the final results of the girls' and boys' cross-country race.

MODELO A: ¿Quién fue el octavo en terminar?
B: Gerardo fue el octavo en terminar.

muchachos		muchachas	
1º	Jorge	1ª	Ana
2º	Pedro	2ª	Marta
3º	Carlos	3ª	Susana
4º	Ramiro	4ª	Paula
5º	Juan	5ª	Julia
6º	Javier	6ª	Luisa
7º	Alejandro	7ª	Yolanda
8º	Gerardo	8ª	Raquel
9º	Rogelio	9ª	Carlota
10º	Víctor	10ª	Paz

¿Quién va a ser el primero en terminar?

Capítulo 7

trescientos cinco 305

Los deportes en familia

Members of the Spanish Club participate in different sports throughout the year. Working in pairs, talk about the information provided here depicting their activities during different seasons. You may want to talk about what each person is doing, what the season is, what the weather is like or anything else you can say in Spanish. Correct any information your partner says that you think is wrong.

Pedro **1** Ana

Esteban **2** Rosa

Alejandro **3** Carmen

MODELO

A: En el primer dibujo es otoño.

B: No, no es otoño, es primavera. Hace viento. Pedro está jugando al básquetbol.

A: Sí, y Ana está jugando al tenis.

31 En el verano

In groups of three, each of you should list five summer activities in order from most to least favorite, using ordinal numbers. Then discuss your preferences.

> 1º ir a la playa
> 2º dar paseos por el parque
> 3º jugar al fútbol

MODELO **A:** Primero, me gusta ir a la playa en el verano. Hace sol y es muy divertido. Segundo, me gusta dar paseos por el parque.

B: Bueno, primero me gusta dormir.

C: A mí, primero, me gusta montar en patineta.

Una playa en Chile.

Lectura personal

Dirección http://www.emcp.com/músico/aventura1/e.diario-7.htm

Archivo   Edición   Ver   Favoritos   Herramientas   Ayuda

página principal   miembros   e-diario

Grupo musical La OLA

Nombre: **Carlos Cubillas Lorca**
Edad: **19 años**
País natal: **Chile**
Su estación favorita: **verano**

¡Otro excelente concierto en Santiago de Chile! Saben amigos, estoy muy contento de estar en mi país después de tantos meses. Eché de menos[1] mis montañas. Chile tiene 4.200 kilómetros (2.260 millas) de cordillera[2]. Desde casi cualquier[3] lugar de la capital se puede ver la majestuosa Cordillera Sur de los Andes. Cuando no toco la guitarra con el grupo La Ola, practico el andinismo: deporte de escalar[4] montañas, específicamente los Andes. ¡Me gusta mucho el andinismo! Después de enviar este mensaje, voy a ir al Monumento Natural de El Morado con un buen amigo (y excelente esquiador). El Morado está a sólo hora y media de Santiago. El parque está cerrado entre[5] los meses de mayo y septiembre porque hay mucha nieve, pero estamos en otoño, entonces está bien. El primer día vamos a dar un paseo por la laguna[6] El Morado. Probablemente va a hacer fresco. El segundo día, en cambio, va a hacer mucho frío. Ese día pensamos escalar en hielo por el glaciar de San Francisco. A pesar de las bajas temperaturas, la falta[7] de oxígeno y el viento, vale la pena[8] visitar este lugar para poder presenciar[9] la magia de las montañas, mis montañas chilenas.

[1] I missed   [2] mountain chain   [3] any   [4] climb   [5] between   [6] lagoon   [7] lack   [8] it is worthwhile   [9] to witness

32 ¿Qué recuerdas?

1. ¿De dónde es Carlos? ¿Qué deporte practica?
2. ¿Qué se puede ver desde Santiago de Chile?
3. ¿Qué es el Monumento Natural de El Morado? ¿En qué estación está cerrado? ¿Por qué?
4. ¿Adónde va a dar un paseo Carlos el primer día?
5. ¿Qué tiempo va a hacer el segundo día?

• **From what you can infer from the reading, what is Chile's geography and climate like? Compare it with the geography and climate of the state in which you live.**

33 Algo personal

1. ¿Hay montañas donde vives? ¿Cómo se llaman?
2. ¿Te gustaría escalar El Morado? ¿Por qué sí o por qué no?
3. ¿Qué estación es buena para practicar el andinismo?

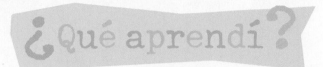

Autoevaluación

As a review and self-check, respond to the following:

1. Name a favorite activity during each of the seasons.

2. What is the weather like where you live in the spring? Summer? Fall? Winter?

3. How would you ask what the temperature is today in Santiago, Chile?

4. Ask a friend how to send an e-mail letter and where you should put the address.

5. Imagine you are recording finishing times at a school track meet and it is your job to rank the runners as they finish. Using the ordinal numbers, count the first ten runners to cross the line in order to tell each runner where they are ranked.

6. What do you know about Chile?

Palabras y expresiones

How many of these words and expressions do you know?

El tiempo
el cambio
está nublado,-a /soleado,-a
la estación
el fresco
el grado
hace (+ *weather expression*)
hay neblina/sol
el hielo
el invierno
la lluvia
máximo,-a
mínimo,-a
la neblina
la nieve
nublado,-a
el otoño
la primavera
¿Qué tiempo/ temperatura hace?

el sol
soleado,-a
la temperatura
el tiempo
el viento
Para describir
buen
cuarto,-a
décimo,-a
excelente
listo,-a
mal
noveno,-a
octavo,-a
quinto,-a
segundo,-a
séptimo,-a
sexto,-a
tercero (tercer),-a
todavía

Deportistas
el basquetbolista, la basquetbolista
el corredor, la corredora
el deportista, la deportista
el esquiador, la esquiadora
el futbolista, la futbolista
el jugador, la jugadora
el patinador, la patinadora
el tenista, la tenista

Verbos
continuar
copiar
enviar
esquiar
llover (ue)
montar en patineta
nevar (ie)
patinar sobre hielo
Expresiones y otras palabras
dar un paseo
en cambio
la flor
el lugar
el paseo
la patineta
por
por todos lados

¡Viento en popa!

Tú lees

Preparación

Contesta las siguientes preguntas como preparación para la lectura.

1. ¿Cuál es el tema principal de esta lectura?
2. ¿Cuál es el deporte más popular del mundo hispano?
3. Identifica cinco cognados en la lectura *El mundo de los deportes*.

Previewing Activities

Read the title.
Look for cognates.
Skim the first paragraph.
Skim the last paragraph.
Look at information in accompanying charts.
Ask yourself what the main points are.

El mundo de los deportes

Los deportes son populares e importantes en el mundo hispano, y el fútbol es sin duda alguna[1] el deporte favorito de todos. Miles de personas ven los partidos de fútbol todas las semanas y la Copa Mundial[2] de fútbol es el evento más importante del mundo deportivo. Millones de personas en todo el mundo miran los partidos de la Copa Mundial y se contagian de la fiebre del "¡Gol!"[3]. La Copa Mundial sólo se juega una vez cada cuatro años y países de todo el mundo participan en este gran espectáculo del deporte.

El béisbol es otro deporte muy popular en el Caribe, especialmente en Cuba, la República Dominicana y Puerto Rico. También es muy popular en algunas

Futbolistas de Inglaterra y Argentina en la Copa Mundial.

Estos chicos juegan al jai alai.

regiones de México y en Venezuela. Muchos jugadores de estos países juegan en las grandes ligas de los Estados Unidos. Algunos[4] de los jugadores más famosos de todos los tiempos son hispanos, como Pedro Martínez y Sammy Sosa (de la República Dominicana) y Roberto Clemente (de Puerto Rico).

El boxeo (también llamado[5] el deporte de las narices chatas[6]), el frontón[7], el jai alai y el ciclismo son también deportes populares en los países hispanos. Estos dos últimos también son muy populares en España, junto con[8] el básquetbol (también llamado baloncesto).

En el mundo hispano se practican muchos otros deportes y desde hace décadas los hispanos, al igual que[9] el resto del mundo, practican deportes no sólo como pasatiempo, sino también para mantener buena salud[10] y una vida activa.

[1]Without a doubt   [2]World Cup   [3]they all catch "goal" fever   [4]Some   [5]called [6]flat noses   [7]a sport similar to squash or handball   [8]along with   [9]just as   [10]good health

El ciclismo es popular en los países hispanos.

A ¿Qué recuerdas?

1. ¿Cómo son los deportes en el mundo hispano?
2. ¿Qué ven miles de personas cada semana?
3. ¿Cuál es el evento más importante en el fútbol?
4. ¿Qué deporte es muy popular en la región del Caribe?
5. ¿Qué otros deportes son populares en el mundo hispano?

B Algo personal

1. ¿Haces alguno de estos deportes? ¿Cuál? ¿Dónde? ¿Con quién?
2. ¿Cuál es tu deporte favorito?
3. ¿Cuánto tiempo hace que haces ese deporte?
4. ¿Sabes algo de los deportes en el mundo hispano? ¿Qué sabes?
5. ¿Ves muchos deportes en la televisión? ¿Cuáles?

Nuestro deporte favorito es el béisbol.

Tú escribes ■ ■■■■ ■■ ■■■ ■■

**Answer the questions that follow in order to generate ideas for writing
on the theme *Mi tiempo libre*. Then select some of the ideas that
you like and write a paragraph about your free time. Remember to
incorporate some transition words *(en cambio, entonces, pero)* to tie
your ideas together and make your composition flow smoothly.**

1. ¿Cuáles de estas actividades te gustan?

montar en patineta	practicar deportes
ver la tele	escuchar música
leer revistas	esquiar
ir a un concierto	ir a partidos de béisbol, fútbol, etc.
hacer ejercicios	montar a caballo
montar en bicicleta	hacer un picnic
ir al cine	trabajar con la computadora
ir de compras	tocar un instrumento musical
patinar sobre hielo	ir a fiestas con amigos
dar un paseo	hablar por teléfono

2. ¿Qué otras actividades te gusta hacer?
3. Completa estas frases pensando en lo que te gusta hacer.

   A. En el verano, me gusta....

   B. En el invierno, me gusta....

   C. Cuando hace mal tiempo, yo....

   D. Cuando estoy enfermo/a, prefiero....
   E. Si estoy aburrido/a, yo....

   F. Cuando estoy solo/a, me gusta....
   G. Cuando estoy con mi familia, prefiero....
   H. Cuando estoy con mis amigos....
   I. Si tengo dinero, me gusta....
   J. Cuando no tengo dinero, prefiero....

Proyectos adicionales ■■ ■ ■■■■ ■

A Conexión con la tecnología

Using the Internet, visit a Web site that gives weather information for different cities around the world. Find the current weather conditions for several Spanish-speaking countries. Then write several paragraphs in Spanish to summarize what you find. Be sure to include the following information: identify the different symbols used to represent weather conditions, describe today's weather in several cities, give the current temperature, tell what season it is and predict what people are doing now due to the weather.

Santiago 22.7 ºC (73 ºF)
Valparaíso 17.6 ºC (64 ºF)

Santiago 9 ºC (48 ºF)
Valparaíso 11.4 ºC (53 ºF)

ANNUAL AVERAGE
Santiago 384 mm (15.1 inches)
Valparaíso 462.6 mm (18.2 inches)

B Comunidades

Using the Internet, the newspaper, information from family and friends, etc., find out what you can about five well-known athletes in your local community or state (try to find at least one person who speaks Spanish). Try to find out where they are from, where they live, whether they speak Spanish, what they do when they have free time or anything else that interests you. Then write two or three statements describing each person.

C Comparisons

Compare sports where you live with what you know about sports in Spanish-speaking countries. Are the same sports popular? Does the weather have an effect on the sports being practiced? Are the sports played at the same time of the year? During the same season?

Now that I have completed this chapter, I can...	Go to these pages for help:
talk about leisure time activities.	270
discuss sports.	271
say what someone can do.	274
discuss length of time.	280
describe what is happening.	282
talk about the seasons and weather.	290, 298
indicate order.	304

I can also...

talk about life in Argentina and Chile.	273, 293
talk about television and renting movies.	276
convert temperatures from centigrade to Fahrenheit.	301
understand a weather forecast in Spanish.	313

Trabalenguas

Es primavera: ¡Cuántas flores florean en el florido campo!

Resolviendo el misterio

After watching Episode 7 of *El cuarto misterioso*, answer the following questions.

1. Why did José agree to invite Rafael to his uncle's house for lunch?

2. Why is Conchita hanging around Rafael?

3. What has been revealed about Rafael's character so far?

Vocabulario

los **aeróbicos** aerobics 7A
ahora mismo right now 7A
el **ajedrez** chess 7A
alquilar to rent 7A
americano,-a American 7A
antes de before 7A
apagar to turn off 7A
el **básquetbol** basketball 7A
el **basquetbolista**, la
  basquetbolista basketball
  player 7B
buen good 7B
el **cambio** change 7B
las **cartas** playing cards 7A
casi almost 7A
continuar to continue 7B
el **control remoto** remote
  control 7A
copiar to copy 7B
el **corredor**, la **corredora**
  runner 7B
costar (ue) to cost 7A
¿Cuánto (+ *time expression*)
  hace que (+ *present tense of*
  verb) ... ? How long ... ? 7A
cuarto,-a fourth 7B
las **damas** checkers 7A
dar un paseo to go for a walk,
  to go for a ride 7B
dar to give 7A
décimo,-a tenth 7B
el **deportista**, la **deportista**
  athlete 7B
después de after 7A
dibujar to draw, to sketch 7A
dormir (ue, u) to sleep 7A
en cambio on the other
  hand 7B
enviar to send 7B
el **equipo** team 7A
el **esquiador**, la
  esquiadora skier 7B
esquiar to ski 7B
esta noche tonight 7A
está nublado,-a/soleado,-a it's
  cloudy, it's sunny 7B
la **estación** season 7B

estupendo,-a wonderful,
  marvelous 7A
excelente excellent 7B
la **flor** flower 7B
el **fresco** cool 7B
el **fútbol americano** football 7A
el **futbolista**, la **futbolista** soccer
  player 7B
el **grado** degree 7B
hace (+ *time expression*) **que**
  (*time expression* +) ago 7A
hace (+ *weather expression*) it is
  (+ *weather expression*) 7B
hacer aeróbicos to do
  aerobics 7A
hay neblina/sol it is misting/it
  is sunny 7B
el **hielo** ice 7B
el **invierno** winter 7B
el **jugador**, la **jugadora** player 7B
jugar (ue) to play 7A
la **lista** list 7A
listo,-a ready 7B
llover (ue) to rain 7B
la **lluvia** rain 7B
el **lugar** place 7B
mal bad 7B
la **maquinita** little machine,
  video game 7A
máximo,-a maximum 7B
mínimo,-a minimum 7B
el **minuto** minute 7A
mismo,-a same 7A
montar en patineta to
  skateboard 7B
la **neblina** mist 7B
nevar (ie) to snow 7B
la **nieve** snow 7B
noveno,-a ninth 7B
nublado,-a cloudy 7B
octavo,-a eighth 7B
el **otoño** autumn 7B
el **pasatiempo** pastime, leisure
  activity 7A
el **paseo** walk, ride, trip 7B
el **patinador**, la **patinadora**
  skater 7B

patinar sobre hielo to ice-
  skate 7B
la **patineta** skateboard 7B
permitir to permit 7A
poder (ue, u) to be able to 7A
por la mañana in the
  morning 7A
por la noche at night 7A
por la tarde in the afternoon 7A
por todos lados everywhere
  7B
por by 7B
la **primavera** spring 7B
el **programa** program 7A
¿Qué temperatura hace? What
  is the temperature? 7B
¿Qué tiempo hace? How is
  the weather? 7B
quinto,-a fifth 7B
recordar (ue, u) to
  remember 7A
remoto,-a remote 7A
el **segundo** second 7A
segundo,-a second 7B
séptimo,-a seventh 7B
sexto,-a sixth 7B
el **siglo** century 7A
el **sol** sun 7B
soleado,-a sunny 7B
la **telenovela** soap opera 7A
el **televisor** television 7A
la **temperatura** temperature 7B
el **tenista**, la **tenista** tennis
  player 7B
tercero (tercer),-a third 7B
el **tiempo** weather 7B
todavía yet 7A
todavía still 7B
(*number* +) **vez/veces al/a la**
  (*time expression*) (*number* +)
  time (s) per (+ *time expression*)
  7A
la **vida** life 7A
el **viento** wind 7B
el **voleibol** volleyball 7A
volver (ue, u) to return, to go
  back, to come back 7A

CAPÍTULO 8

Mis quehaceres

El cuarto misterioso

Contesta las siguientes preguntas sobre esta escena del *Episodio 8–En casa.*

1. ¿Qué quehaceres probablemente tienen que hacer José y don Pedro para preparar el almuerzo para Ana, Conchita y Rafael?
2. A los jóvenes, les gusta comer juntos. ¿Por qué piensas que es divertido y popular comer con los amigos?
3. ¿Qué es mole?

DVD 2, Track 11. Mientras José y su tío preparan la casa para la visita de Ana, Conchita y Rafael, José le pregunta a su tío sobre "el cuarto misterioso."

talk about household chores

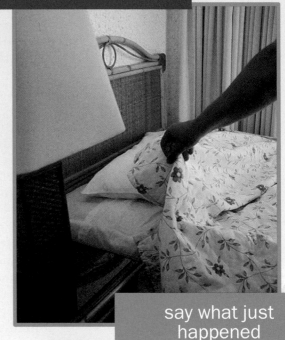

say what just happened

identify and describe foods

make comparisons

discuss food preparation

ask for and offer help

talk about the past

www.emcp.com
i-CULTURE
Authentic Connections to the World

hacer la cama

colgar la ropa

doblar la ropa

Quizás debo sólo adornar esta pared.

limpiar

adornar

cocinar/preparar la comida

el abrigo

En la familia García hay mucha gente.
Ellos son nueve personas.
Juntos hacen los quehaceres de la casa.

El abuelo acaba de llegar
y deja su abrigo en la sala.

Ramón sube algo al primer piso.
Él le sube una camisa a su hermano.

trabajar en el jardín

1 ¿Qué tienen que hacer?

 Write the names Julia and Enrique. Next, listen and list under each of their names what chores *(quehaceres)* each of them has to do. Then circle any items on the lists that they both have to do. The first one has been done for you.

MODELO

Julia	Enrique
adornar la sala	

2 La familia García

Contesta las siguientes preguntas, según la información en el Vocabulario I.

1. ¿Quién acaba de llegar?
2. ¿Dónde deja el abrigo el abuelo?
3. ¿Qué le sube Ramón a su hermano?
4. ¿Hay mucha gente en la familia García? ¿Cuántas personas son?
5. ¿Hacen juntos los quehaceres?

3 Tu familia

Haz una lista de los quehaceres que hacen en tu casa según lo que aprendiste en el Vocabulario I. Luego, di quién hace cada uno de esos quehaceres en tu familia.

hacer las camas	mi hermana
limpiar la sala	yo
limpiar la cocina	mi padre y mi madre

Estrategia

Increasing your vocabulary

When reading or learning new vocabulary in Spanish, you can figure out the meaning of a new word by relating it to your knowledge of other words that are spelled similarly. Such groups of similar words are called "word families." All the "members" of a word family share a common, easily recognizable root. Can you see how the verb *cocinar* (to cook) and the noun *cocina* (kitchen) are related in this way since people cook in a kitchen? Recognizing word families can help you expand your Spanish vocabulary and can make learning new words easier.

Diálogo I ¿Me ayudas?

INÉS: Víctor, ¿qué haces?
VÍCTOR: Hago unos quehaceres.

INÉS: ¡Qué aburrido! ¿Por qué no vamos al cine?
VÍCTOR: Tengo que terminar de limpiar la casa. ¿Me ayudas?
INÉS: Sí, dejo mi abrigo aquí y te voy a limpiar la cocina.

INÉS: Bueno, la cocina ya está limpia. Hola, señora Zea.
SRA. ZEA: Hola, Inés. Hola, Víctor. ¡Qué casa tan limpia!
VÍCTOR: Gracias, mamá. Ahora voy al cine con Inés.

 ¿Qué recuerdas?

1. ¿Qué hace Víctor?
2. ¿Adónde quiere ir Inés?
3. ¿Qué tiene que terminar Víctor primero?
4. ¿Qué limpia Inés?
5. ¿Qué dice la Sra. Zea?

 Algo personal

1. ¿Cómo ayudas con los quehaceres en casa?
2. ¿Piensas que hacer los quehaceres es aburrido? Explica.
3. ¿Te gusta ir al cine?

 ¿Me ayudas?

 Mira las tres fotos que van con el diálogo y di si lo que oyes va con la primera, la segunda o la tercera foto.

MODELO Va con la tercera foto.

Todos ayudan en la cocina.

España: país multicultural

Spain's culture and diverse population today reflect the influence of people from many different ethnic groups and races over thousands of years. For example, cave paintings indicate people lived in an area *(Altamira)* of northern Spain between 25,000 and 10,000 B.C. Over 4,000 years ago the Iberians *(íberos)* invaded the area

Córdoba es una ciudad bonita.

Granada, España.

that would later be named the Iberian Peninsula *(Península Ibérica)* and that is shared today by Spain and Portugal. In 1100 B.C., the Phoenicians *(fenicios)* from present day Lebanon founded cities where *Cádiz* and *Málaga* are located. Blue-eyed, blond Celts *(celtas)* traveled from northern Europe south to Spain between 800 and 700 B.C., which explains why many Spaniards have those features today. The Greeks *(griegos)*, who arrived between 800 and 700 B.C., along with the Phoenicians, brought with them olive trees and grapevines. As a result, both olives *(aceitunas)* and grapes *(uvas)* are important products in Spain's economy today. Many other people

arrived later: the Carthaginians *(cartagineses)* from the area known today as Tunisia; the Romans *(romanos)*, who introduced Latin, which evolved into Spanish; the Visigoths *(visigodos)* from Germany; and the Arabs from northern Africa, also called Moors *(moros)*, who introduced the cultivation of rice *(arroz)* and oranges *(naranjas)* and turned *Córdoba* and *Granada* into important and prestigious cities. By the time the Moors were defeated in Granada and removed from power in 1492 by the Catholic monarchs Ferdinand *(Fernando)* and Isabella *(Isabel)*, many elements in contemporary Spain had taken root and are still evident today.

Los Reyes Católicos, Isabel y Fernando.

7

Conexiones con otras disciplinas: historia y ciencias sociales

Conecta la información de las dos columnas de una manera lógica.

1. los griegos y los fenicios
2. los moros
3. los celtas
4. los romanos
5. los fenicios
6. 25,000–10,000 B.C.

A. el latín
B. Altamira
C. el arroz y las naranjas
D. Cádiz y Málaga
E. las aceitunas y las uvas
F. rubios

 **Práctica**

9 **Antes de ir de vacaciones**

Pablo y su familia van de vacaciones y unos amigos van a ayudar a la familia a prepararse para el viaje. Completa tus oraciones con *me, te, le, nos* o *les*, diciendo qué van a hacer.

El uso de *vosotros*

It is common to use the direct and indirect object pronoun *os* in Spain in the same circumstances in which you have learned to use *vosotros*: when talking informally with two or more people.

> **MODELO** Marta <u>nos</u> va a limpiar las ventanas (a nosotros).

1. Raúl __ va a buscar las maletas (a mí).
2. Marta __ va a doblar la ropa (a mi madre).
3. La Sra. Martínez __ va a preparar la comida (a mis padres).
4. El Sr. Martínez __ va a colgar los abrigos (a mi padre).
5. Raúl y Marta __ van a hacer las camas (a nosotros).

10 **De otra manera**

Estás hablando de los quehaceres de la casa con unos amigos. ¿Cómo puedes decir la misma oración de otra manera *(another way)*?

> **MODELO** ¿*Me* estás colgando la ropa?
> ¿Estás colgándo*me* la ropa?

1. Él nunca *le* puede limpiar la casa.
2. Quizás Carlos *te* puede poner la mesa.
3. ¿No *me* quieres preparar la comida?
4. Quizás *te* debo escribir una lista de quehaceres.
5. *Les* estamos colgando la ropa.
6. ¿No *nos* está Ud. adornando el cuarto?

11 **¿Me ayudas?**

In pairs, take turns asking one another for help with the indicated tasks. The person responding may agree or refuse to help.

> **MODELO** colgar los abrigos
> **A:** ¿Me cuelgas los abrigos?
> **B:** Sí, (No, no) te cuelgo los abrigos.

1. limpiar el patio
2. doblar las servilletas
3. limpiar la mesa del comedor
4. buscar la sal
5. encender las luces del comedor
6. hacer las camas
7. poner la mesa
8. subir la ropa a mi cuarto

¿Me estás colgando la ropa?

Ayudando en casa

Las personas de la ilustración están ayudándote en las tareas de la casa.
Describe lo que hace cada una de las personas.

MODELO Marta  Marta me está limpiando la mesa./Marta está limpiándome la mesa.

1. Antonio y Carlota

2. Ernesto

3. Cristóbal

4. Julia

 # Comunicación

 ¿Qué haces?

 Make a list of your household chores and another list of what you do to help specific members of your family. Then talk with a classmate about what you do to help around the house and who you help with the household duties.

MODELO
A: ¿Qué haces para ayudar en tu casa?
B: Doblo mi ropa y la subo a mi cuarto. ¿Y tú? ¿Ayudas a tus padres?
A: Sí. Le pongo la mesa a mi madre.

 ¿Me ayudas?

 A group of exchange students from Spain will be staying with families in your community. With a classmate, take turns asking one another when each of you will be able to help with various chores to prepare for their visit. Answers should indicate if and when the person answering will be able to help with the indicated tasks.

MODELO
A: ¿Cuándo me puedes limpiar la cocina?
B: Quizás te puedo limpiar la cocina por la tarde./Quizás puedo limpiarte la cocina por la tarde.

15 ¿Qué les gusta hacer?

In small groups, discuss your most favorite and least favorite household chores. Each person should make a list of at least three chores you all like to do and a second list of three chores that you do not like to do. Each member of your group should then talk with members of other groups to find out how your lists compare. Finally, one person from each group should summarize the findings for the class.

MODELO **A:** ¿Les gusta cocinar la comida?
B: Sí, nos gusta cocinarla.
A: A nosotros también nos gusta.

Nos gusta	No nos gusta
cocinar	poner la mesa

Estructura

Saying what just happened with *acabar de*

You can say what has just happened using a form of the verb *acabar* (to finish, to complete, to terminate) followed by *de* and an infinitive.

$$acabar\ de\ +\ infinitive$$

Acabo de llegar. I just arrived.
*Mi padre **acaba de poner la mesa.*** My father just set the table.

Práctica

16 ¡Gracias por la ayuda!

Francisco tiene muchos quehaceres y muchos buenos amigos. A sus amigos les gusta ayudar con sus quehaceres. Contesta las preguntas para decir quién acaba de hacer cada quehacer, usando las pistas entre paréntesis.

MODELO ¿Los platos? (Alicia / limpiar)
Alicia acaba de limpiarlos.

1. ¿Las camisas? (Ana / doblar)
2. ¿Las camas? (Pedro y Pablo / hacer / ahora mismo)
3. ¿El cuarto? (Alejandro y yo / limpiar / juntos)
4. ¿La sala? (Elena / adornar)
5. ¿Los abrigos? (yo / colgar)
6. ¿Las ventanas? (Ángel / limpiar / hace media hora)

Alicia acaba de limpiar los platos.

17 **La fiesta de despedida**

You and a friend are organizing the farewell party for the Spanish exchange students who just spent the last week with families in your community. Take turns asking and answering questions to find out what everyone has just done to help out.

> **MODELO** Uds. / limpiar la cocina
>
> **A:** ¿Qué acaban de hacer Uds.?
>
> **B:** Acabamos de limpiar la cocina.

1. Ana / poner la mesa
2. Andrés y Rosa / adornar las paredes
3. tú / limpiar las ventanas
4. Jaime y Cristina / preparar la comida
5. Mercedes / llegar con la comida
6. yo / leer la lista de quehaceres

 # Comunicación

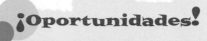## ¡Oportunidades!

Estudiante de intercambio

It is becoming more and more popular for language students to spend time overseas as exchange students. After you have studied Spanish for a couple of years, it would be a great opportunity for you to become an exchange student in Spain or in another Spanish-speaking country. What you learn at school will be very valuable to you. Living within the culture in a different country, practicing the language you have learned with native speakers, developing life long friendships, and gathering firsthand experience will be very rewarding and exciting.

18 **¿Qué acabas de hacer?**

Imagine it is Saturday at noon and you are talking on the phone with a friend. Discuss some things each of you did just recently and what you are going to do later in the day. You may want to include in your conversation something interesting that someone in your family or a friend did recently, too.

> **MODELO** **A:** ¿Qué haces?
>
> **B:** Bueno, yo acabo de poner la mesa. ¿Y tú?
>
> **A:** Pues, yo acabo de terminar mi tarea. Mis padres dicen que puedo salir. ¿Quieres hacer algo?

Acabo de poner la mesa.

Yo traigo el pan y la leche.

sacar la basura

Él va a buscar leche y pan a la tienda.

19 Los quehaceres

Selecciona la foto de la persona que corresponda con lo que oyes.

A   **B**   **C**   **D**

20 ¡Más quehaceres!

Di qué quehaceres debes hacer, según las ilustraciones.

MODELO      Debo poner la mesa.

1

2

3

4

5

6

Diálogo II   Hay mucho por hacer

SRA. ZEA: Ayer trabajasteis mucho, pero hoy hay quehaceres también.

VÍCTOR: Pues, yo voy a recoger la mesa y lavar las ollas.

SRA. ZEA: Entonces, David puede pasar la aspiradora.

SRA. ZEA: ¿Quién va a la tienda a buscar leche?

DAVID: ¿Qué?

SRA. ZEA: ¿No me oyes? ¡Qué listo!

SRA. ZEA: ¿Puedes ir a buscar leche a la tienda?

DAVID: ¿Y por qué yo? ¿Por qué no va Víctor?

SRA. ZEA: Porque él va a lavar las ollas. ¿Quieres hacer eso?

21 ¿Qué recuerdas?

1. ¿Quiénes trabajaron mucho ayer?
2. ¿Qué va a hacer Víctor?
3. ¿Quién pasa la aspiradora?
4. ¿Quién es listo?
5. ¿Qué no quiere hacer David?

22 Algo personal

1. ¿Qué quehaceres haces en casa?
2. ¿Eres listo/a?
3. ¿Te gusta ir a la tienda a buscar leche o pan? Explica.
4. ¿Quién saca la basura en tu casa? ¿Quién pasa la aspiradora?

23 ¿Vais a hacer un quehacer o a hacer un deporte?

 Las siguientes personas van a hablar de sus actividades de hoy. Di si lo que oyes es *un quehacer* o *un deporte*.

¡Extra!

El cambio de g → j

You have learned to use several verbs that are regular in the present tense except for a minor stem change *(poder, jugar)* or a spelling change. These changes do not affect the verb's present-tense endings. For verbs that end in *-ger* (such as *recoger*) the letter *g* changes to *j* before the letters *a* and *o* to maintain pronunciation: *Yo recojo la mesa muchas veces.*

Los quehaceres en una casa española

Do you like doing chores? Helping with the household chores is a long-standing tradition in many homes throughout the world. In Spain, young people generally help with chores starting at an early age, and everyone helps out with the

Limpiando un suelo.

cleaning *(la limpieza)* and upkeep of the home. Spanish houses do not, as a general rule, have wall-to-wall carpeting *(alfombra, moqueta)*. Instead, floors often consist of uncovered tile *(losa)*, marble *(mármol)* or wood *(madera)* and they are usually washed every day. If there are teenagers in the house, they usually are the ones chosen to perform this chore. The laundry is another household task that must be performed nearly every day. Dryers *(secadoras*

de ropa) are not common in Spanish homes because of the high cost of energy, so laundry *(lavado de ropa or colada)* in many instances must be

Ropa en el tendedero (Almeria, España).

washed daily or every other day, and clothes are left to hang from lines to dry *(tender la ropa en el tendedero)*. Both girls and boys often have to hang the laundry, take it down and fold it. In addition, boys are often required to run errands *(hacer recados)* for their parents, while girls, traditionally, help with cooking.

How do you help with the cleaning and maintenance of your home? Regardless of your answer, one thing you have in common with young people in Spain and throughout the world: Although you may accept that they are an integral part of living together as a family, nobody seems to like doing chores!

 Los quehaceres en una casa española

¿Es cierto o falso? Si es falso, di lo que es cierto.

1. Es tradicional empezar a ayudar con los quehaceres de casa cuando uno es joven en España.
2. Sólo los padres hacen la limpieza en las casas españolas.
3. Muchas casas tienen alfombra o moqueta en los pisos.
4. Hay muchas secadoras porque la energía no cuesta mucho en España.
5. Las muchachas y los muchachos cuelgan la ropa y la doblan.

 Comparando

Make two lists of chores, one with what you and your friends do and another one with the chores you know young people in Spain do. Do you see any differences? Are there similarities? In what other ways do you think young people in Spain help around the home?

Idioma

Estructura

Present tense of *oír* and *traer*

The verbs *oír* (to hear, to listen) and *traer* (to bring) are irregular.

oír	
oigo	oímos
oyes	oís
oye	oyen
gerundio: oyendo	

traer	
traigo	traemos
traes	traéis
trae	traen
gerundio: trayendo	

 ## Práctica

26 **A todos nos gusta oír la radio**

Completa el siguiente párrafo con las formas correctas del verbo *oír*.

A toda mi familia le gusta oír la radio. Mis primos (1) las noticias todas las noches. Son muy listos. Mi tía (2) un programa de música española por las tardes. Mi hermano (3) los deportes, cuando no puede verlos en la televisión. Si mi abuelo y mi padre están trabajando en el garaje, (4) música popular y cantan. Mamá y yo siempre (5) el pronóstico del tiempo para saber si va a llover. Yo (6) la radio cuando escribo e-mails y también siempre estoy (7) música cuando hago la tarea. Y tú, ¿cuándo (8) la radio?

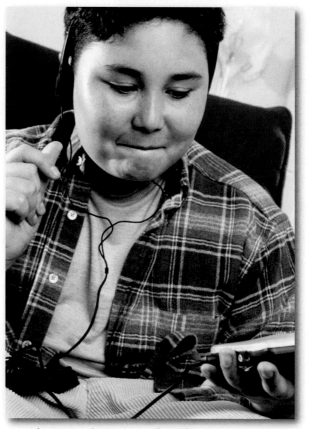

A mi hermano le gusta oír la radio.

27 ¿Qué trae cada uno?

Unos amigos vienen a una fiesta en tu casa y cada persona tiene que traer algo diferente. Trabajando en parejas, alterna con tu compañero/a preguntando y contestando qué trae cada persona.

MODELO

el Sr. y la Sra. Lorenzo
A: ¿Qué traen el Sr. y la Sra. Lorenzo?
B: El Sr. y la Sra. Lorenzo traen el pollo.

1. Paloma   **2.** Enrique y Tomás   **3.** mi amiga y yo

4. Alberto   **5.** Blanca y Graciela   **6.** Pedro

 Comunicación

28 En mi casa

Working in pairs, talk about how your families and friends balance fun and work, describing some of your families' and your friends' favorite pastimes and telling how everyone helps when organizing activities or when doing chores. Mention which of the activities people like a lot or do not like. You may wish to use some of these activities to get started.

oír la radio	cocinar	buscar la leche y el pan
mirar la televisión	lavar las ollas	limpiar la cocina
tener una fiesta	traer CDs	arreglar el cuarto

MODELO **A:** En mi familia nos gusta hacer quehaceres los sábados y, luego, algunas veces tenemos una fiesta con los amigos y la familia. Mis primos siempre traen la música para bailar.

   B: Yo siempre oigo música y arreglo mi cuarto los fines de semana.

Estructura

Talking about the past: preterite tense of -ar verbs

Use the preterite tense when you are talking about actions or events that were completed in the past. Form the preterite tense of a regular -ar verb by removing the last two letters from the infinitive and attaching the endings shown.

lavar					
yo	lav**é**	I washed	nosotros nosotras	lav**amos**	we washed
tú	lav**aste**	you washed	vosotros vosotras	lav**asteis**	you washed
Ud. él ella	lav**ó**	you washed he washed she washed	Uds. ellos ellas	lav**aron**	you washed they washed they washed

Note: Regular verbs that end in -car *(buscar, explicar, sacar, tocar)*, -gar *(apagar, colgar, jugar, llegar)* and -zar *(empezar)* require a spelling change in the *yo* form of the preterite in order to maintain the original sound of the infinitive.

infinitivo				pretérito
bus**car**	c	→	qu	yo bus**qué**
apa**gar**	g	→	gu	yo apa**gué**
empe**zar**	z	→	c	yo empe**cé**

  ## Práctica

29 Ayer en la casa de Pilar

Completa las siguientes oraciones con la forma correcta del pretérito de los verbos entre paréntesis para decir lo que pasó ayer en la casa de Pilar.

1. Mis amigos *(llegar)* temprano.
2. Yo *(cocinar)* desde las nueve.
3. Daniel *(limpiar)* el piso del comedor.
4. Ángela me *(ayudar)* mucho también.
5. Ella *(pasar)* la aspiradora por la sala.
6. Tú *(sacar)* la basura antes de comer.
7. Uds. *(trabajar)* todo el día ayudándome.
8. Todos *(hablar)* bien de la comida.
9. Después de comer, Paco me *(lavar)* los platos.
10. Luego, nosotros *(bailar)* en la sala.

¿Qué cocinaste?

Completa el siguiente párrafo con la forma apropiada del pretérito de los verbos entre paréntesis.

> Yo *(1. cocinar)* una sopa ayer en mi casa para toda la familia. Mi hermana me *(2. ayudar)*. Yo *(3. empezar)* a preparar todo muy temprano. Primero yo *(4. buscar)* los ingredientes. Luego *(5. lavar)* la olla grande y *(6. sacar)* los cubiertos. Después *(7. preparar)* unos refrescos. Al terminar de cocinar, *(8. apagar)* la estufa y *(9. arreglar)* los cubiertos en la mesa. Entonces, *(10. llamar)* a todos a comer.

 ¿Qué hiciste?

 In pairs, take turns asking whether your classmate has completed the indicated chores. Your partner should say that he or she did not do each task because someone else already did it.

> **MODELO** comprar el pan / Roberto
> **A:** ¿Compraste el pan?
> **B:** No, yo no compré el pan porque Roberto ya lo compró.

1. buscar los platos / Ernesto
2. apagar la estufa / Miguel
3. sacar la basura / Pedro
4. colgar los abrigos / Alfonso y Ana
5. preparar la comida / Jorge y Luisa
6. lavar la olla grande / Isabel

Comunicación

 Mini-diálogos

 Working in pairs, discuss some of the things that needed to be done around the home recently and whether or not either of you has done any of them. Some suggested chores and activities are provided to get you started.

> **MODELO** **A:** ¿Preparaste la comida?
> **B:** Sí, (No, no) la preparé.

preparar la comida   sacar la basura   arreglar el cuarto

pasar la aspiradora

colgar la ropa en tu cuarto   comprar la leche   lavar las ollas

 Todos en mi familia ayudaron

 Talk about what everyone in your family did last week to help around the house.

¿Quién lo hace?

En España, mientras la participación de las mujeres[1] en el mercado laboral incrementa cada día (40% de mujeres trabajan), la desigualdad[2] entre los sexos todavía existe en las tareas domésticas. Las mujeres dedican siete horas y veintidós minutos cada día a los quehaceres. Los hombres, en cambio, dedican tres horas y diez minutos. Si nos referimos a quehaceres específicos de la casa (lavar, planchar, barrer, etc.), las mujeres dedican cinco veces más tiempo que los hombres.

Entre los jóvenes de 15–17 años, son las mujeres, otra vez, las que hacen más labores domésticas.

En el año 2000, la Unión Europea recomendó a los estados miembros (España es uno) la inclusión en la escuela de una asignatura de trabajo doméstico. Quizás, esta nueva asignatura ayude a establecer la igualdad[3] en los quehaceres. Después de todo, la democracia empieza en casa.

	Mujeres	Hombres
Total	7 h 22'	3 h 10'
Trabajo de la casa	3 h 58'	0 h 44'
Mantenimiento	0 h 27'	0 h 55'
Cuidado de la familia	1 h 51'	0 h 51'
Compras	0 h 53'	0 h 26'
Servicio	0 h 13'	0 h 14'

Fuente: Encuesta sobre "Usos del tiempo", Instituto de la Mujer, 2001.

Porcentaje de jóvenes que no hacen nunca o sólo en ocasiones los siguientes quehaceres

	Mujeres 15–17años	Hombres 15–17años
Cuidar a los niños	57,1%	65,7%
Limpiar la casa	50,6%	75,8%
Hacer la cama	32,2%	49,5%

Fuente: INJUVE, Informe Juventud en España, 2000.

[1]women [2]inequality [3]equality

¿Qué recuerdas?

¿Sí o no?

1. 40% de las mujeres en España trabajan en casa.
2. Las mujeres españolas pasan siete horas y veintidós minutos todos los días en los quehaceres de la casa.
3. En España, 75,8% de los hombres entre quince y diecisiete años limpian la casa.
4. En España, 67,8% de las mujeres entre quince y diecisiete años hacen las camas.
5. La Unión Europea quiere que las escuelas enseñen trabajo doméstico.

Algo personal

1. ¿Qué tareas domésticas tienes que hacer en casa?
2. ¿Crees que las mujeres y los hombres deben compartir (share) todos los quehaceres? Explica.
3. ¿Piensas que todos los estudiantes deben tomar una asignatura de trabajo doméstico? ¿Por qué sí o por qué no?

- Complete a survey of your classmates like the one in the article. Find out the percentage of girls and boys that never or only occasionally take care of younger siblings, clean the house and make their beds. Compare yourselves with the fifteen- to seventeen-year-old Spaniards surveyed. In your group, is there more or less equality among who does the chores?

Autoevaluación

As a review and self-check, respond to the following:

1. What do you do to help around the house?

2. Name two things you have just done in the last week.

3. Your family is having a party at your house and you are in charge of getting the house ready for guests. Ask your sister or brother to do three or four things to help with preparations.

4. List three or four things you did to help your parents.

5. State something you learned in this lesson about Spain.

Palabras y expresiones

How many of these words and expressions do you know?

En casa	Verbos		Expresiones y otras palabras
el abrigo	acabar	limpiar	acabar de (+ infinitive)
la aspiradora	adornar	llegar	algo
la basura	arreglar	oír	dar dc comer
la cama	barrer	preparar	junto,-a
la gente	cocinar	recoger	listo,-a
el jardín	colgar (ue)	sacar	quizás
la leche	doblar	subir	sólo
la olla	dejar	trabajar	el trabajo
pasar la aspiradora	lavar	traer	
la persona			
el quehacer			
recoger la mesa			

Él está sacando la basura.

Ella está limpiando la cocina.

¿Me prestas la receta de la paella?

Sí, claro.

De esta receta nos hace falta el ingrediente más importante, el arroz.

¡Ay, olvidamos añadirlo! La paella sir arroz no es paella.

Verduras

la cebolla

el guisante

el ajo

los peores tomates

el pimiento

el tomate

los mejores tomates

el aguacate

el arroz

la lata

No todos los tomates están frescos.
Algunos parecen muy maduros.
Los chicos van a escoger los mejores tomates.
A ellos les importa llevar tomates maduros.

la lechuga

1 En el supermercado

))) **Selecciona la ilustración que corresponde con lo que oyes.**

A

B

C

D

E

F

2 De compras en el supermercado

Di lo que *le(s) gusta, le(s) hace falta, le(s) parece* **o** *le(s) importa* **a estas personas, usando las pistas y las ilustraciones y añadiendo los artículos indefinidos apropiados.**

MODELO a mí / parecer bien / llevar unos
A mí me parece bien llevar unos tomates.

¡Extra!

Hacer falta, importar y parecer

The expressions *hacer falta* (to need), *importar* (to matter) and *parecer* (to seem) often require an indirect object pronoun and follow a pattern like the one you learned for the verb *gustar*: *Me gusta el ajo; Me hace falta un aguacate; No me importa si el tomate no es maduro; Me parece buena la receta.*

1. a Uds. / hacer falta / llevar una

2. a los chicos / hacer falta / llevar un

3. a la Sra. Herrera / gustar / los

4. a Pedro y a Julio / importar / comprar las mejores

5. a Rodrigo / hacer falta / comprar el

6. a Santiago / gustar / comprar mucho

7. a mí / importar / llevar los mejores

8. a Elena / no importar / llevar una

Capítulo 8

trescientos treinta y nueve **339**

Diálogo I   ¿Qué nos hace falta comprar?

INÉS: ¿Tienes la receta de la paella?

VÍCTOR: Sí, aquí la tengo.

INÉS: ¿Qué nos hace falta comprar?

VÍCTOR: Ayer compramos el pollo. Todavía necesitamos arroz, tomates y pimientos.

INÉS: Vamos primero a las verduras.

VÍCTOR: ¡Ah, mira! ¿Qué te parecen estos tomates?

INÉS: No parecen muy frescos.

VÍCTOR: ¿Y estos? ¿Qué te parecen?

INÉS: Algunos parecen muy maduros.

VÍCTOR: ¿Por qué no escoges los tomates y yo escojo los pimientos? Me llaman el Sr. Pimiento.

INÉS: ¡Qué loco!

 ¿Qué recuerdas?

1. ¿Quién tiene la receta de la paella?
2. ¿Qué les hace falta comprar?
3. ¿Cuándo compraron el pollo?
4. ¿Cómo parecen los tomates?
5. ¿Qué busca Víctor?
6. ¿Cómo llaman a Víctor?

 Algo personal

1. ¿Te gusta ir de compras al supermercado? Explica.
2. ¿Qué verduras te gustan?
3. ¿Cuáles son los ingredientes de tu receta favorita?

 ¿Qué les hace falta?

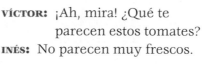 Di la letra de la ilustración que identifica lo que les hace falta comprar a las siguientes personas, según lo que oyes.

A   B   C   D   E   F

Cultura viva I

La paella (ingredientes para seis personas)

1 pollo en pedazos[1]	1 cebolla, troceada[6]	1 taza de guisantes
1/2 kg. de gambas[2]	2 dientes[7] de ajo, troceados	
1/2 kg. de langostinos[3]	2 zanahorias, limpias y cortadas[8]	5 hilos de azafrán[9]
1/4 kg. de mejillones[4]	2 tomates grandes	4 tazas de agua
1 lata de almejas[5] (200 gramos)	1 pimiento verde, troceado	5 cucharadas de aceite de oliva
2 tazas de arroz	1 lata de pimientos rojos, troceados	sal y pimienta

En una sartén[10] grande o paellera (sartén especial para la paella), poner el aceite y añadir el pollo, la cebolla troceada, el ajo y el pimiento verde; freír[11] hasta que se empiece a dorar—diez minutos. Luego, añadir el tomate, la zanahoria y media taza de guisantes. Cubrir[12] y dejar freír durante diez minutos. Después, añadir el arroz y el agua, los pimientos, el azafrán, sal y pimienta, y cocinar por otros quince minutos. Luego, añadir las gambas, los langostinos, los mejillones y las almejas y cocinar, con la sartén cubierta[13] otros diez minutos. Para terminar, adornar con la otra mitad de los guisantes, otra lata de pimientos (opcional) y un poco de perejil. Dejar que repose la paella durante quince minutos antes de servirla.

[1]pieces [2]shrimp [3]prawns [4]mussels [5]clams [6]diced [7]cloves [8]cut [9]saffron strings [10]frying pan [11]fry [12]cover [13]covered

---

6 La paella

Contesta las siguientes preguntas.

1. ¿Cuánto langostino tiene esta paella?
2. ¿Cuáles de los ingredientes en esta receta no son frescos?
3. ¿Qué verduras tiene la paella?
4. ¿Con qué puedes adornar la paella?

5. ¿Te gustaría preparar una paella? ¿Por qué?
6. ¿Hay un restaurante en tu ciudad con paella en el menú? ¿Cuál?

7 Conexión con otras disciplinas: matemáticas

Cambia los pesos (weights) a libras u onzas, según la pista entre paréntesis.

1. 2 kilos de aguacates (libras)
2. 200 gramos de pollo (onzas)
3. 1,5 kilos de tomates (libras)
4. 750 gramos de judías (libras)
5. 1/2 kilo de pimientos (onzas)
6. 1/4 kilo de arroz (onzas)

¡Extra!

¿Cuánto pesa?

1 kilogram, kg. (kilo, kg.)	=	2.2 pounds, lbs. (libras, lbs.)
1 kilogram	=	1000 grams, gr. (gramos, gr.)
1 ounce, oz. (onza, oz.)	=	28.35 grams

8 ¿Puedes preparar una paella?

Prepara una paella en tu casa y cuéntale la experiencia a la clase.

el chorizo

el jamón

la carne

20 En el mercado

Selecciona la ilustración que corresponde con lo que oyes.

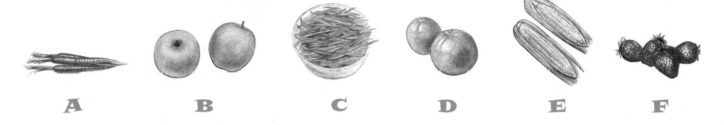

A   B   C   D   E   F

21 Fuera de lugar

Say which food item does not belong in each of the following groups.

1. maíz	habichuela	zanahoria	chocolate
2. queso	mantequilla	jamón	leche
3. huevo	manzana	fresa	naranja
4. café	cebolla	pimiento	zanahoria
5. carne	pescado	pollo	papa
6. fresa	maíz	uva	plátano

22 Una dieta equilibrada

Trabajando en parejas, escriban una dieta equilibrada *(balanced)* con todas las comidas básicas para cinco días de la semana. La dieta debe incluir el desayuno *(breakfast)*, el almuerzo y la cena *(dinner)*.

Diálogo II   Comprando chorizo

INÉS: Ayer estuve con Víctor en el supermercado.

EVA: ¿Y qué compraste?

INÉS: Compramos los ingredientes para hacer paella.

EVA: Entonces, ¿qué venimos a hacer al mercado?

INÉS: Quiero comprar chorizo. El chorizo del supermercado no me gusta.

EVA: Bueno, este mercado es el mejor mercado de la ciudad.

INÉS: Señora, ¿a qué precio tiene el kilo de chorizo?

SEÑORA: El chorizo está a € 4,00 el kilo.

INÉS: De acuerdo, llevo un kilo por favor.

23 ¿Qué recuerdas?

1. ¿Qué compró Inés ayer en el supermercado?
2. ¿Qué quiere comprar Inés en el mercado?
3. ¿Es bueno el mercado donde están las chicas?
4. ¿A qué precio está el kilo de chorizo?
5. ¿Compra Inés el chorizo?

24 Algo personal

1. ¿Hay un mercado en tu ciudad? ¿Dónde está?
2. ¿Prefieres ir al mercado o al supermercado? Explica.
3. ¿Cuál es el mercado o supermercado más grande de tu ciudad?

25 ¿Qué comprendiste?

 Escucha lo que dicen las personas del diálogo *Comprando chorizo* y di si lo que oyes es cierto o falso. Corrige lo que no es cierto.

¡Extra!

El euro

The symbol for the European euro is €, which became the common currency of most European Union countries in 2002. Spain is a member of the European Union and adopted the euro as its currency, making the Spanish currency, *la peseta*, obsolete.

¡Cómo se come en España!

Spain's cuisine is as diverse as its people are. Learning about the different regional cuisines will allow you to choose what you would like to try during a trip there. For example, *paella valenciana*, which you learned about earlier in the chapter, is a popular rice dish originally from the Mediterranean coast in the region of Valencia. It combines seafood, meat, chicken or pork.

Bacalao al pilpil.

On the northern coast of Spain, in the region called Galicia, you might want to try *pulpo a la gallega*, a cooked and marinated octopus dish. In the north central and northeastern regions of Spain that border the Pyrenees, you might try the hearty Basque cuisine by ordering cod prepared the "Basque way" (*bacalao al pilpil*), or Catalán cuisine, which is known for its delicious oxtail in *diabla* sauce and *butifarra con alubias* (beans with sausage).

Madrid, the capital, is famous for its *callos* (beef tripe). The area around Madrid is also famous for its sheep and goat cheeses, like *manchego*, and its many and delicious varieties of pork or blood sausages called *chorizos* and *morcillas*.

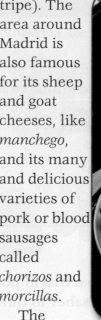

The southern part of Spain is well known for its vegetables and fish. Vegetables are used in the preparation of a cold soup called *gazpacho*. Gazpacho is popular in part because of its thirst-quenching qualities on hot summer days in sunny *Andalucía*. The region is also known for its ham (*jamón serrano*) and marvelous fresh sardines and smelt, fished right out of the Mediterranean Sea.

As you can see, Spaniards have plenty to choose from when it comes to meals!

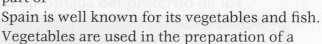

Gazpacho.

Callos a la madrileña.

26 ¿Cómo se come en España?

Make a list of dishes mentioned in the *Cultura viva*. Then choose one that you would like to try, and find the recipe for it, using sources such as the Internet, cookbooks, etc.

Lectura personal

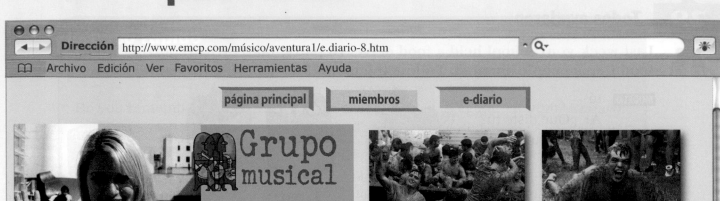

Dirección http://www.emcp.com/músico/aventura1/e.diario-8.htm

Archivo   Edición   Ver   Favoritos   Herramientas   Ayuda

página principal   miembros   e-diario

Grupo musical La OLA

Nombre: **Yadira Torres Ortega**
Edad: **15 años**
País natal: **México**
Verdura favorita: **lechuga**
Postre favorito: **helado de arroz**

Ayer miércoles fue un día que nunca voy a olvidar. Acabábamos[1] de dar un concierto en Madrid, la capital de España, y estábamos[2] en ruta a Valencia para otro concierto. Al mediodía, paramos en un pueblo llamado Buñol. Al bajar del camión, miles de personas en las calles estaban tirándose[3] tomates maduros los unos a los otros. ¡Fue la pelea[4] de comida más grande del mundo! Parece que lo hacen todos los años. Se llama la Tomatina, un festival

popular, divertido y—debo añadir—para personas a las que no les importa estar sucios[5]. El último miércoles de cada agosto, entre las 11:00 de la mañana y la 1:00 de la tarde, treinta mil personas se tiran[6] tomates: 68.000 kilos de tomates, para ser exacta. ¡Imaginen el desastre! Las calles parecen ríos de sopa de tomate. Cuando suena[7] una sirena, todos paran[8] y los residentes empiezan a barrer las calles y lavarlas con enormes mangueras[9]. (El agua la traen de un acueducto romano que está cerca.) En unas pocas horas, las calles de Buñol están limpias, sin evidencia de que hubo[10] más tomates que en ninguna otra parte del mundo.

[1]we just finished   [2]we were   [3]were throwing at each other   [4]fight   [5]dirty   [6]they throw at each other   [7]blows   [8]stop   [9]hoses   [10]there were

33   ¿Qué recuerdas?

1. ¿Cuál es la pelea de comida *(food fight)* más grande del mundo?
2. ¿Dónde y cuándo es?
3. ¿Aproximadamente cuántas personas participan? ¿Cuántos tomates usan?
4. ¿Qué hacen los participantes entre las 11 A.M. y la 1 P.M.?
5. ¿Qué hacen los residentes cuando suena una sirena *(a siren blows)*?
6. ¿De dónde traen el agua?

34   Algo personal

1. ¿Has participado alguna vez en una pelea de comida?
2. En lugar de tomates, ¿qué otra fruta crees que es buena para una pelea de comida?
3. Imagina que vas a ir a la Tomatina. ¿Qué ropa llevas? ¿Por qué?

- Although people know that the Tomatina began in the 1940s, nobody knows for sure how it started. How do you think it all started? Compare your theory with those of your classmates.

Autoevaluación

As a review and self-check, respond to the following:

1. Name some foods found in a supermarket. Which ones might you also find at an outdoor market (*mercado al aire libre*)?

2. Name some of the ingredients and how much of each is needed in a recipe to make *paella valenciana* for six people.

3. Compare several foods you like and dislike.

4. Name two or three things that are the most, the best or the worst possible.

5. Imagine you keep a journal and every day you write where you went, where you were and other interesting information about what you did during the day. Make a brief list of five things that you would write about today in your journal.

6. What are two things you have learned about Spain in this lesson?

Palabras y expresiones

How many of these words and expressions do you know?

En el mercado
cl aguacatc
el ajo
el arroz
el café
la carne
la cebolla
el chocolate
el chorizo
la fresa
la fruta
el guisante
la habichuela
el helado
el huevo
el ingrediente
el jamón
el kilo

la lata
la lechuga
el maíz
la manzana
el mercado
la papa
el pimiento
el plátano
el precio
el queso
el supermercado
el tomate
la uva
la verdura
el vinagre
la zanahoria

Para describir
fresco, a
maduro,-a
mayor
mejor
menor
peor

Verbos
añadir
escoger
importar
olvidar
parecer

Expresiones y otras palabras
el/la/los/las (+ *noun*)
  más/menos
  (+ *adjective*)
el/la/los/las mejor/
  mejores/peor
  /peores (+ *noun*)
hacer falta
lo más/menos
  (+ *adverb*) posible
más/menos
  (+ *noun/adjective/
  adverb*) que
la paella
la receta
sin
tan (+ *adjective/
  adverb*) como
tanto como
tanto,-a (+ *noun*) como

Frutas y verduras (*fruits and vegetables*).

Tú lees

Estrategia

Gathering meaning from context

When reading in another language, you will often encounter words you do not know. Before looking in a dictionary, look for clues that tell you what a word means. For example, you have already learned to recognize some unknown words because they are cognates (e.g., *familia*) or because they are related to words you have already learned (e.g., *baile/bailar*). At other times it may be necessary to look at the words before and after an unknown word (the context) in order to guess its meaning. Looking for these contextual clues will help improve your reading skills and will also make reading more enjoyable because you will spend less time looking up words in a dictionary.

Preparación

¿Qué quieren decir las palabras *tertulia* y *tapas* en las siguientes oraciones?

1. Un pasatiempo español es la **tertulia** con amigos en un café o un restaurante.
   A. comer empanadas
   B. ir de compras
   C. tomar café
   D. reunirse y conversar con amigos
2. A los españoles les gusta comer tapas con sus amigos antes de ir a casa para comer.
   A. comida pequeña antes de una comida principal
   B. pan con mantequilla
   C. frutas y verduras
   D. comida grande con carne y pescado

Ir de tapas y a merendar

Hay un par de pasatiempos que son muy populares entre la gente en España: ir de tapas e ir a merendar.[1] Ir de tapas es reunirse[2] con amigos o parientes para conversar y tomar
5 aperitivos[3] antes de ir a casa para comer con la familia. Durante la conversación (o tertulia) las personas hablan de todo y comen tapas muy diversas (aceitunas, jamón serrano, patatas bravas[4], diferentes quesos, empanadas[5], etc.).
10 Hay restaurantes y bares que sólo tienen tapas. Los grupos de amigos o familia pueden ir a tres o cuatro lugares diferentes para comer las tapas típicas de ese lugar. Hay dos

Aquí sirven tapas.

razones para comer tapas en España: la
15 primera es que los españoles toman el
almuerzo muy tarde (a las 2:00 o a las
3:00 de la tarde) y también cenan[6] muy
tarde (a las 9:00 o a las 10:00 de la noche),
y la segunda, la verdadera[7] razón, es que
20 a los españoles les gusta mucho hablar y
pasar tiempo con sus amigos y familia.

Unas tapas ricas.

Merendar es otra forma de pasar tiempo
con amigos y familia en donde los
españoles salen para hablar y comer.
25 En España la gente puede merendar en
cafeterías, en merenderos[8] o en casa.
Merendar, o la merienda, consiste de café
para los adultos y de leche o chocolate para los jóvenes, además de[9]
pasteles[10] y dulces. La merienda se come entre las cinco y las seis de
30 la tarde, tres o cuatro horas antes de la cena[11], o ¡una hora antes de
las tapas!

[1]to have an afternoon snack   [2]to get together   [3]appetizers   [4]spicy potatoes   [5]bread dough filled with meat or
fish   [6]eat dinner   [7]real   [8]places to have *merienda*   [9]in addition to   [10]pastries and cakes   [11]supper

A ¿Qué recuerdas?

1. ¿Qué es ir de tapas?
2. ¿Qué es merendar?
3. ¿Qué tapas comen los españoles?
4. ¿Adónde puede ir la gente para merendar?
5. ¿Por qué salen los españoles de tapas y meriendas?

B Algo personal

1. ¿Te gustan los aperitivos? ¿Cuáles te gustan?
2. ¿Qué te gustaría más, ir de tapas o ir a merendar?
3. ¿Qué te gustaría comer
de tapas?
4. ¿Qué te gustaría comer
de merienda?

Ellas meriendan.

Tú escribes ■ ■ ■ ■ ■ ■ ■ ■ ■ ■

A Imagine you are going to celebrate a special event by having a special dinner with friends. First, write the name of the event you are celebrating (e.g., *cumpleaños de mi amigo Julio, viaje de mi amiga Elena*), and the date and the time the dinner will begin. Next, draw two intersecting circles (a Venn diagram). In one circle, list in Spanish the things you plan to do. In the second circle, list the things your friends plan to do. In the shared space, list the activities that the two of you plan to do together. Place each activity you think of in the appropriate area of the graphic. Be sure to include the *quehaceres* that must be completed both before and after the dinner.

 B Underneath the circles of the Venn diagram you prepared, write a paragraph in Spanish describing the dinner you are planning, who is invited and who is responsible for carrying out the preparations.

Proyectos adicionales ■ ■ ■ ■ ■ ■

A Conexión con la tecnología

ISearch the Web for sites about Spanish cuisine using key words (cuisine, food, Spanish, paella, etc.). How many different recipes *(recetas)* can you find? For example, how many ways can *paella* be prepared? How are the recipes different? List the ingredients. Can you locate any restaurants that serve *paella*? How much does it cost? Share your findings with the class.

La comida española.

B Comparaciones

Working with three or four classmates, compare your food habits. For example, ask your classmates if they eat more often at home or in restaurants; talk about the location and names of restaurants where members of the group eat; find out what foods your classmates think are the best at home and in each of the restaurants they name; and find out what foods each person prepares at home (and ask whether it is better or worse than the same food at a restaurant or when someone else prepares it. Take notes and report your findings to the class.

> **MODELO** **A:** ¿Comes más en restaurantes que en tu casa?
> **B:** No, como más en mi casa que en restaurantes.

C Conexión cultural

What comes to mind when you think about Spain? Prepare a list of at least ten Spanish words that convey what you associate with Spain. Try to include words that relate to Spain's history as well as to modern Spain. Then, based on the words in your list, create a poster using pictures, art and other graphics to depict the images you have of Spain. Finally, display the poster and tell the class about your project. Be creative!

La Feria de abril (Sevilla, España).

REPASO

Now that I have completed this chapter, I can... | **Go to these pages for help:**

talk about household chores. | 318
say what just happened. | 318
ask for and offer help. | 323
talk about the past. | 334
identify and describe foods. | 338
discuss food preparation. | 338
make comparisons. | 342

I can also...

talk about Spain's past. | 321
talk about life in Spain today. | 331
use survival skills. | 341
name foods from different regions of Spain. | 351

Trabalenguas

Pepe Pecas pica papas con un pico,
con un pico pica papas Pepe Pecas.

Resolviendo el misterio

After watching Episode 8 of *El cuarto misterioso*, answer the following questions.

1. What chores do you perform in your house?

2. Do you enjoy cooking with family and friends? Why or why not?

3. How could Rafael possibly know anything about the mysterious room?

Vocabulario

el **abrigo** coat *8A*

acabar to finish, *8A*

acabar de *(+ infinitive)* to have just *8A*

adornar to decorate *8A*

el **aguacate** avocado *8B*

el **ajo** garlic *8B*

algo something, anything *8A*

añadir to add *8B*

arreglar to arrange, to straighten, to fix *8A*

el **arroz** rice *8B*

la **aspiradora** vacuum cleaner *8A*

barrer to sweep *8A*

la **basura** garbage *8A*

el **café** coffee *8B*

la **cama** bed *8A*

la **carne** meat *8B*

la **cebolla** onion *8B*

el **chocolate** chocolate *8B*

el **chorizo** sausage *(seasoned with red peppers)* *8B*

cocinar to cook *8A*

colgar (ue) to hang *8A*

dar de comer to feed *8A*

dejar to leave *8A*

doblar to fold *8A*

escoger to choose *8B*

la **fresa** strawberry *8B*

fresco,-a fresh, chilly *8B*

la **fruta** fruit *8B*

la **gente** people *8A*

el **guisante** pea *8B*

la **habichuela** green bean *8B*

hacer falta to be necessary, to be lacking *8B*

el **helado** ice cream *8B*

el **huevo** egg *8B*

importar to be important, to matter *8B*

el **ingrediente** ingredient *8B*

el **jamón** ham *8B*

el **jardín** garden *8A*

junto,-a together *8A*

el **kilo (kg.)** kilogram *8B*

la **lata** can *8B*

lavar to wash *8A*

la **leche** milk *8A*

la **lechuga** lettuce *8B*

limpiar to clean *8A*

listo,-a smart *8A*

llegar to arrive *8A*

llevar to take, to carry *8A*

maduro,-a ripe *8B*

el **maíz** corn *8B*

la **manzana** apple *8B*

más *(+ noun/adjective/adverb)* **que** more *(+ noun/adjective/ adverb)* *8B*

mayor older, oldest *8B*

mejor better, *8B*

menor lesser, least *8B*

menos *(+ noun/adjective/adverb)* **que** less *(+ noun/adjective/ adverb)* *8B*

el **mercado** market *8B*

la **olla** pot, saucepan *8A*

olvidar to forget *8B*

oír to hear, to listen *8A*

la **paella** paella *(traditional Spanish dish with rice)* *8B*

la **papa** potato *8B*

parecer to seem *8B*

pasar la aspiradora to vacuum *8A*

peor worse *8B*

peor/peores *(+ noun)* the worst *(+ noun)* *8B*

la **persona** person *8A*

el **pimiento** bell pepper *8B*

el **plátano** banana *8B*

el **precio** price *8B*

preparar to prepare *8A*

prestar to lend *8B*

el **quehacer** chore *8A*

el **queso** cheese *8B*

quizás perhaps *8A*

la **receta** recipe *8B*

recoger to pick up *8A*

recoger la mesa to clear the table *8A*

sacar to take out *8A*

sin without *8B*

sólo only, just *8A*

subir to climb, to go up, to go upstairs, to take up, to bring up, to carry up *8A*

el **supermercado** supermarket *8B*

tan *(+ adjective/adverb)* **como** *(person/item)* as *(+ person/ item)* as *8B*

tanto como as much as *8B*

tanto,-a *(+ noun)* **como** *(person/item)* as many/much *(+ noun)* as *8B*

el **tomate** tomato *8B*

trabajar to work *8A*

el **trabajo** work *8A*

traer to bring *8A*

la **uva** grape *8B*

la **verdura** greens, vegetables *8B*

el **vinagre** vinegar *8B*

la **zanahoria** carrot *8B*

El jamón.

¡Hay buen chorizo! ¿Cuántos kilos quiere?

CAPÍTULO 9

La ropa

El cuarto misterioso

Contesta las siguientes preguntas sobre esta escena del *Episodio 9–El maletín.*

1. Para José, ¿es difícil o fácil entrar en "el cuarto misterioso"?
2. ¿Qué cosas hay en "el cuarto misterioso"?
3. ¿Qué piensas que José va a descubrir sobre "el cuarto misterioso" en este episodio?

DVD 2, Track 27. José usa la llave para entrar en "el cuarto misterioso". Él quiere saber lo que hay adentro del maletín.

Objetivos

la bufan

Esta bufanda es demasiado larga.

discuss size and fit

la cabeza

el brazo

la mano

la pierna

el pie   el dedo

identify parts of the body

express disagreement

discuss price and payment

talk about the past

describe clothing

Departamento de ropa para hombres

la corbata

el traje de baño

el pijama

la camisa de algodón

la ropa interior

el traje

Departamento de ropa para mujeres

el pijama

la blusa de seda

morada

marrón

rosada

anaranjada

el vestido

el traje de baño

la ropa interior

el cuerpo

la bota

la cabeza

las medias

el brazo

el zapato bajo

la mano

la pierna

el zapato de tacón

el pie

el dedo

¿Prefieres la camisa roja o la verde?

Prefiero la roja. Yo les pedí una roja a mis padres para mi cumpleaños, pero me dieron una azul.

1 Comprando ropa

 Selecciona la ilustración que corresponde con lo que oyes.

A   **B**   **C**   **D**   **E**   **F**

2 ¿De qué color son?

Describe la ropa de la actividad anterior, usando los colores.

1. el vestido
2. las botas
3. el pijama
4. la corbata
5. la blusa
6. el traje de baño

3 El cuerpo

Nombra (name) las partes del cuerpo.

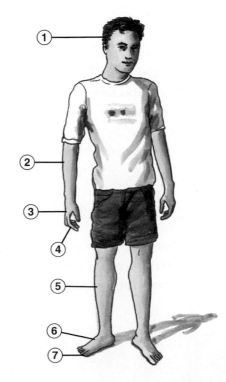

Diálogo I   ¿Cuál prefieres?

ROCÍO: ¿Dónde está el departamento de ropa para mujeres?

PEDRO: ¿Qué buscas?

ROCÍO: Busco un vestido de seda para la fiesta del sábado.

ROCÍO: Aquí hay unos vestidos. ¿Cuál prefieres?

PEDRO: Prefiero el vestido rosado. Y no cuesta mucho.

ROCÍO: ¿El rosado? No me gusta ni un poquito. Prefiero el morado.

PEDRO: Con el rosado puedes llevar unas medias verdes.

ROCÍO: ¿Una medias verdes? ¡Estás loco!

PEDRO: Sí, te vas a ver muy bonita, como una flor.

---

4 ¿Qué recuerdas?

1. ¿Qué busca Rocío?
2. ¿Qué vestido prefiere Pedro?
3. ¿Cuesta mucho el vestido rosado?
4. ¿Le gusta el vestido rosado a Rocío?
5. ¿Qué vestido prefiere Rocío?
6. Según Pedro, ¿con qué puede llevar Rocío el vestido rosado?

5 Algo personal

1. ¿Cuál es tu color favorito?
2. ¿Tienes un color favorito para la ropa?
3. ¿Qué ropa te gustaría comprar?
4. ¿Qué colores te gusta llevar juntos?
5. ¿Te gusta ayudar a tus amigos/as a comprar ropa? Explica.

6 ¿Cuál prefieres?

 Selecciona la letra de la ilustración que corresponde con lo que las siguientes personas prefieren.

¡Extra!

¿Recuerdas?

Do you remember learning the following colors?

amarillo		negro	
azul		rojo	
blanco		verde	
gris			

A

B

La ciudad de Panamá.

Panamá, el cruce del mundo

Although small by comparison with many Spanish-speaking countries, Panama serves as an important crossroads for the world due to its geographic location and physical features. You are probably familiar with the canal (el Canal de Panamá) that divides the country in two. This valuable international travel route took years to build and many people died during its construction. Today the canal serves a critical function connecting the Atlantic and the Pacific oceans, shortening the time and energy required to transport goods from one part of the world to another.

Panama's people (los panameños) have a varied background. When Rodrigo de Bastidas, Juan de la Cosa and Vasco Nuñez de Balboa arrived in Panama in 1501, followed by Columbus in 1502, the land was inhabited primarily by natives of two indigenous groups, the kuna and the chocó. Panama's citizens today are descendants of these and other indigenous groups, Spanish conquistadors, African slaves and workers from China (who were involved in constructing the railroad in the mid-1800s), among others. Direct descendants of the kuna and chocó people still inhabit the San Blas archipelago.

Most Panamanians prefer to live in cities along the canal. For example, Panama City (la Ciudad de Panamá), the capital and largest city, is located along the canal. Panama City has become an important financial center, with more than ninety banks from throughout the world registered to do business.

El canal de Panamá.

---

 7 **Panamá, el cruce del mundo**

Di si lo siguiente es *cierto* o *falso*.

1. Panamá es un país pequeño.
2. La capital de Panamá es San José.
3. El Canal de Panamá va del Océano Pacífico al Atlántico.
4. La capital es la ciudad más grande del país.
5. Bastidas, de la Cosa y Balboa llegaron a Panamá en 1905.
6. Descendientes de los kuna y los chocó viven en el archipiélago de San Blas.

 8 **Conexión con otras disciplinas: arquitectura e historia**

 Working in small groups, research the history of the Panama Canal. Try to find information regarding its construction, how long the project took, etc. Share your findings with the class.

Idioma

Estructura

Adjectives as nouns

Although a definite article is not usually needed when a color describes an object (because the color is an adjective), a definite article is required when naming colors in Spanish (because they are considered nouns).

Pedí un pantalón negro de cumpleaños.   I asked for black pants for my birthday.

but:

*Prefiero **el** (color) rojo.*   I prefer red.

In addition, sometimes a word being described may be omitted in order to avoid repeating a noun. In such cases the article remains and the adjective must agree with the noun that was omitted.

*¿Te gusta el vestido azul o **el** (vestido) **gris**?*   Do you like the blue dress or **the grey one?**
*Compré la camisa blanca, no **la verde**.*   I bought the white shirt, not **the green one.**

  ## Práctica

9 **Los colores de mi ropa**

Completa las oraciones con el adjetivo apropiado para describir algunos artículos de ropa en tu cuarto.

MODELO Tengo un pantalón <u>rojo</u>.

1. Tengo mucha ropa __.
2. Tengo unas botas __.
3. Tengo unos zapatos __.
4. Tengo un pijama __.
5. Tengo una camisa __.
6. Tengo un traje de baño __.

10 **Los gustos personales**

Tengo un pantalón rojo.

Completa las siguientes oraciones con un artículo definido si lo necesitan.

1. A Marta le gusta __ color verde.
2. El color favorito de Enrique es __ morado.
3. A mi prima le gustaría comprar un impermeable __ amarillo.
4. ¿Elena prefiere los calcetines verdes o __ rojos?
5. Mi madre tiene una blusa de seda __ rosada porque es su color favorito.
6. A Pedro le gustan sus botas __ negras.
7. Esperanza compró la ropa interior azul ayer, no __ blanca.
8. __ anaranjado es mi color favorito.

11 ¡Vamos de compras!

Imagina que tienes $300. Haz una lista de la ropa que te gustaría comprar este sábado, añadiendo los colores y los materiales que te gustan.

 # Comunicación

12 ¿Cuánto cuesta?

Trabajando en parejas, un estudiante hace de cliente *(customer)* y el otro de vendedor(a) *(salesperson)*. Alternen en regatear los precios de los artículos en las ilustraciones.

MODELO

A: ¿Cuánto cuestan las botas?
B: Las botas cuestan $80.
A: Le doy $70.
B: No puedo. Se las doy por $75.

1

2

3

4

5

6

13 ¿Qué ropa ves?

Trabajando en parejas, habla con tu compañero/a sobre la ropa de la tienda del Vocabulario I. Miren el dibujo y señalen *(point out)* con el dedo los artículos de ropa.

> **MODELO** A: ¿Qué te gustaría comprar en la tienda?
> B: Me gustaría comprar los zapatos negros, los marrones no me gustan.

14 ¿Qué ropa llevan?

Discuss what clothing people around you are wearing. Begin by saying who is wearing the article of clothing. Your partner then must describe the material or color. Each student must name and describe at least five articles of clothing.

> **MODELO** A: Estoy mirando el pantalón de Julia.
> B: Su pantalón es azul y es de algodón.

Estructura

Talking about the past: preterite tense of *-er* and *-ir* verbs

Form the preterite tense of regular *-er* and *-ir* verbs by removing the last two letters from the infinitive and adding the same set of endings for either type of verb.

correr	
corrí	corrimos
corriste	corristeis
corrió	corrieron

escribir	
escribí	escribimos
escribiste	escribisteis
escribió	escribieron

*¿Quién **corrió** a la tienda?*

Who **ran** to the store?

*¿Le **escribió** Julia una carta a su prima?*

Did Julia **write** a letter to her cousin?

Note: Stem changes that occur in the present tense for *-ar* and *-er* verbs do not occur in the preterite tense. However, *-ir* verbs that have a stem change in the present tense require a different stem change in the preterite tense for *Ud., él, ella, Uds., ellos* and *ellas*. This second change is shown in parentheses after infinitives in this book. Some verbs that follow this pattern include *dormir (ue, **u**), mentir (ie, **i**), pedir (i, **i**), preferir (ie, **i**), repetir (i, **i**)* and *sentir (ie, **i**)*. The stem changes do not interfere with the verb endings.

dormir	
dormí	dormimos
dormiste	dormisteis
durmió	durmieron

pedir	
pedí	pedimos
pediste	pedisteis
pidió	pidieron

preferir	
preferí	preferimos
preferiste	preferisteis
prefirió	prefirieron

Práctica

15 ¿Lo hiciste ayer o no?

Use each of the verbs shown to state ten things you did or did not do yesterday.

abrir   **recoger**   comer
  aprender
correr   **dormir**
  escribir
mentir   *salir*   **repetir**

MODELO recoger
Recogí unas fotos ayer.

¿Corriste ayer?

¿Aprendieron mucho en la clase?

16 En la tienda de ropa

Working in pairs, one person plays the part of the owner of a clothing store who has returned from vacation and one person plays the part of an employee who has been managing the store during the owner's absence. What might the conversation sound like, based upon the provided cues?

MODELO recoger las corbatas nuevas

> **A:** ¿Recogiste las corbatas nuevas?
> **B:** Sí, (No, no) las recogí.

1. aprender a arreglar los pantalones
2. barrer siempre el suelo de la tienda por la mañana
3. pedir las camisas
4. escoger las corbatas para los clientes
5. subir la ropa nueva a la oficina

17 ¿Qué hicieron ayer?

Usa elementos de cada columna para hacer siete oraciones completas y decir lo que pasó ayer.

MODELO Yo pedí tres corbatas.

I	II	III
tú y yo	pedir	al departamento de ropa para hombres
Uds.	estar	comprarte unas botas nuevas
la profesora	dormir	toda la tarde
Ud.	correr	ropa interior blanca
los chicos	preferir	en la tienda por departamentos
tú	repetir	tres corbatas
yo		los trajes de baño
		el precio dos veces

Estuvimos en el centro comercial ayer.

18 En la tienda por departamentos

En parejas, hablen de lo que pasó en la tienda por departamentos ayer, según las pistas y las ilustraciones.

MODELO

Belén/pedir ver
A: ¿Qué pidió ver Belén?
B: Belén pidió ver unas botas marrones.

1. Jorge y Edgar/ pedir ver

2. Manuel/escoger

3. Alfonso y su hermano/ volver para comprar

4. la amiga de Ernesto/ correr a comprar

5. Carmen y su mamá/escoger

6. Pedro/preferir comprar

Comunicación

19 La semana pasada

Make a list of some things you did in the past week. Then, in small groups, talk about the activities on everyone's list. One person starts by mentioning something he or she did. Then others in the group ask questions such as when and with whom you did each activity. You may wish to include some of the following activities: *escribir un correo electrónico, dormir tarde, comer en un restaurante, salir con amigos,* etc.

MODELO **A:** Escribí un correo electrónico.
   B: ¿A quién lo escribiste?
   A: Lo escribí a un amigo en Panamá.
   C: ¿Cuándo escribiste el correo?
   A: Lo escribí anteayer.

la chaqueta

¿Te gusta alguna chaqueta?

No, no veo a nadie.

No, ninguna. ¿Hay alguien a quién preguntar si tienen más?

20 ¿Qué es?

 Escribe el artículo de ropa que oyes.

MODELO el <u>sombrero</u>

1. los __   **2.** un __   **3.** una __   **4.** un __   **5.** tu __   **6.** el __

21 ¿Qué llevo?

Escoge la palabra apropiada para completar lógicamente las siguientes oraciones.

MODELO Si hace frío llevo un (ropa interior, <u>abrigo</u>, blusa).

1. Ay, está nevando y no tengo (corbata, amarillo, botas).
2. Hace sol y calor. Debo llevar mi (suéter, traje de baño, falda) a la playa.
3. Me gusta caminar por la playa sin (zapatos, seda, gris).
4. No quiero llevar una (chaqueta, corbata, camisa) porque no hace frío.
5. Hace mucho viento y no debo llevar el (sombrero, camisa, suéter).
6. El pantalón del (rosado, traje, falda) está sucio.

22 La ropa que usas

Haz una lista de la ropa que necesitas para esquiar en la nieve y otra lista para pasar un día en la playa.

Diálogo II   Un vestido de seda

ROCÍO: ¿Hay alguien a quien preguntar por otros vestidos?
PEDRO: Sí, allí. Señora, ¿nos puede ayudar?
SEÑORA: Sí, cómo no.

ROCÍO: Busco un vestido de seda.
SEÑORA: ¿No le gusta ninguno de aquí?
ROCÍO: No, ninguno. Bueno, este azul, pero no me queda bien.

SEÑORA: Bueno, aquí hay otros pero son de lana.
ROCÍO: No, los vestidos de lana no me gustan nada.
SEÑORA: Le gustaría ver algo más, ¿guantes, abrigos, faldas?

 ¿Qué recuerdas?

1. ¿Hay alguien a quien preguntar por otros vestidos?
2. ¿Le gustan los vestidos de seda a Rocío?
3. ¿Qué vestidos no le gustan a Rocío?
4. ¿Qué más puede ver Rocío?

 Algo personal

1. ¿Prefieres los vestidos de lana o los de seda?
2. ¿Qué color de ropa te queda bien?
3. ¿Qué ropa compras cuando vas de vacaciones?

¿Qué vestido prefieres?

 ¿Cuándo?

Listen carefully to statements made by several people. Indicate whether each sentence you hear is in the past *(pretérito)* or in the present *(presente)*.

También se dice

As you have seen many times now, words that are used to name items in Spanish often vary a great deal as you travel from one country or region to the next. Even common articles of clothing are referred to in many different ways. For example, the item you know as a *falda* may be called a *saya* in the Caribbean or a *pollera* in parts of South America. However, in Panama the term pollera refers to the national dress, which consists of a brightly colored blouse that is connected to a full skirt. In the Caribbean, *zapatos de tacón* are sometimes called simply *tacones*. In addition, an *abrigo* may be called a *sobretodo* in Chile, and many people use *almacén* instead of *tienda de ropa* to refer to the place where they shop for clothing.

Tiene ojos castaños.

Words used to refer to some colors vary, too, as you travel from one Spanish-speaking part of the world to another. For instance, there are many different words to refer to the color brown. In countries that have been influenced by the French many people favor the word *marrón* for **brown**. In the Caribbean, *carmelita* and the expressions *color café* or *color tabaco* are used. In some countries the word for brown varies according to what is being described. For example, the word *castaño* describes brown hair or brown eyes.

Un tacón de color café.

26 Juego: ¿Quién es?

In small groups, play this game: Take turns describing what someone in the class is wearing, one article of clothing at a time, without looking directly at the person; next, ask *¿Quién es?* and have one member of the group answer after the piece of clothing has been described. If the person does not guess correctly who the person is, describe another article of clothing and continue. The winner is the person that correctly identifies the classmate who is wearing the clothing being described.

MODELO **A:** Lleva una camisa blanca. ¿Quién es?
         B: Es Carlos.

Lleva un abrigo rosado. ¿Quién es?

Idioma

Estructura

Preterite tense of *ir* and *ser*

You have already seen forms of the preterite tense of *ser*. The irregular preterite-tense forms of *ir* (to go) and *ser* (to be) are identical.

ir/ser	
fui	fuimos
fuiste	fuisteis
fue	fueron

¿Quién **fue** al centro comercial ayer?	Who **went** to the mall yesterday?
¿Fueron ellos al centro comercial?	**Did** they **go** to the mall?

but:

¿Qué día **fue** ayer?	What day **was** yesterday?
Esos días **fueron** fantásticos.	Those days **were** fantastic.

¿Fueron ellos al centro comercial?

Práctica

¿Adónde fueron ayer?

Indica adónde fueron estas personas, según las ilustraciones.

MODELO   Ana y Pablo
Ana y Pablo fueron al cine ayer.

1. yo

2. tú

3. Julia

4. mis padres

5. mi amigo y yo

6. Raúl e Inés

 ### Haciendo compras en la isla Contadora

Completa el siguiente párrafo con el pretérito de los verbos indicados para decir qué ropa compraron Juanita y sus dos hermanas en la isla Contadora.

Primero yo *(1. escoger)* un traje de baño porque el que tengo no me queda bien. Lo *(2. comprar)* por poco dinero. Mis hermanas también *(3. comprar)* en la misma tienda unos vestidos de algodón muy bonitos. Cuando nosotras *(4. volver)* al centro comercial, yo *(5. ir)* a buscar otro traje de baño para mí. Ese día en la tienda, los dependientes *(6. vender)* todos los trajes de baño rápidamente. Nosotras *(7. comprar)* el último. Me gustaría tener dos. Luego, mi tía Julia *(8. ir)* con nosotras de compras. Ella *(9. prometer)* comprarme ropa para mi cumpleaños y yo le *(10. pedir)* unos zapatos bajos, de color marrón. ¡Qué bonitos son! Nosotras *(11. estar)* comprando todo el día y *(12. llegar)* tarde al hotel, ¡cansadas pero contentas!

Fueron y compraron lo siguiente

Imagina que tus amigos y tú fueron de compras al centro comercial el sábado pasado. Di lo que las siguientes personas fueron a comprar. Sigue el modelo.

 MODELO

 Andrés
Andrés fue a comprar un suéter verde.

1. Marta **2.** Lola y Rita **3.** tú **4.** nosotros **5.** yo

 ## Comunicación

 Haciendo cosas

 With a partner, talk about where family and friends went yesterday, last week, last month or last year. Include in your discussion how the people named went to each place, whom they went with and what they did. Take notes as you talk. Then share the most interesting bit of information you learned with the class.

MODELO **A:** ¿Fueron tú y tu familia a un buen restaurante la semana pasada?
B: Sí. Fuimos a un restaurante nuevo en el centro comercial.
A: ¿Te gustó?
B: Sí, me gustó mucho.

 Una encuesta

 Haz una investigación sobre las actividades que hacen tus compañeros/as de clase. Prepara una lista de actividades (quehaceres, deportes, pasatiempos, etc.) y trata de encontrar una persona que haya hecho *(has done)* cada actividad y pregúntale cuándo la hizo durante la semana pasada. Puedes usar las siguientes frases para completar la investigación: *dormir tarde, escribir un correo electrónico, ir al centro comercial, ir a un buen restaurante, ir al cine, ir a la playa, ir al parque.*

MODELO **A:** ¿Dormiste tarde la semana pasada?
B: Sí, dormí tarde el jueves.

Actividad	Nombre	Día
dormir tarde		jueves
escribir un correo electrónico		

Estructura

Affirmative and negative words

You have learned to make a sentence negative by placing *no* before a verb.

No veo la chaqueta. I do **not** see the jacket.

Unlike English, in Spanish it is sometimes possible to use two negative expressions in the same sentence. The following chart contains a list of common negative expressions along with their affirmative counterparts.

Expresiones afirmativas	Expresiones negativas
sí *(yes)* **Sí,** ella habla español. Él dice que **sí.**	**no** *(no)* **No,** él **no** habla español. Ella dice que **no.**
algo *(something, anything)* ¿Quieres comprar **algo**? ¿Compraste **algo** ayer?	**nada** *(nothing, anything)* **No** quiero comprar **nada.** **Nada** me gustó.
alguien *(somebody, anybody)* ¿Lo sabe **alguien**? **Alguien** debe saberlo.	**nadie** *(nobody, anybody)* **No** lo sabe **nadie.** **Nadie** lo sabe.
algún, alguna, -os, -as *(some, any)* ¿Le gusta **algún** abrigo? ¿Le gusta **alguna** blusa? ¿Compras **algunos** calcetines? ¿Buscas **algunas** corbatas?	**ningún, ninguna, -os, -as** *(none, not any)* No, **ningún** abrigo me gusta. No, **ninguna** me gusta. No, **no** compro **ningunos** calcetines. No, **no** busco **ningunas** corbatas.
o...o *(either... or)* Puedes comprar **o** un abrigo **o** un sombrero.	**ni... ni** *(neither... nor)* **No** voy a comprar **ni** un abrigo **ni** un sombrero.
siempre *(always)* Él **siempre** lleva botas.	**nunca** *(never)* Ella **no** lleva botas **nunca.** Ella **nunca** lleva botas.
también *(also, too)* Ella viene hoy **también.** Ella **también** viene hoy.	**tampoco** *(neither, either)* Él **no** viene mañana **tampoco.** Él **tampoco** viene mañana.

Note: The words *alguno,-a* (some, any) and *ninguno,-a* (none, not any) sometimes are used as pronouns.

*¿Va **alguno** o **alguna** de Uds. al centro comercial ahora?*

*No, **ninguno** de nosotros va al centro comercial ahora.*

When combining negative expressions in one sentence in Spanish, it is often possible to use one of the negative expressions before the verb and another negative expression (and sometimes even more than one) after the verb. However, *no, nada, nadie, nunca, tampoco* and forms of *ninguno* may be used alone, before the verb, without the word *no*.

No voy **nunca** al centro.
Nunca voy al centro.

I **never** go downtown.

No estoy comprando **nada tampoco**.
Tampoco estoy comprando **nada**.

I am **not** buying **anything either**.

When *nadie* or a form of *ninguno* are direct objects referring to people they require the personal *a*.

No veo **a nadie** aquí.

I don't see **anyone** here.

No veo **a ningún** amigo aquí.

I don't see **any** friends here.

 ## Práctica

 A completar

Completa estos mini-diálogos lógicamente, usando una de las siguientes palabras: *algo, alguien, nada* o *nadie*.

1. __ debe ir con Uds.
   No queremos ir con __.
2. __ te llama por teléfono.
   Marta te quiere decir __.
3. ¿Va __ con Uds.?
   Sí, Isabel va con nosotras porque quiere comprar __.
4. ¿Ves a __ en esa tienda de ropa?
   No, no veo a __.
5. ¿Quieres comprar ___?
   No, no me gusta __.

¡No!

Contesta las preguntas en forma negativa.

MODELO ¿Qué quieres mirar?
        No quiero mirar nada.

1. Yo no voy a la tienda de ropa. ¿Y tú?
2. ¿Con quién fueron Uds. de compras ayer?
3. ¿Prefieres las botas anaranjadas o las verdes?
4. ¿Viste alguna falda de algodón?
5. ¿Ves a algún amigo del colegio?
6. ¿Compraron Uds. el suéter rojo o el suéter azul?
7. ¿Sus padres siempre les dan dinero para ir de compras?
8. ¿Te gustaría vender ropa interior o carros?
9. ¿Siempre van Uds. de compras al centro?
10. ¿Quiénes de Uds. son de Panamá?

¿Compraron el suéter rojo?

34 ¡Estoy enfermo/a y no quiero hacer nada!

Estás de mal humor porque estás enfermo/a y tus padres te hacen muchas preguntas. Trabajando en parejas, alternen en hacer las siguientes preguntas y en dar respuestas negativas a cada una.

MODELO A: ¿Piensas ir de compras o vas a estudiar?
B: No, no pienso ni ir de compras ni estudiar.

1. ¿Qué vas a hacer hoy?
2. ¿Quién te va a visitar en casa?
3. ¿Siempre juegas con el perro cuando estás enfermo/a?
4. ¿Quieres comer algo?
5. ¿Vas a hablar con alguien por teléfono?
6. ¿Quieres ver alguna película en DVD?
7. ¿Te puedo comprar algo?

Comunicación

35 No se hace

Trabajando en parejas, hablen Uds. de lo que nadie hace nunca y hagan una lista de siete u ocho cosas que nadie hace nunca. Luego, deben leer las mejores frases de la lista a la clase.

MODELO Nadie va al centro comercial sin zapatos.

36 ¿Qué llevas mucho?

Talk with a classmate about the clothing you like to wear and when. Include in your discussion how often you wear various articles of clothing, the colors you prefer, when and where you went shopping and whether or not you purchased something, which articles of clothing each of you purchased last week/month/year (naming a specific time) and anything else you wish.

MODELO A: ¿Qué ropa te gusta llevar mucho?
B: Me gusta llevar este suéter anaranjado casi todos los días.
A: ¿Dónde lo compraste?
B: No lo compré, me lo regaló mi hermano.

Me gusta llevar mi vestido rojo y azul.

Lectura cultural

Las molas: símbolo de la cultura kuna

En el mar[1] Caribe, a 200 millas de la costa de Panamá, está el archipiélago de San Blas *(Kuna Yala)*. En estas islas tropicales viven los indios kuna. Uno de los elementos más conocidos de los indios kuna es su vestimenta tradicional[2] que es espectacular: las mujeres llevan anillos de oro[3] en la nariz, faldas coloridas y blusas decoradas con las famosas molas. Las molas son paneles de intricados diseños[4] cosidos a mano[5]. Las mujeres kuna observan, transforman y representan el mundo que ven y su medio ambiente y los convierten en estas obras de arte usando aguja, hilos y telas de colores vivos[6].

Los paneles adornan la parte delantera y trasera de las blusas y los diseños pueden ser muy antiguos, con piezas geométricas y animales sagrados, relativos a la vida diaria de las mujeres. Las molas son apreciadas piezas de arte indígena y pueden encontrarse en museos y colecciones privadas. Las molas pueden alcanzar un precio muy elevado, dependiendo del número de capas, los detalles y el mérito artístico del diseño.

[1]sea [2]traditional clothing [3]gold [4]designs [5]hand-sewn [6]threads and fabrics of bright coloring

37 ¿Qué recuerdas?

1. ¿Dónde viven los kunas?
2. ¿Cómo es el traje tradicional de las mujeres kunas?
3. ¿Cómo se hacen las molas?
4. ¿Para qué usan las molas?

38 Algo personal

1. En tu opinión, ¿son las molas ropa, arte o los dos? Explica.
2. Imagina que vas a crear una mola. Describe el diseño y los colores de tu mola.

> • Compare and contrast the molas of the Kuna Indians with a traditional piece of clothing of another culture. Are they worn just by women? Are they sold as art pieces? Are they made of cotton? Do they have colorful designs?

¿Qué aprendí?

Autoevaluación

As a review and self-check, respond to the following:

1. Describe three of your favorite clothing items, saying what color they are and what they are made of.

2. Imagine you are deciding either to take a vacation to Panama to enjoy warm weather or go to Chile for a winter ski trip. List at least three articles of clothing you will need to take with you for each vacation choice.

3. State three things you did yesterday.

4. Name two places you went yesterday.

5. Make two affirmative and two negative statements about something that happened yesterday.

6. Name two things you have learned about Panama.

Palabras y expresiones
How many of these words and expressions do you recognize?

Para describir
algún, alguna
anaranjado,-a
marrón
morado,-a
ningún, ninguna
rosado,-a

Pronombres
algo
alguien
alguno,-a
nada
nadie
ninguno,-a

La ropa
la bota
la chaqueta
la corbata
el guante
el impermeable
las medias
el pijama
la ropa interior
el sombrero
el suéter
el traje (de baño)
el vestido
el zapato (bajo/de
    tacón)

Partes del cuerpo
el brazo
la cabeza
el cuerpo
el dedo
la mano
el pie
la pierna

Verbos
combinar
contar (ue)
prometer
quedar
vender

Expresiones y otras palabras
el algodón
el centro comercial
el departamento
el hombre
la lana
la mujer
ni... ni
o... o
quedarle bien a uno
la seda
las vacaciones

Unas botas marrones.

Un traje de baño rosado.

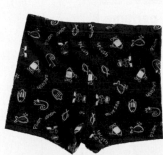

Un traje de baño azul.

Ecuador

Lección B

Vocabulario I

Regalos

el cinturón de cuero

Mi mamá me dijo que le gustaría recibir un bolso de regalo.

Esta bufanda es demasiado larga.

la bufanda

Esta bufanda es bastante corta.

el bolso de material sintético

¡Qué lindo bolsito! Es perfecto y está barato. Lo puede usar todos los días.

el pañuelo

la billetera

el collar de perlas

la pulsera de oro

el arete de plata

el perfume

el anillo

las joyas

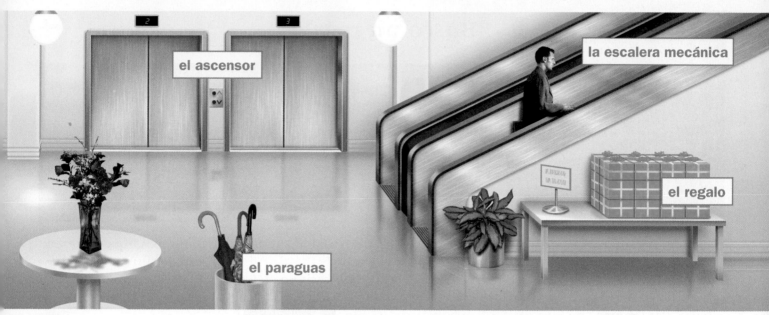

el ascensor

la escalera mecánica

el regalo

el paraguas

1 ¿Qué les gustaría recibir de regalo?

 Selecciona la letra de la ilustración que corresponde con lo que oyes.

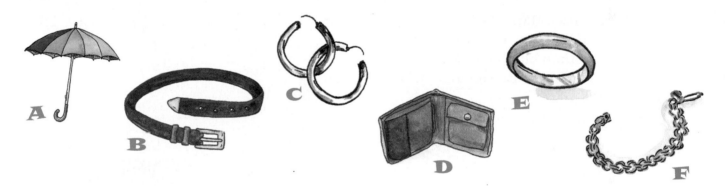

A

B

C

D

E

F

2 Hablando de los artículos de la tienda

Contesta las siguientes preguntas en español.

1. ¿Qué puede ser de cuero?
2. ¿Qué puede ser de plata?
3. ¿Qué puede ser de perlas?
4. ¿Te gusta usar perfume? Explica.
5. ¿Cuándo llevas pañuelo?
6. ¿Cuándo llevas bufanda?
7. ¿De qué materiales puede ser un bolso?
8. ¿Qué joyas te gusta llevar?

3 Regalos para todos

 Trabajando en parejas, preparen tres listas de regalos, una para hombres, otra para mujeres y otra para hombres y mujeres. Cada lista debe tener tres o cuatro regalos en cada columna.

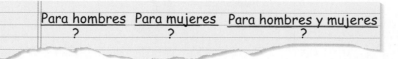

Para hombres	Para mujeres	Para hombres y mujeres
?	?	?

Diálogo I   Busco un regalo

DANIEL: Busco un regalo, bueno, bonito y barato.
SEÑORA: ¿Para hombre o para mujer?
DANIEL: Para mujer.

SEÑORA: ¿Qué le parece una pulsera de oro?
DANIEL: No. Ella dijo que joyas no.

SEÑORA: Entonces, ¿qué le parece este perfume?
DANIEL: El perfume es perfecto.

4 ¿Qué recuerdas?

1. ¿Qué busca Daniel?
2. ¿Qué tipo de regalo busca?
3. ¿Para quién busca algo Daniel?
4. ¿Va a comprar Daniel una pulsera de oro?
5. ¿Qué le parece perfecto?

¡Extra!

En otras palabras

el anillo	la argolla, la sortija
los aretes	los zarcillos, los aros, los pendientes
el bolso	la cartera, la bolsa, el monedero
el material sintético	el plástico, el acrílico
el paraguas	la sombrilla
el pijama	el payama/el piyama
la pulsera	el brazalete

5 Algo personal

1. Cuando buscas un regalo, ¿lo buscas bueno, bonito y barato? Explica.
2. ¿Piensas que es más fácil comprar un regalo para un hombre o una mujer?
3. En tu opinión, ¿qué regalos piensas son para hombres? ¿Y para mujeres?

6 Bueno, bonito y barato

Selecciona la letra de la ilustración que corresponde con lo que las siguientes personas buscan.

A

B

Ecuador, país de maravillas naturales

Ecuador is located southwest of Colombia and north of Peru. The equator (*ecuador*), which is located high in the Andes Mountains, cuts through the country just a few miles north of the nation's capital, Quito. A monument here marks the dividing point between the Northern and the Southern Hemisphere.

Soy de las Islas Galápagos.

Quito, Ecuador.

Ecuador was once part of the Incan Empire. When he died in the sixteenth century, the Incan emperor Huayna Cápac divided the empire between two sons: Atahualpa ruled the portion that was based in Quito, and Huáscar ruled the portion that was based in Cuzco, Peru. Huayna Cápac did not know, however, that the division would weaken the empire and lead to its rapid conquest by the Spanish conquistadors. Ecuador remained Spanish until becoming the first South American nation to declare its independence in 1809.

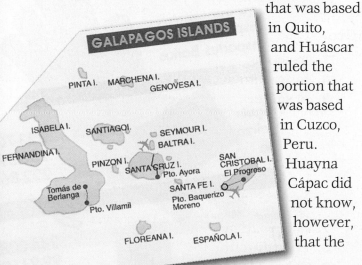

Remains of Ecuador's colorful past are still evident throughout the nation today. Along with historical reminders of the past, Ecuador offers visitors compelling natural wonders, as well. One of these, the *Archipiélago de Colón*, also known as the Galapagos Islands (*Islas Galápagos*), is located off the coast of Ecuador in the Pacific Ocean. The islands were formed by volcanic eruptions. Today they have become a national park (*parque nacional*) consisting of more than 600 miles of coastline, where an interesting mix of tropical and cold-climate animals (*animales*) and plants (*plantas*) live that cannot be found in any other part of the world.

---

7   Conexión con otras disciplinas: geografía

Completa las frases de la izquierda con una de las frases de la derecha, según la información en Cultura viva.

1. El ecuador divide...
2. La capital del Ecuador...
3. El Ecuador formó parte...
4. El Ecuador declaró su independencia...
5. Al Archipiélago de Colón se le llama también...
6. Las Islas Galápagos están...
7. En las Galápagos hay...

A. ...en el Océano Pacífico.
B. ...en 1809.
C. ...el mundo en norte y sur.
D. ...un parque nacional con plantas y animales.
E. ...es Quito.
F. ...las Islas Galápagos.
G. ...del imperio inca.

Idioma

Estructura

Diminutives

Indicate affection or convey the idea that something is small by replacing the final vowel of a noun with the endings *-ito, -ita, -itos* and *-itas: Ana (Anita)*. For nouns that end in a consonant, add the endings *-cito, -cita, -citos* or *-citas* to the complete word: *collar (collarcito)*. Additional diminutive endings you may encounter include *-illo, -illa, -uelo, -uela, -ico* and *-ica*. Other words may require a spelling change: *poquito (poco)*.

Although many exceptions exist for the diminutive forms, most are easily recognized: *hotelito (hotel)*, *Daniel (Danielito)*. It is best to learn the variations as you encounter them since they can vary from country to country and even from one person to another within countries.

 ## Práctica

 8 ### Todo es pequeñito

Cambia las siguientes palabras al diminutivo.

1. el bolso
2. la billetera
3. el cinturón
4. el pañuelo
5. la bufanda
6. el collar
7. las botas
8. los guantes
9. el suéter

 9 ### ¿De dónde vienen?

Indica la palabra original.

> **MODELO** el regalillo → el regalo

1. la chaquetilla
2. el zapatico
3. las joyitas
4. el trajecillo
5. la portezuela
6. el sombrerito
7. la corbatica
8. el jardincito
9. el hijuelo

Los guantes.

 ## Comunicación

 10 ### Comprando un regalo con mucho cariño

 Imagine you and a close friend are in a department store shopping for a birthday gift for someone you like a lot. Create a conversation using the diminutive to refer to the objects you are considering buying and to convey your affection for the person for whom you are shopping.

> **MODELO** **A:** Mira estas joyitas tan lindas para tu mamita. Me gustan mucho.
> **B:** No me gustan mucho. Me gusta más este bolsito.
> **A:** El bolsito no está mal, pero prefiero aquel collarcito de perlitas.

Estructura

Preterite tense of *leer*, *oír*, *ver*, *decir*, *hacer* and *tener*

The verbs *leer*, *oír*, *ver*, *decir*, *hacer* and *tener* all have irregularities in the preterite tense. For example, for *leer* and *oír*, an *i* between two vowels changes to a *y*. Both *leer* and *oír* require additional accent marks to separate vowel sounds and to indicate how these words are pronounced. The preterite tense of the verb *ver* uses the regular *-er* verb endings, but without any accent marks.

leer	
leí	leímos
leíste	leísteis
leyó	leyeron

oír	
oí	oímos
oíste	oísteis
oyó	oyeron

ver	
vi	vimos
viste	visteis
vio	vieron

Learning the irregular preterite-tense stem of *decir (dij)*, *hacer (hic)* and *tener (tuv)* and the endings *-e*, *-iste*, *-o*, *-imos*, *-isteis* and *-ieron* will help you when you wish to use the preterite tense of these three irregular verbs.

Note: The *c* in the preterite-tense stem for *hacer* changes to *z* in *hizo*; *dijeron* is also an exception to the above because no *i* is required for the preterite ending.

decir	
dije	dijimos
dijiste	dijisteis
dijo	dijeron

hacer	
hice	hicimos
hiciste	hicisteis
hizo	hicieron

tener	
tuve	tuvimos
tuviste	tuvisteis
tuvo	tuvieron

  # Práctica

11 ¡No oí!

Imagina que estás en una tienda comprando ropa con tu familia y todos te dicen algo al mismo tiempo y no oyes algunos de los comentarios. ¿Qué debes decir?

MODELO mi mamá
¿Qué dijo mi madre? No la oí.

1. tú
2. la Sra. de la tienda
3. mis hermanos
4. mi padre
5. mis hermanas
6. mi prima y mi tío

¿Qué dijo mi madre?

12 ¿Qué le(s) gustaría recibir?

Di qué dijeron las siguientes personas que les gustaría recibir de regalo para su cumpleaños, según las ilustraciones.

MODELO 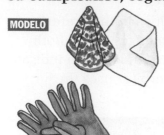 mi padre
Mi padre dijo que le gustaría recibir unos pañuelos.

1. yo   **2.** mis primos   **3.** mi tía   **4.** mi mamá

5. mi hermano   **6.** nosotros   **7.** tú   **8.** Uds.

13 ¿Qué hice?

Di cuáles de las siguientes cosas hiciste o no hiciste ayer.

MODELO   leer un libro
Sí, leí un libro ayer./No, no leí un libro ayer.

1. tener que ir a la tienda para comprar pan y leche
2. oír un CD de mi cantante favorito
3. ver televisión
4. hacer la tarea de español
5. decir una mentira
6. comprar un regalo para alguien
7. tener un examen
8. leer una revista

14 Todos hicieron algo

En parejas, hablen de lo que hicieron las siguientes personas, usando las pistas que se dan.

MODELO   tu amigo: leer un libro / y / oír un disco compacto
A: ¿Qué hizo tu amigo?
B: Mi amigo leyó un libro y oyó un disco compacto.

1. Uds.: tener que comprar un regalo / y / hacerlo por la internet
2. tus amigos: hacer la tarea / y / ir a jugar al fútbol con sus amigos
3. tu hermana: tener que comprar unos zapatos cómodos / e / hacer unos quehaceres
4. tú: leer un libro muy interesante / y / ver una película divertida en DVD
5. tu madre: tener que ir a trabajar / y luego / volver a casa a hacer la comida
6. tus tías: hacer un viaje a las Islas Galápagos / pero / olvidar llevar sus trajes de baño

En la tienda por departamentos

Di lo que hicieron algunas personas el fin de semana en la tienda, según las ilustraciones y los verbos indicados.

 **MODELO** comprar
Algunas personas compraron paraguas.

1. oír

2. hacer

3. tener

4. arreglar

5. ver

6. leer

Comunicación

 16 ¿Qué hicimos?

 Trabajando con un(a) compañero/a de clase, hablen de lo que hicieron el fin de semana pasado.

MODELO **A:** ¿Qué hiciste el sábado?   **A:** ¿Y qué más hiciste?
B: Leí un libro fascinante.   **B:** El sábado oí música por la mañana, luego tuve que .... Y tú, ¿qué hiciste?

 17 ¿Qué tuviste que hacer?

 Imagine you and a classmate work at a department store. Yesterday was a very busy day at the store and you each had to do too many things. Make up activities and talk with your classmate about all the things each of you had to do.

MODELO **A:** Ayer tuve muchas cosas que hacer en la tienda.
B: ¿Qué tuviste que hacer?
A: Para empezar, tuve que llegar muy temprano. Luego, otra persona y yo tuvimos que arreglar las billeteras, los cinturones y las bufandas en la sección de regalos antes de abrir. Luego, tuve que....

18 **¿Cuál es la respuesta correcta?**

 Escoge la letra de la respuesta correcta a lo que oyes.

A

Sí, es una seda
muy buena.

B

Necesita el recibo.

C

Pago con tarjeta
de crédito.

D

No, está en oferta.

E

Son tres dólares con
cincuenta.

F

Sí, voy contigo.

19 **Lo opuesto**

Completa las siguientes oraciones para decir lo opuesto de las palabras
indicadas.

MODELO No compré el anillo *caro*, preferí el anillo <u>barato</u>.

1. No compré ningún perfume *de mala calidad*, compré un perfume __.
2. No pagué *a crédito*, pagué __ en una de las cajas.
3. No me gustó el bolso *de tamaño pequeño*, me gustó el bolso __.
4. No vi los aretes *caros*, vi los aretes __.
5. No vi cinturones *cortos*, sólo vi cinturones demasiado __.
6. No le pagué *al dependiente*, le pagué __.
7. No me gusta ir de compras *contigo*, porque a ti no te gusta ir de compras __.

Diálogo II   ¿Cómo va a pagar?

DANIEL: ¿Cuánto cuesta el perfume?
SEÑORA: Está en oferta. Cuesta treinta dólares.
DANIEL: Sí, no está caro. Lo llevo.

SEÑORA: ¿Cómo va a pagar? ¿En efectivo o a crédito?
DANIEL: Voy a pagar en efectivo.

SEÑORA: Aquí tiene diez dólares de cambio y su recibo.
DANIEL: Muchas gracias.

20 ¿Qué recuerdas?

1. ¿Qué está en oferta?
2. ¿Cuánto cuesta el perfume?
3. ¿Cómo va a pagar Daniel?
4. ¿Cuánto es el cambio?
5. ¿Qué más le da la señora a Daniel?

21 Algo personal

1. ¿Qué compras en oferta?
2. ¿Prefieres pagar a crédito o en efectivo? Explica.
3. ¿Te gusta dar regalos caros o baratos? Explica.
4. ¿Qué haces con el dinero que recibes de cambio?

22 ¿Sí o no?

 ¿Son lógicos los diálogos? Corrige lo que no es lógico.

¿Cuánto cuesta el perfume?

Compro camisetas en oferta.

De compras en Guayaquil

Para hacer compras en Ecuador, debes ir a Guayaquil. Para las compras modernas está en Guayaquil el Mall del Sol, el centro comercial más grande del Ecuador con más de 187 tiendas, veinticinco restaurantes de comida rápida, cinco bancos, un supermercado grande (Megamaxi), nueve cines, cibercafés, discotecas, tiendas de souvenirs, parques y estacionamiento *(parking)* para más de 2.000 carros. Es un centro comercial supergigante y muy divertido.

Si te gustan las compras menos modernas y más de artesanía, y no te gustan los centros comerciales, puedes ir al Mercado Artesano de Guayaquil. En el Mercado Artesano hay

Unos chicos ecuatorianos en el mall.

Una artesana vendiendo su arte.

280 exhibiciones y puestos de venta *(sales stands)* donde trabajan sólo artesanos (las personas que hacen artesanía) creando y vendiendo su arte. Al dar un paseo por las exhibiciones puedes escuchar música ecuatoriana a la vez que admiras los diferentes estilos de los artistas del país.

Como puedes ver, tanto si te gusta la compra moderna y dinámica, como la más tranquila y tradicional, Guayaquil te ofrece infinitas posibilidades.

Unos chalecos *(vests)* en el Mercado Artesano.

 Comparando

Compara el centro comercial Mall del Sol en Guayaquil con un centro comercial de tu ciudad.

Centro comercial Mall del Sol	Centro comercial de tu ciudad
1. 187 tiendas	1. 150 tiendas
2.	2.
3.	3.

Lectura personal

Dirección http://www.emcp.com/músico/aventura1/e.diario-9.htm

Archivo   Edición   Ver   Favoritos   Herramientas   Ayuda

página principal   miembros   e-diario

Grupo musical La OLA

Nombre: Xavier Rodríguez Guerra
Edad: 18 años
País natal: Estados Unidos
Artículo de ropa favorito: sombreros
Artículo de ropa que nunca usa: pantalones de cuero

Estamos en Ecuador, un país muy lindo. Después del concierto, el grupo se fue de compras a Quito. Yo también me fui de compras pero no a una tienda por departamentos con escaleras mecánicas y todo eso. Yo me fui en avión a la provincia de Manabí, que está en el centro de las costas ecuatorianas. Manabí tiene playas lindas, pero ésa no es la razón por la cual fui. Estuve en el pueblo[1] colonial de Montecristi, para comprar un sombrero "panamá" para mi nuevo "look". Grandes personajes como Humphrey Bogart, Gary Cooper y Winston Churchill han usado sombreros "panamá". Creo que se ven muy elegantes.

Hacen sombreros "panamá" en Ecuador.

Saben, el sombrero "panamá" no es de Panamá; es un producto de Ecuador. Ecuador empezó a exportar estos sombreros en los años 1800s. En los años 40, era el producto de exportación número uno de Ecuador. Como se vendían[2] en los puertos[3] de Panamá, se les llamó sombreros "panamá", pero su verdadero[4] nombre es sombrero de jipijapa o sombrero de Montecristi. Montecristi produce los mejores sombreros "panamá" del mundo llamados "superfinos". Están hechos con la planta Carludovica palmata, que se hierve[5], se seca[6] y luego se teje[7]. Tardan tres meses en hacer un sólo sombrero. Son bastante caros, pero también son muy "cool", ¿no creen?

[1]town   [2]were sold   [3]ports   [4]real   [5]boil   [6]dry   [7]weave

32 ¿Qué recuerdas?

Identifica cada uno.

1. el producto de exportación número uno de Ecuador en los cuarenta
2. sombrero de jipijapa
3. Manabí
4. Montecristi
5. Carludovica palmata

33 Algo personal

1. En tu opinión, ¿son los sombreros "panamá" elegantes? ¿Por qué sí o por qué no?
2. Donde tú vives, ¿hay un centro de producción de ropa? ¿Qué artículos de ropa hacen o venden?
3. Imagina que quieres tener un nuevo "look". Describe tu nueva ropa.

> • Panama hats are really from Ecuador. Can you think of other products (such as foods) that have a country in their names even though they did not originate from that country? How do you think this happens?

¿Qué aprendí?

Autoevaluación

As a review and self-check, respond to the following:

1. Name at least three items sold in a mall department store.

2. Name something that can be made of gold, silver or pearl.

3. Imagine you are buying a gift for your best friend. Describe the item you purchased.

4. Say at least three things you read, heard or saw yesterday.

5. The last time you made a purchase, did you pay cash or did you use credit?

6. Imagine you are shopping in a Spanish-speaking country. How would you ask how much an item costs and if it is on sale?

7. Say two things you learned about Ecuador.

Palabras y expresiones

How many of these words and expressions do you recognize?

Para describir
- barato,-a
- bastante
- caro, a
- corto,-a
- demasiado
- largo,-a
- lindo,-a
- perfecto,-a
- sintético,-a

En la tienda
- el anillo
- el arete
- el ascensor
- la billetera

- el bolso
- la bufanda
- la caja
- la calidad
- el cambio
- el cinturón
- el collar
- el crédito
- el cuero
- el dependiente,
    la dependienta
- el efectivo
- la escalera mecánica
- la joya
- el material

- mecánico,-a
- la oferta
- el oro
- el pañuelo
- el paraguas
- el perfume
- la perla
- la plata
- la pulsera
- el recibo
- el regalo
- el tamaño
- la tarjeta (de crédito)

Verbos
- ahorrar
- cambiar
- pagar
- recibir
- usar

Expresiones y otras palabras
- a crédito
- conmigo
- contigo
- en efectivo

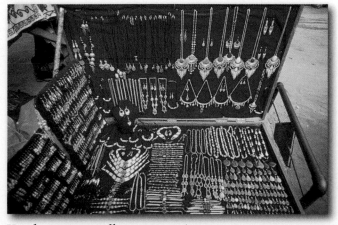

Venden aretes, collares y otras joyas.

Un paraguas negro.

Estrategia

Using visual format to predict meaning

Visual details of printed information such as the style and format of printed media can tell you a lot about its probable content. For instance, the format of a letter will indicate whether it is for business or if it is personal. Similarly, cartoons are easily recognized by the style of the illustration and the way the contents appear on the page. Advertisements and brochures can differ greatly from one another depending on the intended population. Before starting to read, look at the layout, the artwork, the pictures, the titles and the format of the writing for hints about its content and meaning.

Preparación

Observa el título, el arte y la forma de esta lectura y contesta las siguientes preguntas.

1. ¿Qué tipo de lectura es ésta?
   A. Es un anuncio (ad).
   B. Es un artículo (article) de periódico.
   C. Es una encuesta (survey).
2. ¿Qué venden?
   A. Venden artículos electrónicos.
   B. Venden frutas y verduras.
   C. Venden ropa y servicios.
3. ¿Para quién es lo que venden?
   A. Para hombres.
   B. Para hombres, mujeres y jóvenes.
   C. Para mujeres.

Las rebajas de Danté

Las fabulosas rebajas de Danté te ofrecen grandes ahorros en ropa casual para todos. Tenemos grandes rebajas del 20%, 30%, 40% y hasta el 50%. Aquí puedes conseguir la ropa que necesitas para ir al cine, las fiestas y al colegio. Tenemos todos los estilos que te gustan en todas las marcas y colores.

Servicios generales

- ❖ Sastrería
- ❖ Pedidos especiales de vestidos
- ❖ Sorteos

- ❖ Danté Café
- ❖ Abrimos los domingos
- ❖ Tarjeta de crédito Danté

¿Adónde vas de compras con más frecuencia?

Un centro comercial en Quito, Ecuador.

A ¿Qué recuerdas?

1. ¿En qué tipo de ropa puedes ahorrar dinero si la compras en esta tienda?
2. ¿De cuánto son las rebajas en esta tienda?
3. ¿Para ir a qué tipo de lugares puedes comprar ropa en Danté?
4. ¿Qué servicios tiene esta tienda?

B Algo personal

1. ¿Qué piensas del anuncio?
2. ¿Para qué tipo de personas piensas que es este anuncio?
3. ¿Buscas anuncios con rebajas antes de ir de compras? Explica.
4. ¿Qué tipo de anuncios te gustan?
5. ¿Adónde vas de compras con más frecuencia?

Tú escribes ■ ■ ■ ■ ■ ■ ■ ■ ■ ■ ■ ■ ■

Estrategia

Indicating sequence

You have already learned to use transition words to make your writing flow smoothly. When writing about past activities or events, transition words can indicate the sequence in which actions occurred. Some sequence words you may want to use in your writing include the following: *primero* (first), *luego* (later, then), *antes de* (before), *después de* (after), *finalmente* (finally).

Shopping centers and malls are more than just convenient places to shop. Going to a *centro comercial* often turns into a social event that offers shoppers an opportunity to spend time with friends and to meet new people. What does shopping at the mall mean to you? Write a short composition telling about your last visit to the mall *(Mi última visita al centro comercial)*. Include when you went, with whom you went, what places you visited, if you visited a *tienda por departamentos*, what you did, whom you met, what you bought and any other information you wish. Be sure to use connecting words for making smooth transitions and for telling the sequence of events.

Compré una bolsa de cuero en la tienda por departamentos.

Proyectos adicionales ■ ■ ■ ■ ■ ■

A Conexión con la tecnología

You learned how to create a dialog journal in the *Tú escribes* activity in the *¡Viento en popa!* section of *Capítulo 2*. Create an electronic dialog journal entry to send to your teacher. Write about your last trip to a *tienda por departamentos* to shop for something special (e.g., clothing for yourself, a gift). You may wish to tell about where and with whom you went shopping, what you purchased and how much you paid. Include any other information you would like and e-mail the journal entry to your teacher.

B Conexión con otras disciplinas: arte y diseño

Imagine you work for an advertising agency. Cut out advertisements and pictures of different clothing items from fashion magazines and newspapers and design a poster-sized advertisement for clothing. Include in your collage various types of clothing in different colors and sizes. Then, working with a classmate, talk about fashion and clothing styles in the advertisement, including what the people are wearing, the colors of each article of clothing and whether you like the item or not. For what type of occasions is the clothing shown appropriate? What age and gender are you targeting with your advertisement?

C Comunidades

How do people in your community dress? Write a short composition describing how young people dress during a specific season of the year. What are the most popular colors and materials? What statement do you think they wish to convey by how they dress?

Unas mujeres en Otavalo, Ecuador.

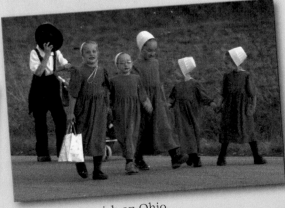

Unos niños Amish en Ohio.

REPASO

Now that I have completed this chapter, I can...

	Go to these pages for help:
describe clothing.	364
identify parts of the body.	364
express disagreement.	374
talk about the past.	374
discuss size and fit.	386
discuss price and payment.	394

I can also...

talk about life in Panama and Ecuador.	367, 389
ask questions when I do not understand something.	368
talk about personal taste in clothing.	374
use affirmative and negative expressions in conversations.	381
use diminutives to express affection or that something is small.	390

Trabalenguas

Venancio vendía bonitas boinas, bonitas, baratas, embalaba baberos, bolillos, botas bellas y boinas buenas.

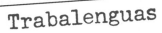

Resolviendo el misterio

After watching Episode 9 of *El cuarto misterioso*, answer the following questions.

1. How does José gain entrance to the briefcase?

2. What does José find in the briefcase?

3. What information does a confused Conchita let slip to Rafael about the treasure?

Vocabulario

ahorrar to save 9B
algo something, anything 9A
el **algodón** cotton 9A
alguien someone, anyone, somebody, anybody 9A
algún, alguna some, any 9A
alguno,-a some, any 9A
anaranjado,-a orange (color) 9A
el **anillo** ring 9B
el **arete** earring 9B
el **ascensor** elevator 9B
barato,-a cheap 9B
bastante rather, fairly, sufficiently, enough, sufficient 9B
la **billetera** wallet 9B
el **bolso** purse 9B
la **bota** boot 9A
el **brazo** arm 9A
la **bufanda** scarf 9B
la **cabeza** head
la **caja** cashier's desk 9B
la **calidad** quality 9B
cambiar to change, to exchange 9B
el **cambio** change 9B
caro,-a expensive 9B
el **centro comercial** shopping center, mall 9A
la **chaqueta** jacket 9A
el **cinturón** belt 9B
el **collar** necklace 9B
combinar to combine 9A
conmigo with me 9B
contar (ue) to tell (a story) 9A
contigo with you 9B
la **corbata** tie 9A
corto,-a short (not long) 9B

el **crédito** credit 9B
a crédito on credit 9B
el **cuero** leather 9B
el **cuerpo** body 9A
el **dedo** finger 9A
demasiado too (much) 9B
el **departamento** department 9A
el **dependiente, la dependienta** clerk 9B
el **efectivo** effective 9B
en efectivo in cash 9B
la **escalera mecánica** escalator 9B
estar en oferta to be on sale 9B
el **guante** glove 9A
la **joya** jewel 9B
el **hombre** man 9A
el **impermeable** raincoat 9A
la **lana** wool 9A
largo,-a long 9B
lindo,-a pretty 9B
la **mano** hand 9A
marrón brown 9A
el **material** material 9B
las **medias** pantyhose, nylons 9A
morado,-a purple 9A
la **mujer** woman 9A
nada nothing 9A
nadie nobody 9A
ni... ni neither... nor 9A
ningún, ninguna none, not any 9A
ninguno,-a none, not any 9A
o... o either... or 9A
la **oferta** offer 9B
el **oro** gold 9B

pagar pay 9B
el **pañuelo** handkerchief, hanky 9B
el **paraguas** umbrella 9B
perfecto,-a perfect 9B
el **perfume** perfume 9B
la **perla** pearl 9B
el **pie** foot 9A
la **pierna** leg 9A
el **pijama** pajamas 9A
la **plata** silver 9B
prometer promise 9A
la **pulsera** bracelet 9B
quedar to remain, to stay 9A
quedarle bien a uno to fit, to be becoming 9A
recibir to receive 9B
el **recibo** receipt 9B
el **regalo** gift 9B
la **ropa interior** underwear 9A
rosado,-a pink 9A
la **seda** silk 9A
sintético,-a synthetic 9B
el **sombrero** hat 9A
el **suéter** sweater 9A
el **tamaño** size 9B
la **tarjeta (de crédito)** credit card 9B
el **traje (de baño)** swimsuit 9A
usar to use 9B
las **vacaciones** vacation 9A
vender to sell 9A
el **vestido** dress 9A
el **zapato bajo** flat shoe 9A
el **zapato de tacón** high-heeled shoe 9A

Llevamos las corbatas a la escuela.

Venden ropa interior para mujeres.

CAPÍTULO 10

Un año más

express emotion

talk about the future

El cuarto misterioso

Contesta las siguientes preguntas sobre esta escena del *Episodio 10–¿Dónde está la máscara?*

1. ¿Qué planes hicieron los chicos para la noche?
2. ¿Qué pasó en el ultimo episodio?
3. Describe lo que José, Conchita, Ana y Francisco están llevando.

DVD 2, Track 34. Mientras José, Conchita, Francisco y Ana caminaban a casa, algo sorprendente sucedió.

describe personal characteristics

discuss past actions and events

make polite requests

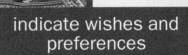

indicate wishes and preferences

write about past actions

talk about everyday activities

www.emcp.com

I-CULTURE
Authentic Connections to the World

MARIO: ¡Un año más! No hay más tareas por unos meses.

SILVIA: ¡Qué bueno! Fue un año divertido.

MARIO: Estudié mucho.

SILVIA: ¿Qué fue lo que más te gustó?

MARIO: ¡Jugar al fútbol y las clases de historia!

SILVIA: A mí me gustó más la clase de biología.

MARIO: A mí la biología no me gusta.

SILVIA: Sí, yo sé. Bueno, también hice nuevos amigos.

MARIO: ¿Tus amigos del equipo de voleibol?

SILVIA: Sí, y voy a verlos ahora. Adiós.

 1 ¿Qué recuerdas?

1. ¿Qué no hay por unos meses?
2. ¿Quién estudió mucho?
3. ¿Qué fue lo que más le gustó a Mario?
4. ¿Qué le gustó más a Silvia?
5. ¿Qué no le gusta a Mario?
6. ¿Quién tiene amigos en el equipo de voleibol?

 2 Algo personal

1. ¿Fue tu año divertido? Explica.
2. ¿Te gusta hacer tareas? ¿Por qué?
3. ¿Qué fue lo que más te gustó del colegio este año?
4. ¿Qué deporte jugaste más este año?

 3 ¡Fue un año divertido!

 Di si lo que oyes es cierto o falso, según el Diálogo. Si es falso, corrige la información.

El Perú, centro del imperio inca

Peru formed the center point of the Incan Empire *(el imperio inca)*. Located on the Pacific Ocean along the western shores of South America, and situated between Ecuador and

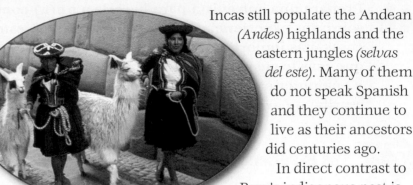

Somos del Perú.

Chile, Peru, with its rich gold and silver deposits, quickly attracted many Spanish explorers in the sixteenth century. Although the Spaniards introduced their language and religion, the influence of the Inca civilization is evident throughout the modern-day culture of Peru. Descendants of the

Incas still populate the Andean *(Andes)* highlands and the eastern jungles *(selvas del este)*. Many of them do not speak Spanish and they continue to live as their ancestors did centuries ago.

In direct contrast to Peru's indigenous past is the country's contemporary capital, Lima, where 30 percent of Peru's population lives and works. Lima is the most important area of development in the country. However, remnants of the past can be found even in this modern city. One example is the University of San Marcos, which is one of the oldest universities in the world.

Descendientes de los incas viven en Perú.

La iglesia Santo Domingo en Cuzco, Perú.

4 El Perú

Contesta las siguientes preguntas sobre el Perú.

1. ¿De qué imperio fue Perú el centro?
2. ¿Por qué vinieron los exploradores españoles al Perú?
3. ¿En qué zona del Perú viven todavía los descendientes de los incas?
4. ¿Cómo se llama la capital del Perú?
5. ¿Cómo se llama una de las universidades más viejas del mundo?

5 ¡A viajar!

Imagina que te gustaría visitar Perú para practicar tu español. ¿Qué te gustaría ver o hacer allí? Busca información sobre Perú en la internet. Luego, haz un itinerario con fechas, hoteles, restaurantes, lugares interesantes para visitar, precios, etc. Prepara un póster de viaje sobre el lugar y presenta la información a la clase.

¡Oportunidades!

En otro país

Have you ever visited another country? What did you see? What did you do there? After studying Spanish for a year, you probably realize the many opportunities that are available to you to use your language skills. Have you ever considered attending school in a different country for a year? Studying and living in a Spanish-speaking country could increase the Spanish skills you acquired this year.

Proyectos

6 Una entrevista para el periódico del colegio

Prepara una entrevista para hacerla a un(a) compañero/a de clase para saber sobre sus experiencias y actividades durante este año. Pregúntale sobre las cosas más importantes que hizo, las más divertidas, las más aburridas, lo que más le gustó del año, lo que menos le gustó, algo interesante que le pasó y cualquier otra información de su vida en el colegio o en su casa. Luego, escribe un artículo en español de una página y preséntalo a la clase.

7 Tus experiencias

Escribe un ensayo *(essay)* en español de uno o dos párrafos sobre algo especial que te pasó durante tu vida escolar este año. En tu composición puedes hablar por ejemplo sobre alguien interesante que conociste, una actividad importante que hiciste, una clase que te gustó mucho, un deporte que hiciste o un evento al que fuiste. Añade detalles *(details)* importantes que rodearon *(surrounded)* el hecho *(event)*, como por ejemplo, la fecha en que pasó, el lugar, el tiempo que hizo, lo que pasó antes y lo que pasó después, etc.

Estrategia

The importance of reviewing
It is important to review what you have learned. No one remembers everything they have studied. You have made progress this year with Spanish, and reviewing will help keep everything fresh in your mind.

8 Encuesta estudiantil

Haz la siguiente encuesta a diez compañeros(as) de clase para averiguar *(to find out)* cuáles fueron las clases favoritas de tus compañeros(as) este año. Primero, completa la encuesta en cualquier clase que no sea la de español y hazte la encuesta a ti mismo y luego a tus compañeros(as) de español del grupo, compartan los resultados. Finalmente, reporten los resultados del grupo a la clase.

Encuesta sobre las clases favoritas del año

Por cada una de las siguientes clases di el número que representa mejor tu opinión.

1. el arte	0	1	2	3	4
2. las ciencias (biología, química, etc.)	0	1	2	3	4
3. la computación	0	1	2	3	4
4. la educación física	0	1	2	3	4
5. el español	0	1	2	3	4
6. los estudios sociales	0	1	2	3	4
7. la historia	0	1	2	3	4
8. el inglés	0	1	2	3	4
9. las matemáticas (álgebra, geometría, etc.)	0	1	2	3	4
10. la música (banda, orquesta, coro, etc.)	0	1	2	3	4
11. (¿otras?) _____	0	1	2	3	4

0 = No sé. No tengo una opinión.
1 = Fue horrible. Me disgustó (disliked) mucho.
2 = Fue aburrida. No me gustó mucho.
3 = Fue buena. Me gustó.
4 = Fue excelente. Me gustó mucho.

Encuesta electrónica

Prepara un e-mail o una página de la Web con una encuesta como la que hiciste en la actividad anterior sobre las clases favoritas. Envíala a otra clase (de tu colegio, de cualquier otro colegio del país o de un país de habla hispana), pidiendo a los estudiantes contestarla también por la internet. Comparte los resultados con la clase, comparando y contrastando los resultados de la encuesta.

Un país hispanohablante

Crea un collage que represente al país hispanohablante que encontraste *(found)* más interesante durante tu año de clases de español. Luego, muéstralo a la clase y da una corta explicación del collage.

Mi collage trata de Perú.

Tu poesía

Escribe un poema o una canción en español sobre algún tema que aprendiste este año. Después, puedes leer tu poema o cantar tu canción a la clase.

Estoy escribiendo un poema.

Lectura Cultural

Machu Picchu

Miles de turistas visitan este sitio arqueológico cerca de Cuzco, Perú. ¿Por qué?

Belleza[1]...

Los incas construyeron[2] Machu Picchu entre dos picos[3] altos. Las construcciones de piedra[4] parecen desplegarse[5] sobre la montaña. Abajo, el torrencial río[6] Urubamba corre por la selva amazónica. Es un lugar mágico.

Historia...

Machu Picchu fue construida[7] en el siglo XV cuando el imperio inca se extendía desde Ecuador a Argentina. Se la conoce como la Ciudad Perdida porque permaneció[8] escondida[9] hasta 1911 cuando Hiram Bingham la descubrió[10] intacta.

Misterio...

Machu Picchu, en quechua, quiere decir "Cima[11] Vieja" pero su verdadero nombre no se conoce. Tampoco se sabe la historia o la función de esta ciudad fortificada inca. Algunos creen que fue un monasterio pero como los incas no tenían escritura[12], este lugar estará siempre rodeado[13] de misterio.

Respeto...

La perfección de las paredes de Machu Picchu sorprende[14]. No usaron argamasa[15], y sin embargo[16], la unión entre las piedras es tan perfecta que no se puede introducir ni la hoja[17] de un cuchillo. La construcción de Machu Picchu—con sus paredes perfectas, acueductos, terrazas, observatorios, reloj solar—es evidencia de la sabiduría[18] de los incas.

[1]Beauty [2]built [3]peaks [4]stone [5]unfold [6]river [7]built [8]remained [9]hidden [10]discovered [11]Peak [12]writing [13]surrounded [14]amazes [15]mortar [16]however [17]blade [18]wisdom

12 ¿Qué recuerdas?

¿Sí o no?

1. Machu Picchu fue la capital secreta del imperio inca en el siglo XV.
2. Hiram Bingham descubrió las ruinas de Machu Picchu en 1911.
3. La geografía de Machu Picchu incluye montañas y selva.
4. La construcción de las paredes de Machu Picchu es perfecta.
5. Los incas sabían escribir y leer.

• Compare and contrast the architecture and landscape of Machu Picchu with that of the city in which you live.

13 Algo personal

1. ¿Qué más sabes sobre Machu Picchu? Comparte algunos datos con la clase.
2. ¿Por qué crees que nadie, ni los conquistadores españoles, descubrieron Machu Picchu hasta 1911? ¿Cuál crees que fue la función de esa ciudad inca?

Autoevaluación

As a review and self-check, respond to the following:

1. Use the preterite tense to state six things you did this year.
2. State four things you learned about Peru.
3. Name two opportunities you have because you know Spanish.
4. Why is it important to review what you have learned?
5. Summarize the results of the surveys you did about favorite classes for activities 8 and 9.
6. State two things you learned about Machu Picchu.

Lima, la capital de Perú.

Unas paredes en Machu Picchu.

¡Aprendimos mucho este año!

Diálogo I

¿Adónde van de vacaciones?

Guatemala

LUIS: Hola, Inés.

INÉS: Hola, Luis. ¿Qué hiciste el sábado?

LUIS: Tuve que ayudar a mis padres.

INÉS: ¿Van a ir de vacaciones?

LUIS: Vamos a ir a las ruinas de Tikal.

INÉS: Fui a Tikal el año pasado. Me gustó mucho.

LUIS: Y tú, ¿qué vas a hacer en las vacaciones?

INÉS: No sé. Me gustaría ir a California a la casa de mi tía, o trabajar en la tienda de mi padre.

LUIS: Pienso que debes ir a California. Va a ser más divertido.

1 **¿Qué recuerdas?**

1. ¿Qué hizo Luis el sábado pasado?
2. ¿Adónde va Luis de vacaciones?
3. ¿Adónde fue Inés el año pasado?
4. ¿Adónde le gustaría a Inés ir de vacaciones?

2 **Algo personal**

1. ¿Qué hiciste el sábado pasado?
2. ¿Qué vas a hacer en las vacaciones?
3. ¿Adónde te gustaría ir de vacaciones?
4. ¿Piensas que trabajar durante las vacaciones es una buena idea?

¡Extra!

Me gustaría

Remember to use *gustaría* combined with *me, te, les, nos* and *les* in order to make a request, to politely express a wish or to ask about another person's wishes.

Me gustaría ir a California.
¿Te gustaría ir de vacaciones?

3 **¿Quién dijo qué?**

¿Quién dijo lo siguiente, Inés o Luis?

Guatemala, tierra maya

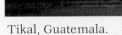
Tikal, Guatemala.

One aspect of Guatemala that fascinates anyone who visits the country is that Guatemala is the land of the Maya Indian civilization. Although the ancient Mayan civilization disappeared mysteriously, traces of the advanced Mayan culture remain today. The Mayans had an extensive knowledge of astronomy, mathematics and architecture. Tikal, one of the most well-known Mayan cities, was founded around 700 B.C. The Mayan languages (mainly *quiché*) and traditions are still very much alive among the Mayans in today's Guatemala. The colors and patterns of the traditional ceremonial costumes that many Mayan descendants wear are visible evidence of one tradition that has been passed on for many years from one generation to the next.

The cities of *Antigua, Chichicastenango, Huehuetenango* and *Quetzaltenango* still contain remnants of the Spanish colonial period, which started in 1524. The capital, Guatemala City (*Ciudad de Guatemala*), was founded in 1776, and in 1821 the region declared its independence from Spain.

Today Guatemala offers a mix of old and new, rustic and urban. The modern capital is the commercial, industrial, educational and governmental center of the country. However, Guatemala's rich farmland serves as the main source of income for the country's 14 million inhabitants, just as it has for centuries.

Los colores de Guatemala.

Unas chicas mayas.

4 Guatemala, tierra maya

Di si las siguientes oraciones sobre Guatemala son ciertas o falsas.

1. Guatemala es un centro de la civilización maya.
2. Los mayas estudiaron astronomía, matemáticas y biología.
3. La ciudad más famosa del imperio maya es Tikal.
4. La lengua maya es el español.
5. Antigua es una ciudad muy moderna.
6. La capital de Guatemala es la Ciudad de Guatemala.

Proyectos

5 Otra entrevista para el periódico del colegio

Trabajando con un(a) compañero/a de clase, hazle las siguientes preguntas en combinación con cinco preguntas originales para saber sobre sus planes para el verano. Después de la entrevista, escribe un artículo de uno o dos párrafos sobre los planes de tu compañero/a y léelo a la clase.

1. ¿Cuál de los trabajos de la lista te gustaría hacer este verano?
2. ¿Qué otro trabajo de la lista te gustaría hacer?
3. ¿Tienes experiencia en alguno de estos trabajos? ¿En cuál? ¿Cuánta experiencia tienes?
4. ¿En cuáles de los trabajos de la lista no te gustaría trabajar? Explica.
5. ¿Vas a viajar durante tus vacaciones? ¿Adónde?
6. – 10. ¿...?

- cuidar a niños
- ser salvavidas de una piscina o de una playa
- hacer trabajos de jardinería
- trabajar en un restaurante
- limpiar casas
- trabajar en un supermercado
- pintar casas
- trabajar en una oficina
- reparar autos
- trabajar en una tienda

6 Tus vacaciones de verano

Escribe un ensayo en español de uno o dos párrafos sobre tus planes para las vacaciones. Di qué actividades piensas hacer, con quién las piensas hacer, cuál es la actividad que más te gusta hacer durante el verano, etc. Añade detalles relevantes asociados con cada actividad, como por ejemplo, cuándo piensas hacer la actividad, en dónde, por cuánto tiempo, etc.

7 Otra encuesta

Haz la siguiente encuesta a diez compañeros(as) de clase para averiguar cuáles son las actividades favoritas de tus compañeros(as) durante el verano. Hazte la encuesta a ti mismo y luego a tus compañeros(as). Añade otras actividades a la encuesta si es necesario. Después, en grupos de cuatro o cinco estudiantes compartan los resultados. Finalmente, reporten los resultados del grupo a la clase.

Encuesta sobre las actividades favoritas durante el verano					
Por cada una de las siguientes actividades di el número que representa mejor tu opinión.					
dormir	0	1	2	3	4
hacer deportes	0	1	2	3	4
hacer quehaceres	0	1	2	3	4
ir a la playa	0	1	2	3	4
ir al centro comercial	0	1	2	3	4
ir al cine	0	1	2	3	4
jugar a videojuegos	0	1	2	3	4
leer	0	1	2	3	4
nadar en una piscina	0	1	2	3	4
navegar en la internet	0	1	2	3	4
ver la televisión	0	1	2	3	4
viajar	0	1	2	3	4
(¿otras?) _____	0	1	2	3	4

0 = No sé. No tengo una opinión.
1 = Es horrible. Me disgusta mucho.
2 = Es aburrida. No me gusta mucho.
3 = Es buena. Me gusta.
4 = Es excelente. Me gusta mucho.

8 Las próximas vacaciones

Trabajando en los mismos grupos de la actividad anterior, creen un collage que represente las actividades favoritas del grupo durante las vacaciones y luego, preséntenlo a la clase.

9 Un proyecto en la internet

Trabajando en grupos de tres a cinco estudiantes, busquen información en la internet sobre algún lugar en un país hispanohablante adonde les gustaría ir de vacaciones. Luego, preparen un póster sobre el lugar, indicando las principales actividades que se pueden hacer allí y creando un slogan para decir por qué creen Uds. que este lugar es el mejor para ir de vacaciones. Finalmente, presenten el póster a la clase.

10 ¿Qué te gustaría ser?

Numera del 1 al 12 las siguientes profesiones en el orden de tu preferencia, siendo la número 1 la que más te gusta y la número 12 la que menos te gusta. Luego, en grupos de tres, compara los resultados de cada persona. Explica por qué crees que ciertas carreras y profesiones son más populares que otras, considerando el salario, los beneficios, las condiciones de trabajo, el horario, etc. Reporta los resultados de tu grupo a la clase.

agricultor/a
arquitecto/a
artista
banquero/a
cocinero/a
enfermero/a

hombre/mujer
  de negocios
ingeniero/a
maestro/a
médico/a
programador/a
veterinario/a

¡Oportunidades!

Pensando en el futuro, las carreras y el español
You are already aware that knowing how to communicate in a foreign language can enhance your career (carrera) opportunities. The following are some interesting careers requiring foreign language expertise that you may want to consider investigating:

border patrol agent
court interpreter
customer service representative
foreign broadcaster
foreign diplomat
hotel sales manager
imported clothing merchandiser

journalist
language teacher
lawyer
travel agent

11 Tu futuro

Escribe uno o dos párrafos en español sobre la carrera que te gustaría estudiar. En tu composición, debes decir por qué te gustaría estudiar esa carrera y qué características piensas que tienes y son importantes para poder trabajar en esa profesión.

Lectura personal

Dirección http://www.emcp.com/músico/aventura1/e.diario-10.htm

Archivo   Edición   Ver   Favoritos   Herramientas   Ayuda

página principal   miembros   e-diario

Grupo musical La OLA

Nombre: **Ceci Eugenia Madrigal**
Edad: **18 años**
País natal: **Uruguay**
Pasatiempos: **dormir, comer, escuchar música**

Mercado de Chichicastenango.

Iglesia de San Tomás, Chichicastenango.

El domingo, tempranito por la mañana, tomamos un bus de la Ciudad de Guatemala a Chichicastenango. Nosotros hemos viajado[1] mucho este año y hemos visto[2] muchos mercados pero ninguno como el mercado de Chichicastenango. Es más que un mercado: es un impresionante espectáculo de colores, sonidos y aromas. Miles de indígenas de la región llegan al mercado cada jueves y domingo a vender, comprar, hablar, comer, reír, regatear. Chichicastenango se distingue por sus tejidos[3], particularmente el huipil, blusa femenina de los mayas. Yo me compré una muy colorida y después fui a la plaza. Allí está la iglesia[4] de San Tomás, construída[5] en 1540. Fue en esta iglesia donde un español vio por primera vez el Popul Vuh, el libro sagrado[6] de los mayas quichés. Aunque[7] es una iglesia católica, muchas de las ceremonias y los rituales son mayas. En las escaleras, vi a un hombre maya quemar[8] incienso[9]. En Guatemala viven 6 millones de mayas y hablan 20 lenguas mayas. Presenciar[10] la cultura maya fue una gran manera de concluir nuestra gira mundial.

[1]have traveled   [2]have seen   [3]weavings   [4]church   [5]built   [6]sacred   [7]Although   [8]burn   [9]incense   [10]To witness

12 ¿Qué recuerdas?

1. ¿Cuántos mayas viven en Guatemala?
2. ¿Cómo se llama el libro sagrado de los mayas quichés?
3. ¿Cómo se llama la blusa que usan la mujeres mayas?
4. ¿Cuáles son los días de mercado en Chichicastenango?
5. ¿Por qué es el mercado de Chichicastenango interesante?

- Compare the market in Chichicastenango with a place in your town where people go to buy, talk, eat, laugh. What are the similarities? What are the differences?

13 Algo personal

1. ¿Hay un mercado en tu comunidad? ¿Qué venden allí?
2. ¿Existe una cultura indígena en tu comunidad? ¿Cómo es su traje tradicional?
3. ¿Cuándo fue la última vez que oliste incienso? ¿Dónde fue?

Autoevaluación

As a review and self-check, respond to the following:

1. Where is Tikal?

2. State four things you learned about Guatemala.

3. Tell what you are going to do this summer. Say where you are going to go, whom you are going to be with and what you are going to do there.

4. Summarize the results of the survey you did about favorite summer activities for Activity 7.

5. Name a place in a Spanish-speaking country you would like to go for vacation. Why would you like to go there?

6. Name three careers that may be open to you because you know Spanish.

7. What do you know about Chichicastenango?

Tikal, Guatemala.

Mercado de Chichicastenango, Guatemala.

Venden artesanías en Guatemala.

Tú lees

Conexión con otras disciplinas: música

Estrategia

Strategy summary

You have learned several ways of understanding different types of Spanish narratives. You know how to use cognates, you have learned to anticipate possible vocabulary and you have learned to gather information by skimming the content before starting to read. Use these techniques to read *Es sólo una cuestión de actitud* sung by La Ola.

Preparación

Contesta las siguientes preguntas como preparación para la lectura de la canción.

1. ¿Qué crees que quiere decir el título de la canción?
2. ¿Cuál es el tema principal de la canción?

Es sólo una cuestión[1] de actitud

Por Fito Páez

Es sólo una cuestión de actitud,
si lo cuentas no se cumple el desco[2].
Es sólo una cuestión de actitud,
caballero, ¿me podría[3] dar fuego[4]?

Es sólo una cuestión de actitud
atreverse[5] a desplazarse[6] en el tiempo.
Es sólo una cuestión de actitud
entender[7] lo que está escrito en el viento.

Es sólo una cuestión de actitud
ir con taco aguja[8] en pista de hielo[9].
Es sólo una cuestión de actitud
recibir los golpes[10], no tener miedo.

Es sólo una cuestión de actitud
y no quejarse[11] más de todo, por cierto.
Es sólo una cuestión de actitud
atreverse a atravesar[12] el desierto[13].

Hay un pozo profundo[14] en la esquina[15] del sol,
si caés[16], la vida te muele a palos[17].

Tengo rabia[18], que todo se pase y adiós
mis peleas[19] por estar a tu lado.

Cuando vos decidís elegir[20] la razón
yo prefiero siempre un poco de caos.

Soy tu rey[21], soy tu perro, soy tu esclavo[22]
y soy tu amor,

soy tu espejo[23] mirando el otro lado.

Es sólo una cuestión de actitud
reírse[24] del fracaso[25] y del oro.

Es sólo una cuestión de actitud
no tener nada y tenerlo todo.

Es sólo una cuestión de actitud
y nunca nadie sabe nunca nada,
para colmo[26].

Es sólo una cuestión de actitud,
espada[27], capa[28], torero[29] y toro[30].

[1]It's only a matter of [2]the wish will not come true [3]could [4]light [5]to dare [6]to travel [7]understand [8]stiletto heels [9]ice arena [10]receive a beating [11]not complain [12]to cross [13]the desert [14]deep well [15]corner [16]if you fall [17]life gives you a beating [18]I am mad [19]fights [20]to choose [21]king [22]slave [23]mirror [24]to laugh [25]failure [26]to top it all off [27]sword [28]cape [29]bullfighter [30]bull

A ¿Qué recuerdas?

Completa las frases de la izquierda con una de las frases de la derecha, según la canción *Es sólo una cuestión de actitud*.

1. si lo cuentas...
2. caballero,...
3. atreverse a...
4. entender...
5. recibir los golpes,...
6. Tengo rabia,...
7. soy tu espejo...
8. reírse...

A. ...¿me podría dar fuego?
B. ...lo que está escrito en el viento
C. ...mirando el otro lado
D. ...que todo se pase y adiós
E. ...no se cumple el deseo
F. ...desplazarse en el tiempo
G. ...del fracaso y del oro
H. ...no tener miedo

B Algo personal

1. ¿Qué piensas de esta canción? ¿Te gusta? Explica.
2. ¿Piensas que en la vida todo es cuestión de actitud? Explica.
3. ¿Qué actitud puedes cambiar hoy para hacer tu vida mejor?
4. ¿Te gustan las canciones con mensajes para pensar? ¿Por qué sí? ¿Por qué no?

Tú escribes

Estrategia

Defining your purpose for writing

Before you begin a writing assignment, it is a good idea to identify your purpose. Then keep your purpose in mind throughout the writing process as you brainstorm your topic, formulate your rough draft and edit your finished product.

The purpose of this writing assignment is to describe yourself, using the format of an acrostic poem. In an acrostic poem, certain letters of each line spell out the letters of a specific word the author has in mind.

Use the letters of your name or nickname, in their correct order, as your acrostic word. Design the pattern for placing a letter of your name in each line. For instance, you might choose to highlight the first letter of each line, the first letter of the last word in each line, etc.

Then, in the lines, include some personal information you have learned this year to describe your personality, your appearance and your preferences. Also, work in some information about what you are going to do in the future. Be sure to make the letters of your acrostic word stand out in the poem (as was done in the poem on this page). Finally, you may wish to accompany your poem with artwork or graphics to make it more visually appealing.

> Juego al fútbol, al básquetbol, y mucho más.
> Soy un jugador, fuerte y rápido.
> Quiero jugar al fútbol profesional algún día.
> Las matemáticas, no me gustan ni un poquito.

Proyectos adicionales ■ ■■■■■ ■

A Conexión con la tecnología

Prepare an electronic survey about favorite careers or jobs, using an e-mail or a Web page similar to the surveys you completed in this chapter. Ask another class (preferably in a different state or country) to complete the survey and send the results back to you via Internet. Share the information with your classmates, comparing and contrasting the results of your survey.

B Conexión con otras disciplinas: música

Working in pairs, find a song in any language you like. Using the music for the song, create lyrics in Spanish about some aspect of your life (school, vacations, family, etc.). Sing the song to the class.

C Conexión cultural

In groups of three to five students, research a group or culture that is native to your state or region. Find out the name of the group, where they lived, their social activities, number of inhabitants and where any ruins or remains may be found. Share the results with another group of students (a class in another region of the world, for example) and request the same information about civilizations that inhabited their region of the world.

Un indígena de North Dakota.

Ruinas de un pueblo de los Anasazi, indígenas de norteamérica. (Mesa Verde National Park, Colorado, U.S.A.)

REPASO

Now that I have completed this chapter, I can...	Go to these pages for help:
discuss past actions and events.	412
talk about everyday activities.	412
express emotion.	418
indicate wishes and preferences.	418
write about past actions.	418
talk about the future.	421
make polite requests.	421
describe personal characteristics.	426

I can also...

talk about Peru and Guatemala.	413, 419
research a topic in the library and on the Internet.	413
name some personal benefits to learning Spanish.	413
recognize some benefits to reviewing what I have already learned.	414
recognize the importance of reviewing what I have learned.	414
talk about Machu Picchu and Chichicastenango.	416, 422
identify some careers that use Spanish.	421
express myself artistically about what I have learned.	426

Trabalenguas

Pedro Pérez pide permiso para partir para París, para ponerse peluca postiza porque parece puerco pelado.

Resolviendo el misterio

After watching Episode 10 of *El cuarto misterioso*, answer the following questions.

1. Who do you think took the suitcase from the mysterious room?

2. Do you think that the police will be able to help José?

3. What explanation do you think that don Pedro will give about the gold mask and map that were in the suitcase?

Café de Colombia.

¡Vamos a esquiar!

El Angelito, México, D.F.

Mi nombre es Panamá.

My name is Panama.

INSTITUTO PANAMEÑO DE TURISMO

El Morro, San Juan, Puerto Rico.

Appendices

Appendix A

Grammar Review

Definite articles

	Singular	Plural
Masculine	el	los
Feminine	la	las

Indefinite articles

	Singular	Plural
Masculine	un	unos
Feminine	una	unas

Adjective/noun agreement

	Singular	Plural
Masculine	El chico es alto.	Los chicos son altos.
Feminine	La chica es alta.	Las chicas son altas.

Pronouns

Singular	Subject	Direct object	Indirect object	Object of preposition
1st person	yo	me	me	mí
2nd person	tú	te	te	ti
	Ud.	lo/la	le	Ud.
3rd person	él	lo	le	él
	ella	la	le	ella
Plural				
1st person	nosotros	nos	nos	nosotros
	nosotras	nos	nos	nosotras
2nd person	vosotros	os	os	vosotros
	vosotras	os	os	vosotras
3rd person	Uds.	los/las	les	Uds.
	ellos	los	les	ellos
	ellas	las	les	ellas

Interrogatives

qué	what
cómo	how
dónde	where
cuándo	when
cuánto, -a, -os, -as	how much, how many
cuál/cuáles	which (one)
quién/quiénes	who, whom
por qué	why
para qué	why, what for

Demonstrative adjectives

Singular		Plural	
Masculine	**Feminine**	**Masculine**	**Feminine**
este	esta	estos	estas
ese	esa	esos	esas
aquel	aquella	aquellos	aquellas

Possessive adjectives

Singular	Singular nouns	Plural nouns
1st person	mi hermano mi hermana	mis hermanos mis hermanas
2nd person	tu hermano tu hermana	tus hermanos tus hermanas
3rd person	su hermano su hermana	sus hermanos sus hermanas

Singular	Singular nouns	Plural nouns
1st person	nuestro hermano nuestra hermana	nuestros hermanos nuestras hermanas
2nd person	vuestro hermano vuestra hermana	vuestros hermanos vuestras hermanas
3rd person	su hermano su hermana	sus hermanos sus hermanas

Appendix B

Verbs

Present tense (indicative)

Regular present tense		
hablar *(to speak)*	hablo hablas habla	hablamos habláis hablan
comer *(to eat)*	como comes come	comemos coméis comen
escribir *(to write)*	escribo escribes escribe	escribimos escribís escriben

Preterite tense (indicative)

hablar *(to speak)*	hablé hablaste habló	hablamos hablasteis hablaron
comer *(to eat)*	comí comiste comió	comimos comisteis comieron
escribir *(to write)*	escribí escribiste escribió	escribimos escribisteis escribieron

Present participle

The present participle is formed by replacing the -ar of the infinitive with *-ando* and the *-er* or *-ir* with *-iendo*.

hablar	hablando
comer	comiendo
vivir	viviendo

Progressive tenses

The present participle is used with the verbs *estar, continuar, seguir, andar* and some other motion verbs to produce the progressive tenses. They are reserved for recounting actions that are or were in progress at the time in question.

Present tense of stem-changing verbs

Stem-changing verbs are identified in this book by the presence of vowels in parentheses after the infinitive. If these verbs end in -*ar* or -*er*, they have only one change. If they end in -*ir*, they have two changes. The stem change of -*ar* and -*er* verbs and the first stem change of -*ir* verbs occur in all forms of the present tense, except *nosotros* and *vosotros*.

cerrar (ie) *(to close)*	e → ie	cierro	cerramos
		cierras	cerráis
		cierra	cierran

Verbs like **cerrar:** calentar *(to heat)*, comenzar *(to begin)*, despertar *(to wake up)*, despertarse *(to awaken)*, empezar *(to begin)*, encerrar *(to lock up)*, nevar *(to snow)*, pensar *(to think)*, recomendar *(to recommend)*, sentarse *(to sit down)*

contar (ue) *(to tell)*	o → ue	cuento	contamos
		cuentas	contáis
		cuenta	cuentan

Verbs like **contar:** acordar *(to agree)*, acordarse *(to remember)*, almorzar *(to have lunch)*, colgar *(to hang)*, costar *(to cost)*, demostrar *(to demonstrate)*, encontrar *(to find, to meet someone)*, probar *(to taste, to try)*, recordar *(to remember)*

jugar (ue) *(to play)*	u → ue	juego	jugamos
		juegas	jugáis
		juega	juegan

perder (ie) *(to lose)*	e → ie	pierdo	perdemos
		pierdes	pcrdéis
		pierde	pierden

Verbs like **perder:** defender *(to defend)*, descender *(to descend, to go down)*, encender *(to light, to turn on)*, entender *(to understand)*, extender *(to extend)*, tender *(to spread out)*

volver (ue) *(to return)*	o → ue	vuelvo	volvemos
		vuelves	volvéis
		vuelve	vuelven

Verbs like **volver:** devolver *(to return something)*, doler *(to hurt)*, llover *(to rain)*, morder *(to bite)*, mover *(to move)*, resolver *(to resolve)*, soler *(to be in the habit of)*, torcer *(to twist)*

pedir (i, i) *(to ask for)*	e → i	pido	pedimos
		pides	pedís
		pide	piden

Verbs like **pedir:** conseguir *(to obtain, to attain, to get)*, despedirse *(to say good-bye)*, elegir *(to choose, to elect)*, medir *(to measure)*, perseguir *(to pursue)*, repetir *(to repeat)*

<table>
<tr><td>sentir (ie, i)
(to feel)</td><td>e → ie</td><td>siento
sientes
siente</td><td>sentimos
sentís
sienten</td></tr>
</table>

Verbs like **sentir:** advertir *(to warn)*, arrepentirse *(to regret)*, convertir *(to convert)*, convertirse *(to become)*, divertirse *(to have fun)*, herir *(to wound)*, invertir *(to invest)*, mentir *(to lie)*, preferir *(to prefer)*, requerir *(to require)*, sugerir *(to suggest)*

<table>
<tr><td>dormir (ue, u)
(to sleep)</td><td>o → ue</td><td>duermo
duermes
duerme</td><td>dormimos
dormís
duermen</td></tr>
</table>

Another verb like **dormir**: morir (to die)

Present participle of stem-changing verbs

Stem-changing verbs that end in *-ir* use the second stem change in the present participle.

dormir (ue, u)	durmiendo
seguir (i, i)	siguiendo
sentir (ie, i)	sintiendo

Preterite tense of stem-changing verbs

Stem-changing verbs that end in *-ar* and *-er* are regular in the preterite tense. That is, they do not require a spelling change, and they use the regular preterite endings.

pensar (ie)	
pensé	pensamos
pensaste	pensasteis
pensó	pensaron

volver (ue)	
volví	volvimos
volviste	volvisteis
volvió	volvieron

Stem-changing verbs ending in *-ir* change their third-person forms in the preterite tense, but they still require the regular preterite endings.

sentir (ie, i)	
sentí	sentimos
sentiste	sentisteis
sintió	sintieron

dormir (ue, u)	
dormí	dormimos
dormiste	dormisteis
durmió	durmieron

Verbs with irregularities

The following charts provide some frequently used Spanish verbs with irregularities.

buscar (to look for)	
preterite	busqué, buscaste, buscó, buscamos, buscasteis, buscaron
Similar to:	explicar *(to explain)*, sacar *(to take out)*, tocar *(to touch, to play an instrument)*

dar (to give)	
present	doy, das, da, damos, dais, dan
preterite	di, diste, dio, dimos, disteis, dieron

decir (to say, to tell)

present	digo, dices, dice, decimos, decís, dicen
preterite	dije, dijiste, dijo, dijimos, dijisteis, dijeron
present participle	diciendo

enviar (to send)

present	envío, envías, envía, enviamos, enviáis, envían
Similar to:	esquiar (to ski)

estar (to be)

present	estoy, estás, está, estamos, estáis, están
preterite	estuve, estuviste, estuvo, estuvimos, estuvisteis, estuvieron

hacer (to do, to make)

present	hago, haces, hace, hacemos, hacéis, hacen
preterite	hice, hiciste, hizo, hicimos, hicisteis, hicieron

ir (to go)

present	voy, vas, va, vamos, vais, van
preterite	fui, fuiste, fue, fuimos, fuisteis, fueron
present participle	yendo

leer (to read)

preterite	leí, leíste, leyó, leímos, leísteis, leyeron
present participle	leyendo

llegar (to arrive)

preterite	llegué, llegaste, llegó, llegamos, llegasteis, llegaron
Similar to:	colgar (to hang), pagar (to pay)

oír (to hear, to listen)

present	oigo, oyes, oye, oímos, oís, oyen
preterite	oí, oíste, oyó, oímos, oísteis, oyeron
present participle	oyendo

poder (to be able)

present	puedo, puedes, puede, podemos, podéis, pueden
preterite	pude, pudiste, pudo, pudimos, pudisteis, pudieron
present participle	pudiendo

poner (to put, to place, to set)

present	pongo, pones, pone, ponemos, ponéis, ponen
preterite	puse, pusiste, puso, pusimos, pusisteis, pusieron

Appendix D

Syllabification

Spanish vowels may be weak or strong. The vowels *a*, *e* and *o* are strong, whereas *i* (and sometimes *y*) and *u* are weak. The combination of one weak and one strong vowel or of two weak vowels produces a diphthong, two vowels pronounced as one.

A word in Spanish has as many syllables as it has vowels or diphthongs.

> al gu nas
> lue go
> pa la bra

A single consonant (including *ch, ll, rr*) between two vowels accompanies the second vowel and begins a syllable.

> a mi ga
> fa vo ri to
> mu cho

Two consonants are divided, the first going with the previous vowel and the second going with the following vowel.

> an tes
> quin ce
> ter mi nar

A consonant plus *l* or *r* is inseparable except for *rl, sl* and *sr*.

> ma dre
> pa la bra
> com ple tar
> Car los
> is la

If three consonants occur together, the last, or any inseparable combination, accompanies the following vowel to begin another syllable.

> es cri bir
> som bre ro
> trans por te

Prefixes should remain intact.

> re es cri bir

Appendix E

Accentuation

> Words that end in *a, e, i, o, u, n* or *s* are pronounced with the major stress on the next-to-the-last syllable. No accent mark is needed to show this emphasis.
>
> > octubre
> > refresco
> > señora

> Words that end in any consonant except *n* or *s* are pronounced with the major stress on the last syllable. No accent mark is needed to show this emphasis.
>
> > escribir
> > papel
> > reloj

> Words that are not pronounced according to the above two rules must have a written accent mark.
>
> > lógico
> > canción
> > después
> > lápiz

> An accent mark may be necessary to distinguish identical words with different meanings.
>
> > dé/de
> > qué/que
> > sí/si
> > sólo/solo

> An accent mark is often used to divide a diphthong into two separate syllables.
>
> > día
> > frío
> > Raúl

Vocabulary Spanish / English

All active words introduced in *EMC Español 1, ¡Aventura!* appear in this end vocabulary. The number and letter following an entry indicate the lesson in which an item is first actively used. Additional words and expressions are included for reference and have no number. Obvious cognates and expressions that occur as passive vocabulary for recognition only have been excluded from this end vocabulary.

Abbreviations:
d.o. direct object
f. feminine
i.o. indirect object
m. masculine
pl. plural
s. singular

A

a to, at, in *2B; a caballo* on horseback *3A; a crédito* on credit *9B; a pie* on foot *3A; a propósito* by the way *1A; ¿a qué hora?* at what time? *2B; a veces* sometimes, at times *5B; a ver* let's see, hello (telephone greeting)
abierto,-a open *4A*
abran: see *abrir*
el **abrazo** hug *6B*
abre: see *abrir*
la **abreviatura** abbreviation
el **abrigo** coat *8A*
abril April *5B*
abrir to open *5A; abran (Uds.* command) open; *abre (tú* command) open
la **abuela** grandmother *4A*
el **abuelo** grandfather *4A*
aburrido,-a bored, boring *4B*
acabar to finish, to complete, to terminate *8A; acabar de* (+ infinitive) to have just *8A*
el **aceite** oil *6A*
la **aceituna** olive
el **acento** accent *1A*
la **acentuación** accentuation
aclarar to make clear, to explain
la **actividad** activity *5A,* exercise
el **acuerdo** accord; *de acuerdo* agreed, okay *3B*
adiós good-bye *1A*

el **adjetivo** adjective; *adjetivo posesivo* possessive adjective
¿adónde? (to) where? *3A*
adoptar to adopt
adornar to decorate *8A*
el **adverbio** adverb
los **aeróbicos** aerobics *7A*
el **aeropuerto** airport
la **agencia** agency; *agencia de viajes* travel agency
agosto August *5B*
el **agricultor** farmer
el **agua** *f.* water *3B; agua mineral* mineral water *3B*
el **aguacate** avocado *8B*
ahora now *3B; ahora mismo* right now *7A*
ahorrar to save *9B*
el **ajedrez** chess *7A*
el **ajo** garlic *8B*
al to the *3A; al lado de* next to, beside *6B*
alegre happy, merry, lively
el **alfabeto** alphabet
el **álgebra** algebra
algo something, anything *8A*
el **algodón** cotton *9A*
alguien someone, anyone, somebody, anybody *9A*
algún, alguna some, any *9A*
alguno,-a some, any *9A*
allá over there *6A*
allí there *2B*
la **almeja** clam
el **almuerzo** lunch *2B*
aló hello (telephone greeting) *2B*

alquilar to rent *7A*
alterna alternate (*tú* command)
alternen alternate (*Uds.* command)
alto,-a tall, high *4B*
amable kind, nice *4A*
amarillo,-a yellow *2B*
ambiguo,-a ambiguous
la **América** America; *América Central* Central America; *América del Sur* South America
americano,-a American *7A; el fútbol americano* football *7A*
el **amigo,** la **amiga** friend *2A; amigo/a por correspondencia* pen pal
el **amor** love *5A*
anaranjado,-a orange (color) *9A*
andino,-a Andean, of the Andes Mountains
el **anillo** ring *9B*
anteayer the day before yesterday *5B*
anterior preceding
antes de before *7A*
añade: see *añadir*
añadir to add *8B; añade (tú* command) add
el **año** year *5B; Año Nuevo* New Year's Day *5B; ¿Cuántos años tienes?* How old are you? *1A; tener* (+ number) *años* to be (+ number) years old *5A*
apagar to turn off *7A*
el **apartamento** apartment

el **apellido** last name, surname
el **apodo** nickname
aprender to learn
apropiado,-a appropriate
apunta: see *apuntar*
apuntar to point; *apunta*
　(*tú* command) point (at);
　apunten (*Uds.* command)
　point (at)
apunten: see *apuntar*
apurado,-a in a hurry *4A*
aquel, aquella that (far
　away) *6A*
aquellos, aquellas those (far
　away) *6A*
aquí here *1A; Aquí se habla
　español.* Spanish is spoken
　here.
el **árbol** tree; *árbol genealógico*
　family tree
el **arete** earring *9B*
la **Argentina** Argentina *1A*
arreglar to arrange, to
　straighten, to fix *8A*
arroba (@) at (the symbol (@)
　used for e-mail addresses) *2B*
el **arroz** rice *8B*
el **arte** art *2B*
el **artesanía** handicrafts,
　artisanry
el **artículo** article *5A*
el **artista** artist
el **ascensor** elevator *9B*
la **asignatura** subject
la **aspiradora** vacuum *7A; pasar
　la aspiradora* to vacuum *8A*
el **Atlántico** Atlantic Ocean
la **atracción** attraction
aunque although
el **autobús** bus *3A*
la **avenida** avenue *3B*
aventurero,-a adventurous
el **avión** airplane *3A*
¡ay! oh! *2A*
ayer yesterday *5B*
la **ayuda** help
ayudar to help *6A*
el **azafrán** saffron
los **aztecas** Aztecs
el **azúcar** sugar *6A*
azul blue *2B*

bailar to dace *4B*
bajo,-a short (not tall), low
　4B; planta baja floor level *6B*

balanceado,-a balanced
el **baloncesto** basketball
el **banco** bank *3A*
el **baño** bathroom *6B; traje de
　baño* swimsuit *9A*
barato,-a cheap *9B*
el **barco** boat, ship *3A*
barrer to sweep *8A*
el **barril** barrel
basado,-a based
el **básquetbol** basketball *7A*
el **basquetbolista, la
　basquetbolista** basketball
　player *7B*
bastante rather, fairly,
　sufficiently; enough,
　sufficient *9B*
la **basura** garbage *8A*
la **bebida** drink
el **béisbol** baseball *4B*
la **biblioteca** library *3A*
la **bicicleta** bicycle, bike *3A*
bien well *1B*
bienvenido,-a welcome
la **billetera** wallet *9B*
la **biología** biology *2B*
blanco,-a white *2B*
la **blusa** blouse *2B*
la **boda** wedding
el **bolígrafo** pen *2A*
Bolivia Bolivia *1A*
el **bolo** ball; *jugar a los bolos*
　to bowl
el **bolso** handbag, purse *9B*
bonito,-a pretty, good-
　looking, attractive *4A*
borra: see *borrar*
el **borrador** eraser *2A*
borrar to erase; *borra*
　(*tú* command) erase; *borren*
　(*Uds.* command) erase
borren: see *borrar*
la **bota** boot *9A*
el **brazo** arm *9A*
buen good (form of *bueno*
　before a *m., s.* noun) *7B*
bueno well, okay (pause in
　speech) *3B*; hello (telephone
　greeting)
bueno,-a good *4B; buena
　suerte* good luck; *buenas
　noches* good night *1B; buenas
　tardes* good afternoon *1B;
　buenos días* good morning *1B*
la **bufanda** scarf *9B*
buscar to look for *5A*

el **caballero** gentleman
el **caballo** horse *3A; a caballo* on
　horseback *3A*
la **cabeza** head *9A*
cada each, every *5A*
el **café** coffee *8B*
la **cafetería** cafeteria
la **caja** cashier's desk *9B*
el **calcetín** sock *2B*
el **calendario** calendar
la **calidad** quality *9B*
caliente hot *4A*
la **calle** street *3B*
el **calor** heat *6B; hace calor* it is
　hot *7B; tener calor* to be hot
　6B
calvo,-a bald *4B*
la **cama** bed *8A*
el **camarón** shrimp
cambiar to change, to
　exchange *9B*
el **cambio** change *9B; en cambio*
　on the other hand *7B*
caminar to walk *3A*
el **camión** truck *3A*; bus
　(Mexico); *en camión* by truck
　3A
la **camisa** shirt *2B*
la **camiseta** jersey, polo, t-shirt
　2B
la **canción** song *5A*
canoso,-a white-haired *4B*
cansado,-a tired *4A*
el **cantante, la cantante** singer
　3B
cantar to sing *4B*
la **cantidad** quantity
la **capital** capital *1A*
el **capitán** captain
el **capítulo** chapter
la **cara** face
la **característica** characteristic,
　trait; *características de
　personalidud* personality
　traits; *características físicas*
　physical traits
¡caramba! wow! *5A*
cariñoso,-a affectionate *4A*
el **carnaval** carnival
la **carne** meat *8B*
caro,-a expensive *9B*
la **carrera** career, race
el **carro** car *3A; en carro* by car
　3A

la **carta** letter 6B, playing card 7A

la **casa** home, house 4A; *en casa* at home

el **casete** cassette 5A

casi almost 7A

catorce fourteen 1A

el **CD** CD (compact disc) 2B

la **cebolla** onion 8B

celebrar to celebrate 5B

el **censo** census

el **centavo** cent

el **centro** downtown, center 3B; *centro comercial* shopping center, mall 9A

cerca (de) near 3A

cero zero 1A

cerrado,-a closed 4A

cerrar (ie) to close 6A; *cierra (tú command)* close; *cierren (Uds. command)* close

el **cesto de papeles** wastebasket 2A

chao bye

la **chaqueta** jacket 9A

charlando talking, chatting

la **chica** girl 2A

el **chico** boy 2A, man, buddy

Chile Chile 1A

el **chisme** gossip 6B

el **chocolate** chocolate 8B

el **chorizo** sausage (seasoned with red peppers) 8B

el **ciclismo** cycling

cien one hundred 1B

la **ciencia** science

ciento one hundred (when followed by another number) 5B

cierra: see *cerrar*

cierren: see *cerrar*

cinco five 1A

cincuenta fifty 1B

el **cine** movie theater 3A

el **cinturón** belt 9B

la **ciudad** city 3A

la **civilización** civilization

el **clarinete** clarinet

¡claro! of course! 3A

la **clase** class 2A

el **clima** climate

el **coche** car; *en coche* by car

la **cocina** kitchen 6A

cocinar to cook 8A

el **cognado** cognate

el **colegio** school 2B

colgar (ue) to hang 8A

el **collar** necklace 9B

Colombia Colombia 1A

la **colonia** colony

el **color** color 2B

combinar to combine 9A

el **comedor** dining room 6A

comer to eat 3B; *dar de comer* to feed 8A

cómico,-a comical, funny 4B

la **comida** food 3B, dinner

como like, since, as

¿cómo? how?, what? 1A; *¿Cómo?* What (did you say)? 2B; *¿Cómo está (Ud.)?* How are you (formal)? 1B; *¿Cómo están (Uds.)?* How are you (pl.)? 1B; *¿Cómo estás (tú)?* How are you (informal)? 1B; *¡Cómo no!* Of course! 3B; *¿Cómo se dice...?* How do you say...? 2A; *¿Cómo se escribe...?* How do you write (spell)...? 1A; *¿Cómo se llama (Ud./él/ella)?* What is (your/his/ her) name? 1A; *¿Cómo te llamas?* What is your name? 2A

comodidad comfort

cómodo,-a comfortable 6B

el **compañero,** la **compañera** classmate, partner 5A

comparando comparing

la **competencia** competition

completa: see *completar*

completar to complete; *completa (tú command)* complete

la **compra** purchase 4B; *ir de compras* to go shopping 4B

comprar to buy 4B

comprender to understand 2A; *comprendo* I understand 2A

comprendo: see *comprender*

la **computadora** computer (machine) 2B

la **computación** computer science 2B

común common

con with 1A; *con (mucho) gusto* I would be (very) glad to 1B; *con permiso* excuse me (with your permission), may I 1B

el **concierto** concert 3B

la **conjunción** conjunction

conmigo with me 9B

conquistar to conquer

conseguir (i, i) to obtain, to attain, to get

la **ontaminación** contamination, pollution; *contaminación ambiental* environmental pollution

contar (ue) to tell (a story) 9A; *cuenta (tú command)* tell; *cuenten (Uds. command)* tell; to count

contento,-a happy, glad 4A; *estar contento,-a (con)* to be satisfied (with) 4A

contesta: see *contestar*

contestar to answer 4B; *contesta (tú command)* answer; *contesten (Uds. command)* answer

contesten: see *contestar*

el **contexto** context

contigo with you (tú) 9B

continúa: see *continuar*

continuar to continue 7B; *continúa (tú command)* continue; *continúen (Uds. command)* continue

continúen: see *continuar*

la **contracción** contraction

el **control remoto** remote control 7A

copiar to copy 7B

la **corbata** tie 9A

correcto,-a right, correct

el **corredor,** la **corredora** runner 7B

el **correo** mail; *correo electrónico* e-mail 2B

correr to run 6B

la **cortesía** courtesy

corto,-a short (not long) 9B

la **cosa** thing 6A

la **costa** coast

Costa Rica Costa Rica 1A

costar (ue) to cost 7A

crear to create

el **crédito** credit 9B; *a crédito* on credit 9B; *la tarjeta de crédito* credit card 9B

creer to believe

el **crucero** cruise ship

cruzar to cross

el **cuaderno** notebook 2A

¿cuál? which?, what?, which

one? *(pl. ¿cuáles?)* which
ones? *2B*

la **cualidad** quality
cualquier any
cuando when *6B*
¿cuándo? when? *3A*
¿cuánto,-a? how much? *2B*
(pl. ¿cuántos,-as?) how many?
2B; ¿Cuántos años tienes? How
old are you? *1A; ¿Cuánto (+*
time expression) hace que
(+ present tense of verb)...?
How long...? *7A*
cuarenta forty *1B*

el **cuarto** quarter *1B*, room,
bedroom *6B; cuarto de baño*
bathroom; *menos cuarto* a
quarter to, a quarter before
1B; y cuarto a quarter after, a
quarter past *1B*
cuarto,-a fourth *7B*
cuatro four *1A*
cuatrocientos,-as four
hundred *5B*
Cuba Cuba *1A*

los **cubiertos** silverware *6A*
la **cuchara** tablespoon *6A*
la **cucharita** teaspoon *6A*
el **cuchillo** knife *6A*
cuenta: see *contar*
cuenten: see *contar*
el **cuero** leather *9B*
el **cuerpo** body *9A*
cuidar to take care of
el **cumpleaños** birthday *5B;*
¡Feliz cumpleaños!
Happy birthday! *5B*
cumplir to become, to
become (+ number) years
old, to reach *5B; cumplir años*
to have a birthday *5B*

la **dama** lady
las **damas** checkers *7A*
dar to give *7A; dar de comer*
to feed *8A; dar un paseo* to go
for a walk, to go for a ride *7B;*
dé (Ud. command) give
de from, of *1A; de acuerdo*
agreed, okay *3B; ¿de dónde?*
from where? *1A; ¿De dónde*
eres? Where are you from?
1A; de la mañana in the
morning, A.M. *1B; de la noche*
at night, P.M. *1B; de la tarde*

in the afternoon, P.M. *1B;*
de nada you are welcome,
not at all *1B; de todos los*
días everyday *6A; ¿de veras?*
really? *5B; ¿Eres (tú) de...?* Are
you from...? *1A*
dé: see *dar*
deber should, to have to,
must, ought (expressing a
moral duty) *6A*
décimo,-a tenth *7B*
decir to tell, to say *6B; ¿Cómo*
se dice...? How do you say...?
2A; di (tú command) say, tell;
díganme (Uds. command)
tell me; *dime (tú command)*
tell me; *¿Qué quiere decir...?*
What is the meaning (of)...?
2A; querer decir to mean *6B;*
quiere decir it means *2A; se*
dice one says *2A*
el **dedo** finger, toe *9A*
dejar to leave *8A*
del of the, from the *3A*
delgado,-a thin *4B*
demasiado too (much) *9B*
la **democracia** democracy
el **dentista,** la **dentista** dentist
3A
el **departamento** department
9A
el **dependiente,** la **dependienta**
clerk *9B*
el **deporte** sport *5A*
el **deportista,** la
deportista athlete *7B*
desaparecido,-a missing
el **desastre** disaster
el **desayuno** breakfast
describe *(tú command)*
describe
descubrir to discover
desde since, from *6B*
desear to wish
el **deseo** wish
la **despedida** farewell
después afterwards, later,
then *6A; después de* after *7A*
di: see *decir*
el **día** day *2B; buenos días* good
morning *1B; de todos los días*
everyday *5A; todos los días*
every day *5A*
el **diálogo** dialog
diario,-a daily
dibuja: see *dibujar*

dibujar to draw, to sketch *7A;*
dibuja (tú command) draw;
dibujen (Uds. command)
draw
dibujen: see *dibujar*
el **dibujo** drawing, sketch *6B*
diciembre December *5B*
el **dictado** dictation
diecinueve nineteen *1A*
dieciocho eighteen *1A*
dieciséis sixteen *1A*
diecisiete seventeen *1A*
diez ten *1A*
la **diferencia** difference
diferente different
difícil difficult, hard *4B*
diga hello (telephone
greeting)
dígame tell me, hello
(telephone greeting)
díganme: see *decir*
dime: see *decir*
el **dinero** money *5A*
la **dirección** address *2B;*
dirección de correo electrónico
e-mail *2B*
el **director,** la
directora director
dirigir to direct
el **disco** disc *2B; disco compacto*
(CD) compact disk *2B*
disfrutar to enjoy
diskette diskette *2B*
divertido,-a fun *4A*
doblar to fold *8A*
doce twelve *1A*
el **doctor,** la **doctora** doctor
el **dólar** dollar
domingo Sunday *2B; el*
domingo on Sunday
don title of respect used
before a man's first name
donde where *6B*
¿dónde? where? *1A*
doña title of respect used
before a woman's first name
dormir (ue, u) to sleep *7A*
dos two *1A*
doscientos,-as two
hundred *5B*
Dr. abbreviation for *doctor*
Dra. abbreviation for *doctora*
durante during
el **DVD** DVD (digital video disc)
5A; el reproductor de DVDs
DVD player *5A*

e and (used before a word beginning with *i* or *hi*) *6B*

la **ecología** ecology

el **Ecuador** Ecuador *1A*

la **edad** age

el **edificio** building *3B*

la **educación física** physical education

el **efectivo** cash *9B; en efectivo* in cash *9B*

egoísta selfish *4B*

el **ejemplo** example; *por ejemplo* for example

el the *(m., s.) 2A*

él he *2A*; him (after a preposition) *4B; Él se llama....* His name is.... *2A*

eléctrico,-a electric

electrónico,-a electronic *2B*

El Salvador El Salvador *1A*

ella she *2A*; her (after a preposition) *4B; Ella se llama....* Her name is.... *2A*

ellos,-as they *2A*; them (after a preposition) *4B*

empatados: see *empate*

el **empate** tie; *los partidos empatados* games tied

empezar (ie) to begin, to start *6A*

en in, on, at *2A; en* (+ vehicle) by (+ vehicle) *3A; en cambio* on the other hand *7B; en casa* at home; *en efectivo* in cash *9B; en resumen* in short

encantado,-a delighted, the pleasure is mine *3A*

encender (ie) to light, to turn on (a light) *6A*

encontrar (ue) to find

la **encuesta** survey, poll

enero January *5B*

el **énfasis** emphasis

el **enfermero, la enfermera** nurse

enfermo,-a sick *4A*

la **ensalada** salad *3B*

enseñar to teach, to show

entero,-a whole

entonces then *6A*

entrar to go in, to come in *5A*

entre between, among

la **entrevista** interview

enviar to send *7B*

el **equipo** team *7A; equipo de sonido* sound system, stereo *5A*

equivocado mistaken; *número equivocado* wrong number *2B*

eres: see *ser*

es: see *ser*

escalar to climb

la **escalera** stairway, stairs *6B; escalera mecánica* escalator *9B*

la **escena** scene

escoger to choose *8B; escogiendo* choosing

escogiendo: see *escoger*

escriban: see *escribir*

escribe: see *escribir*

escribir to write *6B; ¿Cómo se escribe...?* How do you write (spell)...? *1A; escriban* (Uds. command) write; *escribe* (*tú* command) write; *se escribe* it is written *1A*

el **escritorio** desk *2A*

escucha: see *escuchar*

escuchar to listen (to) *4B; escucha* (*tú* command) listen; *escuchen* (Uds. command) listen

escuchen: see *escuchar*

la **escuela** school *3A*

ese, esa that *6A*

eso that (neuter form)

esos, esas those *6A*

el **espacio** space

España Spain *1A*

el **español** Spanish (language) *2B*

español, española Spanish

especial special *6A*

especializado,-a specialized

el **espectáculo** showcase

la **esposa** wife, spouse *4A*

el **esposo** husband, spouse *4A*

el **esquiador, la esquiadora** skier *7B*

esquiar to ski *7B*

está: see *estar*

establecieron settled down

la **estación** season *7B*

el **estadio** stadium

el **Estado Libre Asociado** Commonwealth

los **Estados Unidos** United States of America *1A*

están: see *estar*

estar to be *2B;¿Cómo está (Ud.)?* How are you (formal)? *1B; ¿Cómo están (Uds.)?* How are you (pl.)? *1B; ¿Cómo estás (tú)?* How are are you (informal)? *1B; está nublado,-a* it's cloudy *7B; está soleado,-a* it's sunny *7B; están* they are *1B; estar contento,-a (con)* to be satisfied (with) *4A; estar en oferta* to be on sale *9B; estar listo,-a* to be ready *7B; estás* you (informal) are *1B; estoy* I am *1B*

estás: see *estar*

este well, so (pause in speech)

este, esta this *6A; esta noche* tonight *7A*

el **estéreo** stereo

estos, estas these *6A*

estoy: see *estar*

la **estructura** structure

estudia: see *estudiar*

el **estudiante, la estudiante** student *2A*

estudiar to study *2B; estudia* (*tú* command) study; *estudien* (Uds. command) study

estudien: see *estudiar*

el **estudio** study

la **estufa** stove *6A*

estupendo,-a wonderful, marvellous *7A*

el **examen** exam, test *2B*

excelente excellent *7B*

el **éxito** success

explica: see *explicar*

la **explicación** explanation

explicar to explain; *explica* (*tú* command) explain

el **explorador, la exploradora** explorer

la **exportación** exportation

exportador, exportadora exporting

expresar to express

la **expresión** expression

la **extensión** extension

fácil easy *4B*

la **falda** skirt *2B*

falso,-a false

la **familia** family *4A*

famoso,-a famous

fantástico,-a fantastic, great *3A*

el **favor** favor; *por favor* please *1B*

favorito,-a favorite *3B*

febrero February *5B*

la **fecha** date *5B*

felicitaciones congratulations

feliz happy *(pl. felices) 5B;* *¡Feliz cumpleaños!* Happy birthday! *5B*

femenino,-a feminine

feo,-a ugly *4B*

el **ferrocarril** railway, railroad

la **fiesta** party *3A*

la **filosofía** philosophy

el **fin** end *5A; fin de semana* weekend *5A*

la **física** physics *6A*

la **flauta** flute

la **flor** flower *7B*

la **florcita** small flower

la **forma** form

la **foto(grafía)** photo *4A*

la **frase** phrase, sentence

el **fregadero** sink *6A*

la **fresa** strawberry *8B*

el **fresco** cool *7B; hace fresco* it is cool *7B*

fresco,-a fresh, chilly *8B*

los **frijoles** beans *3B*

el **frío** cold *4A; hace frío* it is cold *7B; tener frío* to be cold *6B*

frío,-a cold *4A*

la **fruta** fruit *8B*

fue: see *ser*

fuerte strong

el **fútbol** soccer *4B; fútbol americano* football *7A*

el **futbolista,** la **futbolista** soccer player *7B*

el **futuro** future

la **gana** desire *6B; tener ganas de* to feel like *6B*

ganados: see *ganar*

ganar to win; *los partidos ganados* games won

el **garaje** garage *6B*

el **gato,** la **gata** cat *5A*

el **género** gender

generoso,-a generous *4B*

la **gente** people *8A*

la **geografía** geography

la **geometría** geometry

el **gerundio** present participle

el **gesto** gesture

el **gimnasio** gym

la **gira** tour

el **gobernador,** la **gobernadora** governor

gordo,-a fat *4B*

la **grabadora** tape recorder *5A*

gracias thanks *1B; muchas gracias* thank you very much *1B*

el **grado** degree *7B*

gran big (form of *grande* before a *m., s.* noun)

grande big *3B*

gris gray *2B*

el **grupo** group; *grupo musical* musical group

el **guante** glove *9A*

guapo,-a good-looking, attractive, handsome, pretty *4A*

Guatemala Guatemala *1A*

el **guía,** la **guía** guide

Guinea Ecuatorial Equatorial Guinea *1A*

el **guisante** pea *8B*

la **guitarra** guitar

gusta: see *gustar*

gustar to like, to be pleasing to *4B; me/te/le/nos/vos/les gustaría...* I/you/he/she/ it/ we/they would like... *6B*

gustaría: see *gustar*

el **gusto** pleasure, delight, taste *3A; con (mucho) gusto* I would be (very) glad to *1B; el gusto es mío* the pleasure is mine *3A; ¡Mucho gusto!* Glad to meet you! *1A; Tanto gusto.* So glad to meet you. *3A*

la **habichuela** green bean *8B*

la **habitación** room, bedroom

el **habitante,** la **habitante** inhabitant

habla: see *hablar*

hablar to speak *2B; habla (tú* command) speak; *hablen* (*Uds. command*) speak; *Se habla español.* Spanish is spoken.

hablen: see *hablar*

hace: see *hacer*

hacer to do, to make *3B; ¿Cuánto (+ time expression)*

hace que (+ present tense of verb)...? How long...? *7A; hace buen (mal) tiempo* the weather is nice (bad) *7B; hace fresco* it is cool *7B; hace frío (calor)* it is cold (hot) *7B; hace (+ time expression) que* ago *7A; hace sol* it is sunny *7B; hace viento* it is windy *7B; hacer aeróbicos* to do aerobics *7A; hacer falta* to be necessary, to be lacking *8B; hacer un viaje* to take a trip *5A; hacer una pregunta* to ask a question *3B; hagan (Uds.* command) do, make; *haz (tú* command) do, make; *haz el papel* play the part; *hecha* made

hagan: see *hacer*

el **hambre** hunger *6B; tener hambre* to be hungry *6B*

hasta until, up to, down to *1A; hasta la vista* so long, see you later; *hasta luego* so long, see you later *1A; hasta mañana* see you tomorrow *1B; hasta pronto* see you soon *1B*

hay there is, there are *2A; hay neblina* it is misting *7B; hay sol* it is sunny *7B*

haz: see *hacer*

hecha: see *hacer*

el **helado** ice cream *8B*

la **hermana** sister *4A*

el **hermano** brother *4A*

el **hielo** ice *7B; patinar sobre hielo* to ice skate *7B*

la **hija** daughter *4A*

el **hijo** son *4A*

hispano,-a Hispanic

hispanohablante Spanish-speaking

la **historia** history *2B*

la **hoja** sheet; *hoja de papel* sheet of paper; leaf

hola hi, hello *1A*

el **hombre** man *9A*

Honduras Honduras *1A*

la **hora** hour *1B; ¿a qué hora?* at what time? *2B; ¿Qué hora es?* What time is it? *1B*

el **horario** schedule *2B*

el **horno microondas** microwave oven *6A*

horrible horrible *4B*

el **hotel** hotel *3A*
hoy today *3B*
el **huevo** egg *8B*

la **idea** idea *5B*
ideal ideal *4B*
ignorar to not know
imagina: see *imaginar*
la **imaginación** imagination
imaginar to imagine; *imagina (tú command)* imagine
el **impermeable** raincoat *9A*
importante important *4B*
importar to be important, to matter *8B*
la **impresora (láser)** (laser) printer *2B*
los **incas** Incas
incluir to include
indefinido,-a indefinite
la **independencia** independence
indica: see *indicar*
la **indicación** cue
indicado,-a indicated
indicar to indicate; *indica (tú command)* indicate
indígena native
el **informe** report
el **inglés** English (language) *2B*
el **ingrediente** ingredient *8B*
inicial initial
inmenso,-a immense
la **inspiración** inspiration
inteligente intelligent *4B*
interesante interesting *4B*
interrogativo,-a interrogative
el **invierno** winter *7B*
la **invitación** invitation
invitar to invite
ir to go *3A*; *ir a* (+ infinitive) to be going to (do something) *3B*; *ir de compras* to go shopping *4B*; *¡vamos!* let's go! *3A*; *¡vamos a* (+ infinitive)! let's (+ infinitive)! *3B*; *vayan (Uds. command)* go to; *ve (tú command)* go to
la **isla** island

el **jamón** ham *8B*
el **jardín** garden *8A*
la **jirafa** giraffe

los **jeans** jeans, blue jeans *2B*
joven young *5B*
la **joya** jewel *9B*
el **juego** game
jueves Thursday *2B*; *el jueves* on Thursday
el **jugador,** la **jugadora** player *7B*
jugar (ue) to play *4B*, *jugar a* (+ sport/game) *4B*
el **jugo** juice *3B*
julio July *5B*
junio June *5B*
junto,-a together *8A*

el **kilo (kg.)** kilogram *8B*

la the *(f., s.) 2A*; her, it, you *(d.o.) 5A*; *a la...* at...o'clock *2B*
el **lado** side *6B*; *al lado (de)* next to, beside *6B*; *por todos lados* everywhere *7B*
la **lámpara** lamp *6A*
la **lana** wool *9A*
la **langosta** lobster
lanzar to throw
el **lápiz** pencil *(pl. lápices) 2A*
largo,-a long *9B*
las the *(f., pl.) 2A*; them, you *(d.o.) 5A*; *a las...* at...o'clock *2B*
la **lástima** shame; *¡Qué lástima!* What a shame! *5A*
la **lata** can *8B*
el **lavaplatos** dishwasher *6A*
lavar to wash *8A*
le (to, for) him, (to, for) her, (to, for) it, (to, for) you *(formal)(i.o.) 3A*
lean: see *leer*
la **lección** lesson
la **leche** milk *8A*
la **lechuga** lettuce *8B*
la **lectura** reading
lee: see *leer*
leer to read *3B*; *lean (Uds. command)* read; *lee (tú command)* read
lejos (de) far (from) *3A*
la **lengua** language
lento,-a slow *4B*
les (to, for) them, (to, for) you *(pl.)(i.o.) 3A*
la **letra** letter
levantarse to get up, to rise;

levántate (tú command) get up; *levántense (Uds. command)* get up
levántate: see *levantarse*
levántense: see *levantarse*
la **libertad** liberty, freedom
la **libra** pound
libre free *4A*
la **librería** bookstore *5A*
el **libro** book *2A*
el **líder** leader
limitar to limit
limpiar to clean *8A*
limpio,-a clean *4A*
lindo,-a pretty *9B*
la **lista** list *7A*
listo,-a ready *7B*, smart *8A*; *estar listo,-a* to be ready *7B*; *ser listo,-a* to be smart *8A*
la **literatura** literature
llama: see *llamar*
llamar to call, to telephone *5A*; *¿Cómo se llama (Ud./él/ella)?* What is (your/his/her) name? *2A*; *¿Cómo te llamas?* What is your name? *1A*; *llamaron* they called (preterite of *llamar*); *me llamo* my name is *1A*; *se llaman* their names are; *te llamas* your name is *1A*; *(Ud./Él/Ella) se llama....* (Your [formal]/His/Her) name is.... *2A*
llamaron: see *llamar*
llamas: see *llamar*
llamo: see *llamar*
llegar to arrive *8A*; *llegó* arrived (preterite of *llegar*)
llegó: see *llegar*
llevar to wear *2B*; to take, to carry *5A*
llover (ue) to rain *7B*
la **lluvia** rain *7B*
lo him, it, you *(d.o.) 5A*; *lo que,* that which *6B*; *lo siento* I am sorry *1B*
loco,-a crazy *4A*
lógicamente logically
lógico,-a logical
los the *(m., pl.) 2A*; them, you *(d.o.) 5A*
luego then, later, soon *1A*; *hasta luego* so long, see you later *1A*
el **lugar** place *7B*

lunes Monday *2B; el lunes* on Monday

la **luz** light *(pl. luces) 6A*

la **madrastra** stepmother

la **madre** mother *4A*

maduro,-a ripe *8B*

el **maestro** teacher, master; *La práctica hace al maestro.* Practice makes perfect.

el **maíz** corn *8B*

mal badly *1B;* bad *7B*

la **maleta** suitcase *5A*

malo,-a bad *4B*

la **mamá** mother, mom

la **manera** manner, way

la **mano** hand *9A*

el **mantel** tablecloth *6A*

la **mantequilla** butter *6A*

la **manzana** apple *8B*

mañana tomorrow *1B; hasta mañana* see you tomorrow *1B; pasado mañana* the day after tomorrow *5B*

la **mañana** morning *1B; de la mañana* A.M., in the morning *1B; por la mañana* in the morning *7A*

el **mapa** map *2A*

la **maravilla** wonder, marvel

mariachi popular Mexican music and orchestra

el **marisco** seafood, shellfish

marrón brown *9A*

martes Tuesday *2B; el martes* on Tuesday

marzo March *5B*

más more, else *4A; el/la/los/las (+ noun) más (+ adjective)* the most *(+ adjective) 8B; lo más (+ adverb) posible* as *(+ adverb + noun)* as possible *8B; más (+ noun/ adjective/ adverb) que* more *(+ noun/ adjective/adverb)* than *8B*

masculino,-a masculine

las **matemáticas** mathematics *2B*

el **material** material *9B*

máximo,-a maximum *7B*

maya Mayan

los **mayas** Mayans

mayo May *5B*

mayor older, oldest *5B,* greater, greatest *8B*

la **mayúscula** capital letter *1A*

me (to, for) me *(i.o.) 4B;* me *(d.o.) 5A; me llaman* they call me; *me llamo* my name is *1A*

mecánico,-a mechanic *9B; la escalera mecánica* escalator *9B*

la **medianoche** midnight *1B; Es medianoche.* It is midnight. *1B*

mediante by means of

las **medias** pantyhose, nylons *9A*

el **médico,** la **médica** doctor *3A*

medio,-a half; *y media* half past *1B*

medio tiempo (trabajo) part-time (work)

el **mediodía** noon; *Es mediodía.* It is noon. *1B*

mejor better *8B; el/la/los/las mejor/mejores (+ noun)* the best *(+ noun) 8B*

menor younger, youngest *5B,* lesser, least *8B*

menos minus, until, before, to (to express time) *1B,* less *8B; el/la/los/las (+ noun) menos (+ adjective)* the least *(+ adjective + noun) 8B; lo menos (+ adverb) posible* as *(+ adverb)* as possible *8B; menos (+ noun/adjective/ adverb) que* less *(+ noun/ adjective/adverb)* than *8B; por lo menos* at least

mentir (ie, i) to lie

la **mentira** lie *6B*

el **menú** menu *3B*

el **mercado** market *8B*

el **merengue** merengue (dance music)

el **mes** month *5B*

la **mesa** table *6A; poner la mesa* to set the table *6A; recoger la mesa* to clear the table *8A*

el **mesero,** la **mesara** food server *3B*

el **metro** subway *3A*

mexicano,-a Mexican

México Mexico *1A*

mi my *2A; (pl. mis)* my *4A*

mí me *4B;* (after a preposition) *4B*

el **miedo** fear *6B; tener miedo de* to be afraid of *6B*

el **miembro** member, part

mientras que while

miércoles Wednesday *2B; el miércoles* on Wednesday

mil thousand *5B*

mínimo,-a minimum *7B*

la **minúscula** lowercase *1A*

el **minuto** minute *7A*

mío,-a my, mine; *el gusto es mío* the pleasure is mine *3A*

mira: see *mirar*

mirar to look (at) *4B; mira (tú command)* look *2B;* hey, look (pause in speech); *miren (Uds. command)* look; hey, look (pause in speech)

miren: see *mirar*

mismo right (in the very moment, place, etc.) *7A; ahora mismo* right now *7A*

mismo,-a same *7A*

el **misterio** mystery

la **mochila** backpack *2A*

el **modelo** model

moderno,-a modern

el **momento** moment *3B*

el **mono** monkey

montar to ride *5A; montar en patineta* to skateboard *7B*

morado,-a purple *9A*

moreno,-a brunet, brunette, dark-haired, dark-skinned *4B*

la **moto(cicleta)** motorcycle *3A*

la **muchacha** girl, young woman *1A*

el **muchacho** boy, guy *1A*

muchísimo very much, a lot

mucho much, a lot of, very much *4A*

mucho,-a much, a lot of, very *3B; (pl. muchos,-as)* many *3B; con (mucho) gusto* I would be (very) glad to *1B; muchas gracias* thank you very much *1B; ¡Mucho gusto!* Glad to meet you! *1A*

la **mujer** woman *9A*

el **mundo** world; *todo el mundo* everyone, everybody

la **muralla** wall

el **museo** museum *3B*

la **música** music *2B*

muy very *1B*

la **nación** nation

nacional national

nada nothing *9A; de nada* you are welcome, not at all *1B*

nadar to swim *4B*

nadie nobody *9A*

la **naranja** orange *3B*

natal birth

la **Navidad** Christmas *5B*

la **neblina** mist *7B; hay neblina* it is misting *7B*

necesitar to need *2B*

negativo,-a negative

el **negocio** business; *el hombre de negocios* businessman; *la mujer de negocios* businesswoman

negro,-a black *2B*

nervioso,-a nervous *4A*

nevar (ie) to snow *7B*

ni not even *5B; ni...ni* neither...nor *9A*

Nicaragua Nicaragua *1A*

la **nieta** granddaughter *4A*

el **nieto** grandson *4A*

la **nieve** snow *7B*

ningún, ninguna none, not any *9A*

ninguno,-a none, not any *9A*

niño,-a child

no no *1A*

la **noche** night *1B; buenas noches* good night *1B; de la noche* P.M., at night *1B; esta noche* tonight *7A; por la noche* at night *6B*

el **nombre** name

el **norte** north

nos (to, for) us *(i.o.) 4B;* us *(d.o.) 5A*

nosotros,-as we *2A;* us (after a preposition) *4B*

la **nota** grade

la **noticia** news

novecientos,-as nine hundred *5B*

noveno,-a ninth *7B*

noventa ninety *1B*

la **novia** girlfriend

noviembre November *5B*

el **novio** boyfriend

nublado,-a cloudy *7B; está nublado* it is cloudy *7B*

nuestro,-a our *4A*

nueve nine *1A*

nuevo,-a new *2A; el Año Nuevo* New Year's Day *5B*

el **número** number *2B; número de teléfono/de fax/de teléfono celular* telephone/fax/cellular telephone number *2B, número equivocado* wrong number *2B*

nunca never *4A*

o or *2B; o...o* either...or *9A*

la **obra** work, play

ochenta eighty *1B*

ocho eight *1A*

ochocientos,-as eight hundred *5B*

octavo,-a eighth *7B*

octubre October *5B*

ocupado,-a busy, occupied *4A*

ocupar to occupy

la **odisea** odyssey

la **oferta** sale *9B; estar en oferta* to be on sale *9B*

oficial official

la **oficina** office *3A*

oigan hey, listen (pause in speech)

oigo hello (telephone greeting)

oír to hear, to listen *8A; oigan* hey, listen (pause in speech); *oigo* hello (telephone greeting); *oye* hey, listen (pause in speech) *3B*

la **olla** pot, saucepan *8A*

olvidar to forget *8B*

la **omisión** omission

once eleven *1A*

el **opuesto** opposite

la **oración** sentence

el **orden** order

la **organización** organization

el **órgano** organ

el **oro** gold *9B*

os (to, for) you (Spain, informal, *pl., i.o.*), you (Spain, informal, *pl., d.o.*)

el **otoño** autumn *7B*

otro,-a other, another (pl. *otros,-as) 4A; otra vez* again, another time *6A*

oye hey, listen (pause in speech) *3B*

el **Pacífico** Pacific (Ocean)

el **padrastro** stepfather

el **padre** father *4A; (pl. padres)* parents

la **paella** paella (traditional Spanish dish with rice, meat, seafood and vegetables) *8B*

pagar to pay *9B*

la **página** page *2A*

el **país** country *1A*

la **palabra** word *2A; palabra interrogativa* question word; *palabras antónimas* antonyms, opposite words

el **pan** bread *6A*

Panamá Panama *1A*

la **pantalla** screen *2B*

el **pantalón** pants *2B*

el **pañuelo** handkerchief, hanky *9B*

la **papa** potato *8B*

el **papá** father, dad

los **papás** parents

el **papel** paper *2A,* role; *haz el papel* play the role; *la hoja de papel* sheet of paper

para for, to, in order to *3A*

el **paraguas** umbrella *9B*

el **Paraguay** Paraguay *1A*

parecer to seem *8B*

la **pared** wall *2A*

la **pareja** pair, couple

el **pariente,** la **pariente** relative *4A*

parientes políticos in-laws

el **parque** park *3A*

el **párrafo** paragraph

la **parte** part

el **partido** game, match *4B; partidos empatados* games tied; *partidos ganados* games won; *partidos perdidos* games lost

pasado,-a past, last *5B; pasado mañana* the day after tomorrow *5B*

pásame: see *pasar*

pasar to pass, to spend (time) *5A,* to happen, to occur; *pásame* pass me *6A; pasar la aspiradora* to vacuum *8A; ¿Qué te pasa?* What is wrong with you?

el **pasatiempo** pastime, leisure activity *7A*

la **Pascua** Easter

el **paseo** walk, ride, trip *7B*; *dar un paseo* to go for a walk, to go for a ride *7B*

el **patinador,** la **patinadora** skater *7B*

patinar to skate *4B*; *patinar sobre ruedas* to in-line skate *4B*; *patinar sobre hielo* to ice skate *7B*

la **patineta** skateboard *7b*

el **patio** courtyard, patio, yard *6B*

pedir (i, i) to ask for, to order, to request *6B*; *pedir perdón* to say you are sorry *6B*; *pedir permiso (para)* to ask for permission (to do something) *6B*; *pedir prestado,-a* to borrow *6B*

la **película** movie, film *5A*

pelirrojo,-a red-haired *4B*

la **pelota** ball

pensar (ie) to think, to intend, to plan *6A*; *pensar de* to think about (i.e., to have an opinion) *6A*; *pensar en* to think about (i.e., to focus one's thoughts on) *6A*; *pensar en* (+ infinitive) to think about (doing something)

peor worse *8B*; *el/la/los/las peor/peores* (+ noun) the worst (+ noun) *8B*

pequeño,-a small *6B*

perder (ie) to lose; *los partidos perdidos* games lost

perdidos: see *perder*

perdón excuse me, pardon me *1B*; *pedir perdón* to say you are sorry *6B*

perezoso,-a lazy

perfecto,-a perfect *9B*

el **perfume** perfume *9B*

el **periódico** newspaper *2A*

el **periodista,** la **periodista** journalist, reporter

el **período** period

la **perla** pearl *9B*

el **permiso** permission, permit *7A*; *con permiso* excuse me (with your permission), may I *1B*; *pedir permiso (para)* to

ask for permission (to do something) *6B*

permitir to permit *7A*

pero but *3B*

el **perro,** la **perra** dog *5A*

la **persona** person *8A*

personal personal; *el pronombre personal* subject pronoun

el **Perú** Peru *1A*

el **pescado** fish *3B*

el **petróleo** oil

el **piano** piano *4B*

el **pie** foot *9A*; *a pie* on foot *3A*

la **pierna** leg *9A*

el **pijama** pajamas *9A*

la **pimienta** pepper (seasoning) *6A*

el **pimiento** bell pepper *8B*

pintar to paint

la **pirámide** pyramid

la **piscina** swimming pool *6B*

el **piso** floor *6B*; *el primer piso* first floor *6B*

la **pista** clue

la **pizarra** blackboard *2A*

la **planta** plant *6B*; *planta baja* ground floor *6B*

la **plata** silver *9B*

el **plátano** banana *8B*

el **plato** dish, plate *6A*; *plato de sopa* soup bowl *6A*

la **playa** beach *4A*

la **plaza** plaza, public square *3B*

poco,-a not very, little, few *6B*; *un poco* a little (bit) *5A*

poder (ue) to be able *7A*

políticamente politically

el **pollo** chicken *3B*

poner to put, to place *6A*; to turn on (an appliance); *poner la mesa* to set the table *6A*

popular popular *4A*

un **poquito** a very little (bit)

por for *4A*, through, by *6B*, in *7A*, along *7B*; *por ejemplo* for example; *por favor* please *1B*; *por la mañana* in the morning *7A*; *por la noche* at night *6B*; *por la tarde* in the afternoon *7A*; *por teléfono* by telephone, on the telephone *6B*; *por todos lados* everywhere *7B*; *por lo general* generally

¿por qué? why? *3A*

porque because *3A*

la **posibilidad** possibility

la **posición** position, place

el **póster** poster

el **postre** dessert *6A*

la **práctica** practice *5A*; *La práctica hace al maestro.* Practice makes perfect.

el **precio** price *8B*

preferir (ie, i) to prefer *6A*

la **pregunta** question *3B*; *hacer una pregunta* to ask a question *3B*

preguntar to ask *3B*

el **premio** award, prize

la **preparación** preparation

preparar to prepare *8A*

el **preparativo** preparation

la **preposición** preposition

presenciar to witness

la **presentación** introduction

presentar to introduce, to present; *le presento a* let me introduce you (formal, s.) to *3A*; *les presento a* let me introduce you (pl.) to *3A*; *te presento a* let me introduce you (informal, s.) to *3A*

presente present

presento: see *presentar*

prestado,-a on loan *6B*; *pedir prestado,-a* to borrow *6B*

prestar to lend *8A*

la **primavera** spring *7B*

primer first (form of *primero* before a *m., s.* noun) *6B*; *el primer piso* first floor *6B*

primero,-a first *5B*

primero first (adverb) *5A*

el **primo,** la **prima** cousin *4A*

principal main

la **prisa** rush, hurry, haste *6B*; *tener prisa* to be in a hurry *6B*

el **problema** problem *3A*

produce produces

el **producto** product

el **profesor,** la **profesora** teacher *2A*; *el profe* teacher

el **programa** program, show *7A*

prometer to promise *9A*

el **pronombre** pronoun; *pronombre personal* subject pronoun

el **pronóstico** forecast

pronto soon, quickly *1B; hasta pronto* see you soon *1B*

la **pronunciación** pronunciation

el **propósito** aim, purpose; *A propósito* by the way *1A*

próximo,-a next

la **publicidad** publicity

público,-a public

la **puerta** door *2A*

Puerto Rico Puerto Rico *1A*

pues thus, well, so, then (pause in speech) *3B*

la **pulsera** bracelet *9B*

el **punto** point, dot *(term used in Internet addresses) 2B*

la **puntuación** punctuation

el **pupitre** desk *2A*

que that, which *5A; lo que* what, that which *6B; más* (+ noun/adjective/adverb) *que* more (+ noun/ adjective/ adverb) than *8B; que viene* upcoming, next *5A*

¡qué (+ adjective)! how (+ adjective)! *4A*

¡qué (+ noun)! what a (+ noun)! *5A*

¿qué? what? *2A; ¿a qué hora?* at what time? *2B; ¿Qué comprendiste?* What did you understand?; *¿Qué hora es?* What time is it? *1B; ¿Qué quiere decir...?* What is the meaning (of)...? *2A; ¿Qué tal?* How are you? *1B; ¿Qué te pasa?* What is wrong with you?; *¿Qué temperatura hace?* What is the temperature? *7B; ¿Qué (+ tener)?* What is wrong with (someone)? *6B; ¿Qué tiempo hace?* How is the weather? *7B*

quedar to remain, to stay *9A; quedarle bien a uno* to fit, to be becoming *9A*

el **quehacer** chore *8A*

el **quemador de discos compactos (CDs)** compact disc (CD) burner *5A*

querer (ie) to love, to want, to like *6A; ¿Qué quiere decir...?* What is the meaning (of)...?

2A; querer decir to mean *6B; quiere decir* it means *2A; quiero* I love *4A;* I want *3A*

querido,-a dear *6B*

el **queso** cheese *8B*

¿quién? who? *2A; (pl. ¿quiénes?)* who? *3A*

quiere: see *querer*

quiero: see *querer*

la **química** chemistry

quince fifteen *1A*

quinientos,-as five hundred *5B*

quinto,-a fifth *7B*

quisiera would like

quizás perhaps *8A*

la **radio** radio (broadcast) *4B; el radio* radio (apparatus)

rápidamente rapidly *5B*

rápido,-a rapid, fast *4B*

el **rascacielos** skyscraper

el **ratón** mouse (pl. *ratones*) *2B*

la **razón** reason

real royal

la **realidad** reality

la **receta** recipe *8B*

recibir to receive *9B*

el **recibo** receipt *9B*

recoger to pick up *8A; recoger la mesa* to clear the table *8A*

recordar (ue) to remember *7A*

redondo,-a round

el **refresco** soft drink, refreshment *3B*

el **refrigerador** refrigerator *6A*

el **regalo** gift *9B*

regañar to scold

regatear to bargain, to haggle

la **regla** ruler *2A*

regresar to return, to go back

regular average, okay, so-so, regular *1B*

relacionado,-a related

el **reloj** clock, watch *2A*

remoto,-a remote *7A*

repasar to reexamine, to review

el **repaso** review

repetir (i, i) to repeat *6B; repitan (Uds.* command) repeat; *repite (tú* command) repeat

repitan: see *repetir*

repite: see *repetir*

reportando reporting

el **reproductor** player *5A; reproductor de CDs* CD player *5A; reproductor de DVDs* DVD player *5A; reproductor de MP3* MP3 player *5A*

la **República Dominicana** Dominican Republic *1A*

resolver (ue) to resolve, to solve

responder to answer

la **respuesta** answer

el **restaurante** restaurant *3A*

el **resultado** result

el **resumen** summary; *en resumen* in short

la **reunión** meeting

la **revista** magazine *2A*

rico,-a rich

el **riel** rail

el **río** river

el **ritmo** rhythm

rojo,-a red *2B*

la **ropa** clothing *2B; ropa interior* underwear *9A*

rosado,-a pink *9A*

rubio,-a blond, blonde *4B*

la **rutina** routine

sábado Saturday *2B; el sábado* on Saturday

saber to know *3B; sabes* you know *3B; sé* I know *2A*

sabes: see *saber*

el **sacapuntas** pencil sharpener *2A*

sacar to take out *8A; sacar fotos* to take photographs

la **sal** salt *6A*

la **sala** living room *6B*

salir to go out *4A*

la **salsa** salsa (dance music)

la **salud** health

el **saludo** greeting

el **salvavidas** lifeguard

la **sangre** blood

el **santo** saint's day; *Todos los Santos* All Saints' Day

el **saxofón** saxophone

se *¿Cómo se dice...?* How do you say...? *2A; ¿Cómo se escribe...?* How do you write (spell)...? *1A; ¿Cómo se* *llama (Ud./él/ ella)?* What is (your/his/her) name? *2A; se considera* it is considered; *se dice* one says *2A; se escribe* it is written *1A; Se habla español.* Spanish is spoken.; *se llaman* their names are; *(Ud./Él/Ella) se llama....* (Your [formal]/His/ Her) name is.... *2A*

sé: see *saber*

sea: see *ser*

la **sed** thirst *6B; tener sed* to be thirsty *6B*

la **seda** silk *9A*

seguir (i, i) to follow, to continue, to keep on; *sigan (Uds.* command) follow; *sigue (tú* command) follow

según according to

el **segundo** second *7B*

segundo,-a second *7A*

seguro,-a safe

seis six *1A*

seiscientos,-as six hundred *5B*

selecciona select *(tú* command)

la **selva** jungle; *selva tropical* tropical rain forest

la **semana** week *5A; el fin de semana* weekend *5A; Semana Santa* Holy Week

sentarse (ie) to sit (down); *siéntate (tú* command) sit (down); *siéntense (Uds.* command) sit (down)

sentir (ie, i) to be sorry, to feel sorry, to regret *6A; lo siento* I am sorry *1B*

señalar to point to, to point at, to point out; *señalen (Uds.* command) point to

señalen: see *señalar*

el **señor** gentleman, sir, Mr. *1B*

la **señora** lady, madame, Mrs. *1B*

la **señorita** young lady, Miss *1B*

septiembre September *5B*

séptimo,-a seventh *7B*

ser to be *2A; eres* you are *1A; ¿Eres (tú) de...?* Are you from...? *1A; es* you (formal) are, he/she/it is *1B; es la una* it is one o'clock *1B; Es medianoche.* It is midnight. *1B; Es mediodía.* It is noon. *1B; fue* you (formal) were, he/

she/it was (preterite of *ser*) *5B; ¿Qué hora es?* What time is it? *1B; sea* it is; *son* they are *1B; son las* (+ number) it is (+ number) o'clock *1B; soy* I am *1A*

serio,-a serious

la **servilleta** napkin *6A*

sesenta sixty *1B*

setecientos,-as seven hundred *5B*

setenta seventy *1B*

sexto,-a sixth *7B*

si if *5A*

sí yes *1A*

siempre always *3B*

siéntate: see *sentarse*

siéntense: see *sentarse*

siento: see *sentir*

siete seven *1A*

sigan: see *seguir*

el **siglo** century *7A*

los **signos de puntuación** punctuation marks

sigue: see *seguir*

siguiente following; *lo siguiente* the following

la **silabificación** syllabification

el **silencio** silence

la **silla** chair *2A*

el **símbolo** symbol

similar alike, similar

simpático,-a nice, pleasant *3A*

sin without *8B*

sintético,-a synthetic *9B*

la **situación** situation

sobre on, over, on top of *2B*, about; *patinar sobre hielo* to ice skate *4B; patinar sobre ruedas* in-line skate *4B*

la **sobrina** niece *4A*

el **sobrino** nephew *4A*

el **sol** sun *7B; hace sol, hay sol* it is sunny *7B*

solamente only

soleado,-a sunny *7B; está soleado* it is sunny *7B*

solo, -a alone

sólo only, just *8A*

el **sombrero** hat *9A*

son: see *ser*

el **sondeo** poll

el **sonido** sound; *equipo de sonido* sound system *5A*

la **sopa** soup *6A*

la **sorpresa** surprise *5A*

soy: see *ser*

Sr. abbreviation for *señor 1B*

Sra. abbreviation for *señora 1B*

Srta. abbreviation for *señorita 1B*

su, sus his, her, its, your *(Ud./ Uds.)*, their *4A*

suave smooth, soft

el **subdesarrollo** under-development

subir to climb, to go up, to go upstairs, to take up, to bring up, to carry up *8A*

el **suceso** happening

sucio,-a dirty *4A*

el **sueño** sleep *6B; tener sueño* to be sleepy *6B*

el **suéter** sweater *9A*

el **supermercado** supermarket *8B*

el **sur** south

el **sustantivo** noun

tal such, as, so; *¿Qué tal?* How are you? *1B*

el **tamal** tamale

el **tamaño** size *9B*

también also, too *3A*

el **tambor** drum

tampoco either, neither *2B*

tan so *5A; tan* (+ adjective/ adverb) *como* (+ person/ item) as (+ adjective/adverb) as (+ person/item) *8B*

tanto,-a so much *3A; tanto,-a* (+ noun) *como* (+ person/ item) as much/many (+ noun) as (+ person/item) *8B; tanto como* as much as *8B; Tanto gusto.* So glad to meet you. *3A*

la **tapa** tidbit, appetizer

la **tarde** afternoon *1B; buenas tardes* good afternoon *1A; de la tarde* P.M., in the afternoon *1B; por la tarde* in the afternoon *7A;* late

la **tarea** homework *4B*

la **tarjeta** card *9B; tarjeta de crédito* credit card *9B*

el **taxi** taxi *3A*

la **taza** cup *6A*

te (to, for) you *(i.o.)* 3A; you *(d.o.)* 5A; *¿Cómo te llamas?* What is your name? 1A; *te llamas* your name is 1A

el **teatro** theater 3B

el **teclado** keyboard 2B

el **teléfono** telephone 2B; *el número de teléfono* telephone number 2B; *por teléfono* by the telephone, on the telephone 6B

la **telenovela** soap opera 7A

la **televisión** television 4B; *ver la televisión* to watch television 4B

el **televisor** television set 7A

el **tema** theme, topic

la **temperatura** temperature 7B; *¿Qué temperatura hace?* What is the temperature? 7B

temprano early 5B

el **tenedor** fork 6A

tener to have 5A; *¿Cuántos años tienes?* How old are you? 1A; *¿Qué (+ tener)?* What is wrong with (person)? 6B; *tener calor* to be hot 6B; *tener frío* to be cold 6B; *tener ganas de* to feel like 6B; *tener hambre* to be hungry 6B; *tener miedo de* to be afraid 6B; *tener (+ number) años* to be (+ number) years old 5A; *tener prisa* to be in a hurry 6B; *tener que* to have to 6A; *tener sed* to be thirsty 6B; *tener sueño* to be sleepy 6B; *tengo* I have 1A; *tengo (+ number) años* I am (+ number) years old 1A; *tiene* it has; *tienes* you have 1A

tengo: see *tener*

el **tenis** tennis 4B

el **tenista,** la **tenista** tennis player 7B

tercer third (form of *tercero* before a *m., s.* noun) 7B

tercero,-a third 7B

terminar to end, to finish 2B

ti you (after a preposition) 4B

la **tía** aunt 4A

el **tiempo** time 4A, weather 7B, verb tense; *Hace buen (mal)*

tiempo. The weather is nice (bad). 7B; *¿Qué tiempo hace?* How is the weather? 7B

la **tienda** store 3B

tiene: see *tener*

tienes: see *tener*

el **tío** uncle 4A

típico,-a typical

el **tipo** type, kind

la **tiza** chalk 2A

toca: see *tocar*

tocar to play (a musical instrument) 4B, to touch; *toca (tú* command) touch; *toquen (Uds.* command) touch

todavía yet 7A, still 7B

todo,-a all, every, whole, entire 4A; *de todos los días* everyday 6A; *por todos lados* everywhere 7B; *todo el mundo* everyone, everybody; *todos los días* every day 5A

todos,-as everyone, everybody

tolerante tolerant

tomar to take 3A, to drink, to have 3B

el **tomate** tomato 8B

tonto,-a silly 4B

el **tópico** theme

toquen: see *tocar*

trabajar to work 8A; *trabajando en parejas* working in pairs

el **trabajo** work 8A

traer to bring 8A

el **traje** suit 9A; *traje de baño* swimsuit 9A

el **transporte** transportation 3A

tratar (de) to try (to do something)

trece thirteen 1A

treinta thirty 1B

el **tren** train 3A

tres three 1A

trescientos,-as three hundred 5B

triste sad 4A

el **trombón** trombone

la **trompeta** trumpet

tu your (informal) 2B; *(pl. tus)* your (informal) 4A

tú you (informal) 1A

la **tumba** tomb

el **turista,** la **turista** tourist

u or (used before a word that starts with *o* or *ho*) 6B

Ud. you (abbreviation of *usted*) 1B; you (after a preposition) 4B; *Ud. se llama....* Your name is.... 2A

Uds. you (abbreviation of *ustedes*) 1B; you (after a preposition) 4B

último,-a last

un, una a, an, one 2A

único,-a only, unique 4A

unido,-a united

la **universidad** university

uno one 1A

unos, unas some, any, a few 2A

el **Uruguay** Uruguay 1A

usar to use 9B

usted you (formal, s.) 1B; you (after a preposition) 4B

ustedes you *(pl.)* 1B; you (after a preposition) 4B

la **uva** grape 8B

las **vacaciones** vacation 9A

Vallenato a combination of African, European and Colombian folkloric sounds

¡vamos! let's go! 3A; *¡vamos a (+ infinitive)!* let's (+ infinitive)! 3B

varios,-as several

el **vaso** glass 6A

vayan: see *ir*

ve: see *ir*

veinte twenty 1A

veinticinco twenty-five 1B

veinticuatro twenty-four 1B

veintidós twenty-two 1B

veintinueve twenty-nine 1B

veintiocho twenty-eight 1B

veintiséis twenty-six 1B

veintisiete twenty-seven 1B

veintitrés twenty-three 1B

veintiuno twenty-one 1B

vender to sell 9A

Venezuela Venezuela 1A

vengan: see *venir*

venir to come 5B; *vengan (Uds.* command) come

la **ventana** window 2A

ver to see, to watch *3B; a ver* let's see, hello (telephone greeting); *ver la televisión* to watch television *4B*

el **verano** summer *4A*

el **verbo** verb

verdad true

la **verdad** truth *6B*

¿verdad? right? *3A*

verde green *2B*

la **verdura** greens, vegetables *8B*

ves: see *ver*

el **vestido** dress *9A*

la **vez** time *(pl. veces) 5B; a veces* at times, sometimes *5B;* (number +) *vez/veces al/a la* (+ time expression) (number +) time(s) per (+ time expression) *7A; otra vez* again, another time *6A*

viajar to travel *6A*

el **viaje** trip *5A; hacer un viaje* to take a trip *5A; la agencia de viajes* travel agency

la **vida** life *7A*

el **videojuego** video game *7A*

viejo,-a old *5B*

el **viento** wind *7B; hace viento* it is windy *7B*

viernes Friday *2B; el viernes* on Friday

el **vinagre** vinegar *8B*

la **vista** view; *hasta la vista* so long, see you later

vivir to live *4A*

el **vocabulario** vocabulary

la **vocal** vowel; *vocales abiertas* open vowels; *vocales cerradas* closed vowels

el **voleibol** volleyball *7A*

volver (ue) to return, to go back, to come back *7A*

vosotros,-as you (Spain, informal, *pl.*) *1B*

vuestro,-a,-os,-as your (Spain, informal, *pl.*)

y and *1A; y cuarto* a quarter past, a quarter after *1B; y media* half past *1B*

ya already *6A; ¡ya lo veo!* I see it!

yo I *1A*

la **zanahoria** carrot *8B*

el **zapato** shoe *2B; zapato bajo* flats *9A; zapato de tacón* high-heel shoe *9A*

Vocabulary English / Spanish

A

a un, una *1B; a few* unos, unas *1B; a lot (of)* mucho *4B,* muchísimo

about sobre

accent el acento *1A*

activity la actividad *5A*

to **add** añadir *8B*

address la dirección *2B*

to **adopt** adoptar

aerobics los aeróbicos *7A; to do aerobics* hacer aeróbicos *7A*

affectionate cariñoso,-a *4A*

afraid asustado,-a; *to be afraid of* tener miedo de *6B*

after después de *7A*

afternoon la tarde *1B; good afternoon* buenas tardes *1A; in the afternoon* de la tarde *1B;* por la tarde *7A*

afterwards después *7A*

again otra vez *6A*

age la edad

agency la agencia; *travel agency* agencia de viajes

ago hace *(+ time expression)* que *7A*

agreed de acuerdo *3B*

airplane el avión *3A; by airplane* en avión *3A*

airport el aeropuerto

algebra el álgebra

all todo,-a *4A*

almost casi *7A*

alone solo,-a

along por *7B*

already ya *6A*

also también *3A*

alternate alterna (tú *command*); alternen (Uds. *command*)

although aunque

always siempre *3B*

American americano,-a *7A*

an un, una *2A*

and y *1A;* e *(used before a word beginning with i or hi)* *6B*

another otro,-a *2A; another time* otra vez *4B*

answer la respuesta

to **answer** contestar *4B*

any unos, unas *2A;* alguno,-a, algún, alguna *8A,* cualquier

anybody alguien *9A*

anyone alguien *9A*

anything algo *9A*

apartment el apartamento

apple la manzana *8B*

April abril *5B*

Argentina la Argentina *1A*

arm el brazo *9A*

to **arrange** arreglar *8A*

to **arrive** llegar *8A*

art el arte *2B*

article el artículo *5A*

artist el artista, la artista

as tal *1B,* como; *as (+ adverb) as possible* lo más/menos *(+ adverb)* posible *8B; as (+ adjective/adverb) as (+ person/ item)* tan *(+ adjective/adverb)* como *(+ person/item)* *8B; as much/many (+ noun) as (+ person/item)* tanto,-a *(+ noun)* como *(+ person/item)* *8B; as much as* tanto como *8B*

to **ask** preguntar *3B; to ask a question* hacer una pregunta *3B; to ask for* pedir *(i, i)* *6B;* pedir permiso (para) *to ask for permission (to do something)* *6B*

at en; *(@) symbol for e-mail address* arroba *2B; at home* en casa *9B; at night* de la noche *1B,* por la noche *6B; at... o'clock* a la(s)... *2B; at times* a veces *5B; at what time?* ¿a qué hora? *2B*

athlete el deportista, la deportista *7B*

to **attain** conseguir *(i, i)*

attractive bonito,-a, guapo,-a *4A*

August agosto *5B*

aunt la tía *4A*

autumn el otoño *7B*

avenue la avenida *3B*

average regular *1B*

avocado el aguacate *8B*

award el premio

B

backpack la mochila *2A*

bad malo,-a *4B*

bald calvo,-a *4B*

ball pelota, bola; *to bowl* jugar a los bolos

banana el plátano *8B*

bank el banco *3A*

to **bargain** regatear

baseball el béisbol *4B*

basketball el básquetbol *7A,* el baloncesto; *basketball player* el basquetbolista, la basquetbolista *7B*

bathroom el baño *6B,* el cuarto de baño

to **be** ser *2A; to be able to* poder *(ue)* *7A; to be afraid of* tener miedo de *6B; to be hot* tener calor *6B; to be hungry* tener hambre *6B; to be important* importar *8B; to be in a hurry* tener prisa *6B; to be lacking* hacer falta *8B; to be necessary* hacer falta *8B; to be (+ number) years old* tener *(+ number)* años *5A; to be pleasing to* gustar *4B; to be ready* estar listo,-a *7B; to be satisfied (with)* estar contento,-a (con) *4A; to be sleepy* tener sueño *6B; to be smart* ser listo,-a *8A; to be sorry* sentir *6A; to be thirsty* tener sed *6B*

beach la playa *4A*

beans los frijoles *3B*

because porque *3A*

to **become** cumplir *5B; to become (+ number) years old* cumplir (+ *number*) años *5B*

bed la cama *8A*

bedroom el cuarto *6B*, la habitación

before antes de *7A*

to **begin** empezar *(ie) 6A*

to **believe** creer

belt el cinturón *9B*

beside al lado (de) *6B*

best mejor *8B; the best (+ noun)* el/la/los/las mejor/ mejores (+ *noun*) *8B*

better mejor *8B*

between entre

bicycle la bicicleta *3A*

big grande *3B*, gran *(form of grande before a m., s. noun)*

bike la bicicleta *3A*

biology la biología *2B*

birthday el cumpleaños *5B; Happy birthday!* ¡Feliz cumpleaños! *5B; to have a birthday* cumplir años *5B*

black negro,-a *2B*

blackboard la pizarra *2A*

blond, blonde rubio,-a *4B*

blouse la blusa *2B*

blue azul *2B; blue jeans* los jeans *2B*

boat el barco *3A*

body el cuerpo *9A*

Bolivia Bolivia *1A*

book el libro *2A*

bookstore la librería *5A*

boot la bota *9A*

bored aburrido,-a *4B*

boring aburrido,-a *4B*

to **borrow** pedir prestado,-a *6B*

boy el chico *2A*, el muchacho *1A*

boyfriend el novio

bracelet la pulsera *9B*

bread el pan *6A*

breakfast el desayuno

to **bring** traer *8A*

to **bring up** subir *8A*

brother el hermano *4A*

brown marrón *9A*

brunet, brunette moreno,-a *4B*

building el edificio *3B*

bus el autobús *3A*

busy ocupado,-a *4A*

but pero *3B*

butter la mantequilla *6A*

to **buy** comprar *4B*

by por *4A; by (+ vehicle)* en (+ *vehicle*) *3A; by telephone* por teléfono *6B; By the way* A propósito; *by means of* mediante

cafeteria la cafetería

calendar el calendario

to **call** llamar *5A*

can la lata *8B*

capital la capital *1A*

car el carro *3A*, el coche; *by car* en carro *3A*, en coche

card la tarjeta *9B; credit card* tarjeta de crédito *9B; playing card* la carta *7A*

carrot la zanahoria *8B*

to **carry** llevar *5A; to carry up* subir *8A*

cash el efectivo *9B; in cash* en efectivo *9B*

cash register la caja *9B*

cassette el casete *5A*

cat el gato, la gata *5A*

CD el CD, el disco compacto *2B; CD player* el reproductor de CDs *5A; CD burner* el quemador de CDs *5A*

to **celebrate** celebrar *5B*

census el censo

center el centro *3B; shopping center* centro comercial *9A*

century el siglo *7A*

chair la silla *2A*

chalk la tiza *2A*

change el cambio *9B*

to **change** cambiar *9B*

cheap barato,-a *9B*

checkers las damas *7A*

cheese el queso *8B*

chemistry la química

chess el ajedrez *7A*

chicken el pollo *3B*

child niño,-a

Chile Chile *1A*

chilly fresco,-a *7B*

chocolate el chocolate *8B*

to **choose** escoger *8B*

chore el quehacer *8A*

Christmas la Navidad *5B*

city la ciudad *3A*

clam la almeja

clarinet el clarinete

class la clase *2A*

classmate el compañero, la compañera *5A*

clean limpio,-a *4A*

to **clean** limpiar *8A*

clerk el dependiente, la dependienta *9B*

to **climb** subir *8A;* escalar

clock el reloj *2A*

to **close** cerrar *(ie) 6A*

closed cerrado,-a *4A*

clothing la ropa *2B*

cloudy nublado,-a *7B; it is cloudy* está nublado *7B*

coat el abrigo *8A*

coffee el café *8B*

cold frío,-a *4A*; el frío *4A; it is cold* hace frío *7B; to be cold* tener frío *6B*

Colombia Colombia *1A*

color el color *7B*

to **combine** combinar *9A*

to **come** venir *5B; to come back* volver *(ue) 7A; to come in* entrar *5A*

comfort comodidad

comfortable cómodo,-a *6B*

comical cómico,-a *4B*

common común

compact disc el disco compacto (CD) *2B; CD player* el reproductor de discos compactos (CDs) *5A; CD burner* el quemador de discos compactos (CDs) *5A*

competition la competencia

to **complete** completar, acabar *8A*

computer la computadora *2B*

computer science la computación *2B*

concert el concierto *3B*

congratulations felicitaciones

to **conquer** conquistar

to **continue** continuar *7B*, seguir *(i, i)*

to **cook** cocinar *8A*

cool el fresco *7B; it is cool* hace fresco *7B*

to **copy** copiar *7B*

corn el maíz *8B*

to **cost** costar *(ue) 7A*

Costa Rica Costa Rica *1A*

cotton el algodón *9A*

to **count** contar

country el país *1A*
couple la pareja
courtyard el patio *6B*
cousin el primo, la prima *4A*
crazy loco,-a *4A*
to **create** crear
credit el crédito *9B*; *credit card* la tarjeta de crédito *9B*; *on credit* a crédito *9B*
to **cross** cruzar
Cuba Cuba *1A*
cup la taza *6A*
cycling ciclismo

dad el papá
to **dance** bailar *4B*
dark obscuro,-a; *dark-haired, dark-skinned* moreno,-a *4B*
date la fecha *5B*
daughter la hija *4A*
day el día *2B*; *every day* todos los días *6A*; *the day after tomorrow* pasado mañana *5B*; *the day before yesterday* anteayer *5B*
dear querido,-a *5B*
December diciembre *5B*
to **decorate** adornar *8A*
degree el grado *7B*
delighted encantado,-a *3A*
dentist el dentista, la dentista *3A*
department el departamento *9A*
desire la gana *6B*
desk el escritorio, el pupitre *2A*
dessert el postre *6A*
difficult difícil *4B*
dinner la comida
to **direct** dirigir
director el director, la directora
dirty sucio,-a *4A*
disaster el desastre
disc el disco *2B*; *compact disc* (CD) el disco compacto *2B*; *CD player* el reproductor de discos compactos (CDs) *5A*; *CD burner* el quemador de discos compactos (CDs) *5A*
to **discover** descubrir
dish el plato *6A*

dishwasher el lavaplatos *6A*
diskette el diskette *2B*
to **do** hacer *3B*; *to do aerobics* hacer aeróbicos *7A*
doctor el médico, la médica *3A*, el doctor, la doctora
dog el perro, la perra *5A*
dollar el dólar
Dominican Republic la República Dominicana *1A*
door la puerta *2A*
dot punto *2B*
downtown el centro *3B*
to **draw** dibujar *7A*
drawing el dibujo *6B*
dress el vestido *9A*
drink el refresco *3B*, la bebida
to **drink** tomar *3B*
drum el tambor
during durante
DVD el DVD *5A*; *DVD player* el reproductor de DVDs *5A*

e-mail correo electrónico *2B*
each cada *5A*
early temprano *5B*
earring el arete *2B*
Easter la Pascua
easy fácil *4B*
to **eat** comer *3B*
Ecuador el Ecuador *1A*
egg el huevo *8B*
eight ocho *1A*
eight hundred ochocientos, -as *5B*
eighteen dieciocho *1A*
eighth octavo,-a *7B*
eighty ochenta *1B*
either tampoco *2B*; *either...or* o...o *9A*
electric eléctrico,-a *6A*
electronic electrónico,-a *2B*
elevator el ascensor *9B*
eleven once *1A*
El Salvador El Salvador *1A*
else más *4A*
end el fin *5A*
to **end** terminar *2B*
English el inglés *(language) 2B*
to **enjoy** disfrutar
enough bastante *9B*
to **erase** borrar
eraser el borrador *2A*
escalator la escalera mecánica *9B*

every todo,-a *4A*, cada *5A*; *every day* todos los días *5A*
everybody todo el mundo, todos,-as
everyday de todos los días *5A*
everyone todo el mundo, todos,-as
everywhere por todos lados *7B*
exam el examen *5A*
example el ejemplo; *for example* por ejemplo
excellent excelente *7B*
to **exchange** cambiar *9B*
excuse me perdón, con permiso *1B*
expensive caro,-a *9B*
to **explain** explicar, aclarar
explanation la explicación

face la cara
fairly bastante
family la familia *4A*; *family tree* el árbol genealógico
famous famoso,-a
fantastic fantástico,-a *3A*
far (from) lejos (de) *3A*
fast rápido,-a *4B*
fat gordo,-a *4B*
father el padre *4A*
favorite favorito,-a *3B*
fear el miedo *6B*; *to be afraid of* tener miedo de *6B*
February febrero *5B*
to **feed** dar de comer *8A*
to **feel like** tener ganas de *6B*
to **feel sorry** sentir *(ie) 6A*
few poco,-a *6A*
fifteen quince *1A*
fifth quinto,-a *7B*
fifty cincuenta *1B*
film la película *5A*
to **find** encontrar *(ue)*
finger el dedo *9A*
to **finish** terminar *2B*, acabar *8A*
first primero,-a *5B*, primer *(form of primero before a m., s. noun) 6B*, primero *(adverb) 5B*; *first floor* el primer piso *6B*
fish el pescado *3B*
to **fit** quedarle bien a uno *9A*
five cinco *1A*
five hundred quinientos,-as *5B*
to **fix** arreglar *8A*

floor el piso *6B*; *first floor* el primer piso *6B*; *ground floor* la planta baja *6B*

flower la flor *7B*

flute la flauta

to **fold** doblar *8A*

to **follow** seguir (i, i); *the following* lo siguiente

food la comida *3B*; *food server* el mesero, la mesera *3B*

foot el pie *9A*; *on foot* a pie *3A*

football el fútbol americano *7A*

for por, para *3A*; *for example* por ejemplo *1B*

to **forget** olvidar *8B*

fork el tenedor *6A*

forty cuarenta *1B*

four cuatro *1A*

four hundred cuatrocientos, -as *5B*

fourteen catorce *1A*

fourth cuarto,-a *7B*

free libre *4A*

fresh fresco,-a *8B*

Friday viernes *2B*; *on Friday* el viernes

friend el amigo, la amiga *2A*

from de *1A*, desde *6B*; *from the* de la/del (de + el) *3A*; *from where?* ¿de dónde? *1A*

fruit la fruta *8B*

fun divertido,-a *4A*

funny cómico,-a *4B*

game el partido *4B*, el juego

garage el garaje *6B*

garbage la basura *8A*

garden el jardín *8A*

garlic el ajo *8B*

generally generalmente

generous generoso,-a *4B*

geography la geografía

geometry la geometría

to **get** conseguir (i, i)

to **get together** reunir

gift el regalo *9B*

girl la chica *2A*, la muchacha *1A*

girlfriend la novia

to **give** dar *7A*

glad contento,-a *2A*; *Glad to meet you!* ¡Mucho gusto! *1A*; *I would be glad to* con (mucho) gusto *1A*; *So glad to meet you.*

Tanto gusto. *1A*

glass el vaso *4B*

glove el guante *9A*

to **go** ir *3A*; *let's go!* ¡vamos! *3A*; *to be going to (do something)* ir a (+ *infinitive*) *3B*; *to go back* regresar, volver (ue) *7A*; *to go in* entrar *5A*; *to go out* salir *4A*; *to go shopping* ir de compras *4B*; *to go up* subir *8A*; *to go upstairs* subir *8A*

gold el oro *9B*

good bueno,-a *4B*, buen (*form of* bueno *before a m., s. noun*) *7B*; *good afternoon* buenas tardes *1B*; *good luck* buena suerte; *good morning* buenos días *1B*; *good night* buenas noches *1B*

good-bye adiós *1A*

good-looking guapo,-a *4A*, bonito,-a *4A*

gossip el chisme *6B*

grade la nota, la calificación

granddaughter la nieta *4A*

grandfather el abuelo *4A*

grandmother la abuela *4A*

grandson el nieto *4A*

grape la uva *8B*

gray gris *2B*

great fantástico,-a *3A*

greater mayor *8B*

greatest mayor *8B*

green verde *2B*

green bean la habichuela *8B*

greens la verdura *8B*

group el grupo; *musical group* grupo musical

Guatemala Guatemala *1A*

guitar la guitarra

guy el muchacho *1A*

gym el gimnasio

half medio,-a; *half past* y media *1B*

ham el jamón *8B*

hand la mano *9A*; *on the other hand* en cambio *7B*

handbag el bolso *9B*

handkerchief el pañuelo *9B*

handsome guapo,-a *4A*

to **hang** colgar (ue) *8A*

to **happen** pasar

happy contento,-a *4A*, feliz (*pl.* felices) *5B*, alegre; *Happy*

birthday! ¡Feliz cumpleaños! *5B*

hard difícil *4B*

hat el sombrero *9A*

to **have** tomar *3B*, tener *5A*; *to have a birthday* cumplir años *5B*; *to have just* acabar de (+ *infinitive*) *8A*; *to have to* deber, tener que *6A*

he él *2A*

head la cabeza *9A*

health la salud

to **hear** oír *8A*

heat el calor *6B*

hello hola *1A*; *hello (telephone greeting)* aló *2B*, diga, oigo

help la ayuda

to **help** ayudar *6A*

her su, sus *4A*; la (*d.o.*) *5A*; le (*i.o.*) *1A*; *(after a preposition)* ella *4B*

here aquí *1A*

hey mira, miren, oye, oigan

hi hola *1A*

him lo (*d.o.*) *5A*; le (*i.o.*) *3A*; *(after a preposition)* él *4B*

his su, sus *4A*

hispanic hispano,-a

history la historia *2B*

hockey el hockey

home la casa *4A*; *at home* en casa

homework la tarea *4B*

Honduras Honduras *1A*

horrible horrible *4B*

horse el caballo *3A*; *on horseback* a caballo *3A*

hot caliente *4A*; *it is hot* hace calor *7B*; *to be hot* tener calor *6B*

hotel hotel *3A*

hour la hora *1B*

house la casa *4A*

how? ¿cómo? *1A*; *How are you?* ¿Qué tal? *1B*; *How are you (formal)?* ¿Cómo está (Ud.)? *1B*; *How are you (informal)?* ¿Cómo estás (tú)? *1B*; *How are you (pl.)?* ¿Cómo están (Uds.)? *1B*; *How do you say...?* ¿Cómo se dice...? *2A*; *How do you write (spell)...?* ¿Cómo se escribe...? *1A*; *How is the weather?* ¿Qué tiempo hace? *7B*; *How long...?*

.¿Cuánto (+ *time expression*) hace que (+ *present tense of verb*)...? 7A; *how many?* ¿cuántos,-as? 2B; *how much?* ¿cuánto,-a? 2B; *How old are you?* ¿Cuántos años tienes? 1A
how (+ adjective)! ¡qué (+ *adjective*)! 4A
hug el abrazo 6B
hunger el hambre *f.* 6B
hungry: to be hungry tener hambre 6B
hurry la prisa 6B; *in a hurry* apurado,-a 4A; *to be in a hurry* tener prisa 6B
husband el esposo 4A

I yo 1A
ice el hielo 7B; *to ice skate* patinar sobre hielo 7B
ice cream el helado 8B
idea la idea 5B
ideal ideal 4B
if si 5A
to **imagine** imaginar
important importante 4B
in en 2A, por 4A
in-laws los parientes políticos
ingredient el ingrediente 8B
in order to para 3A
intelligent inteligente 4B
to **intend** pensar *(ie)* 6A
interesting interesante 4B
to **introduce** presentar 3A; *let me introduce you (formal, s.) to* le presento a 3A; *let me introduce you (informal, s.) to* te presento a 3A; *let me introduce you (pl.) to* les presento a 3A
invitation la invitación
to **invite** invitar
island la isla
it la *(d.o.)*, lo *(d.o.)* 5A
its su, sus 4A

jacket la chaqueta 9A
January enero 5B
jeans los jeans 2B
jersey la camiseta 2B
jewel la joya 9B
juice el jugo 3B
July julio 5B
June junio 5B
just sólo

to **keep on** seguir *(i,i)*
keyboard el teclado 2B
kilogram el kilo (kg.)
kind amable 4A, el tipo
kitchen la cocina 6A
knife el cuchillo 6A
to **know** saber 3B

lady la señora, Sra. 1B, la dama; *young lady* la señorita 1B
lamp la lámpara 6A
language la lengua, el idioma
last pasado,-a 5B, último,-a
late tarde
later luego 1A, después 6A; *see you later* hasta luego 1A, hasta la vista
lazy perezoso,-a
to **learn** aprender
leather el cuero 9B
to **leave** dejar 8A
leg la pierna 9A
to **lend** prestar 8B
less menos 8B; *less (+ noun/ adjective/adverb) than* menos (+ *noun/adjective/adverb*) que 8B; *the least (+ adjective + noun)* el/la/los/las (+ *noun*) menos (+ *adjective*) 8B
let's (+ infinitive)! ¡vamos a (+ *infinitive*)! 3B
let's go! ¡vamos! 3A
letter la carta 6B, la letra; *capital letter* la mayúscula 1A; *lowercase letter* la minúscula 1A
lettuce la lechuga 8B
library la biblioteca 3A
lie la mentira 6B
to **lie** mentir *(ie, i)*
life la vida 7A
light la luz *(pl. luces)* 6A
to **light** encender *(ie)* 6A
like como
to **like** gustar 4B; querer 6A; *I/ you/he/she/it/we/they would like...* me/te/le/nos/vos/les gustaría... 6B
list la lista 7A
to **listen (to)** escuchar 4B
little poco,-a 6B; *a little (bit)* un poco 5A; *a very little (bit)*

un poquito
to **live** vivir 4A
living room la sala 6B
lobster la langosta
long largo,-a 9B
to **look (at)** mirar 4B; *to look for* buscar 3A
to **lose** perder *(ie)*
love el amor 5A
to **love** querer 6A
lunch el almuerzo 2B

magazine la revista 2A
to **make** hacer 3B
mall el centro comercial 9A
man el hombre 9A
many mucho,-a 3B
map el mapa 2A
March marzo 5B
market el mercado 8B
match el partido 4B
material el material 9B
mathematics las matemáticas 2B
to **matter** importar 8B
maximum máximo,-a 7B
May mayo 5B
me me *(i.o.)* 4B; me *(d.o.)* 5A; *they call me* me llaman; *(after a preposition)* mí
to **mean** querer decir 6B; *it means* quiere decir 2A; *What is the meaning (of)...?* ¿Qué quiere decir...? 2A
meat la carne 8B
mechanic mecánico,-a 9B; la escalera mecánica 9B
menu el menú 3B
Mexico México 1A
microwave oven horno microondas 6A
midnight la medianoche 1B; *It is midnight.* Es medianoche. 1B
milk la leche 8A
mine mío,-a; *the pleasure is mine* el gusto es mío 3A
minimum mínimo,-a 7B
minus menos 1B
minute el minuto 7A
Miss la señorita, Srta. 1B
mist la neblina 7B
mistaken equivocado
modern moderno,-a
mom la mamá

moment el momento *3B*
Monday lunes *2B*; *on Monday* el lunes
money el dinero *5A*
month el mes *5B*
more más *4A*; *more (+ noun/ adjective/adverb) than* más (+ noun/adjective/adverb) que *8B*
morning la mañana *1B*; *good morning* buenos días *1B*; *in the morning* de la mañana *1B*, por la mañana *7A*
most: the most (+ adjective + noun) el/ la/los/las (+ noun) más (+ adjective) *8B*
mother la madre *4A*
motorcycle la moto(cicleta) *3A*
mouse ratón (*pl.* ratones) *2B*
movie la película *5A*; *movie theater* el cine *3A*
Mr. el señor, Sr. *1B*
Mrs. la señora, Sra. *1B*
much mucho,-a, mucho *4B*; *very much* muchísimo
museum el museo *3B*
music la música *2B*
must deber *6A*
my mi *2A*, *(pl. my)* mis *4A*; *my name is* me llamo *1A*

name el nombre; *last name* el apellido; *my name is* me llamo *1A*; *their names are* se llaman; *What is your name?* ¿Cómo te llamas? *2A*; *What is (your/his/ her) name?* ¿Cómo se llama (Ud./él/ella)? *1A*; *(Your [formal]/His/Her) name is....* (Ud./Él/Ella) se llama.... *2A*; *your name is* te llamas *1A*
napkin la servilleta *6A*
near cerca (de) *3A*
necklace el collar *9B*
to **need** necesitar *2B*
neither tampoco *2B*; *neither... nor* ni...ni *9A*
nephew el sobrino *4A*
nervous nervioso,-a *4A*
never nunca *4A*
new nuevo,-a *2A*; *New Year's Day* el Año Nuevo *5B*
news la noticia

newspaper el periódico *2A*
next próximo,-a, que viene *5A*; *next to* al lado (de) *6B*
Nicaragua Nicaragua *1A*
nice simpático,-a *3A*, amable *4A*; *the weather is nice* hace buen tiempo *7B*
nickname el apodo
niece la sobrina *4A*
night la noche *1B*; *at night* de la noche *1B*, por la noche *6B*; *good night* buenas noches *1B*
nine nueve *1A*
nine hundred novecientos, -as *5B*
nineteen diecinueve *1A*
ninety noventa *1B*
ninth noveno,-a *7B*
no no *1A*
nobody nadie *9A*
none ninguno,-a, ningún, ninguna *9A*
noon el mediodía; *It is noon.* Es mediodía. *1B*
north el norte
not: not any ninguno,-a, ningún, ninguna *9A*; *not even* ni *5B*; *not very* poco,-a *6B*
notebook el cuaderno *2A*
nothing nada *9A*
November noviembre *5B*
now ahora *2B*; *right now* ahora mismo *7A*
number el número *2B*; *telephone/fax/cellular telephone number* número de teléfono/ de fax/de teléfono celular *2B*; *wrong number* número equivocado *2B*

to **obtain** conseguir *(i, i)*
occupied ocupado,-a *4A*
to **occur** pasar
October octubre *5B*
of de *1A*; *of the* de la/del (de + el) *1A*
of course! ¡claro! *3A*, ¡Cómo no! *3B*
office la oficina *3A*
official oficial
oh! ¡ay! *2A*
oil el aceite *6A*, el petróleo
okay de acuerdo *3B*, regular *1B*; *(pause in speech)* bueno *3B*

old viejo,-a *5B*; *How old are you?* ¿Cuántos años tienes? *1A*; *to be (+ number) years old* tener (+ number) años *5A*
older mayor *5B*
oldest el/la mayor *5B*
on en *2A*, sobre *2B*; *on credit* a crédito *9B*; *on foot* a pie *3A*; *on loan* prestado,-a *6B*; *on the other hand* en cambio *7B*; *on the telephone* por teléfono *6B*
one un, una, uno *2A*
one hundred cien *1B*; *(when followed by another number)* ciento *5B*
onion la cebolla *8B*
only único,-a *4A*, sólo *8A*, solamente
open abierto,-a *4A*
to **open** abrir *5A*
or o *2B*, u *(used before a word that starts with o or ho)* *6B*; *either...or* o...o *9A*
orange la naranja *3B*; anaranjado,-a *(color)* *9A*
to **order** pedir *(i, i)* *6B*
organ el órgano
other otro,-a *4A*
ought deber *6A*
our nuestro,-a *4A*
over sobre *2B*; *over there* allá *6A*

paella la paella *8B*
page la página *2A*
pair la pareja
pajamas el pijama *9A*
Panama Panamá *1A*
pants el pantalón *2B*
pantyhose las medias *9A*
paper el papel *2A*; *sheet of paper* la hoja de papel
Paraguay el Paraguay *1A*
pardon me perdón *1B*
parents los padres *2A*, los papás
park el parque *3A*
part-time (work) medio tiempo (trabajo)
partner el compañero, la compañera *5A*
party la fiesta *3A*
to **pass** pasar *5A*; *pass me* pásame *6A*

past pasado,-a *5B; half past* y media *1B*
pastime el pasatiempo *7A*
patio el patio *6B*
to **pay** pagar *9B*
pea el guisante *8B*
pearl la perla *9B*
pen el bolígrafo *2A*
pencil el lápiz *(pl. lápices) 2A; pencil sharpener* el sacapuntas *2A*
people la gente *8A*
pepper la pimienta *(seasoning) 6A; bell pepper* el pimiento *8B*
perfect perfecto,-a *9B*
perfume el perfume *9B*
perhaps quizás *8A*
permission el permiso *7A; to ask for permission (to do something)* pedir permiso *(para) 6B*
permit el permiso *7A*
to **permit** permitir *7A*
person la persona *7A*
personal personal
Peru el Perú *1A*
philosophy la filosofía
photo la foto(grafía) *4A*
physics la física *6A*
piano el piano *4B*
to **pick up** recoger *8A*
pink rosado,-a *9A*
place el lugar *7B*, la posición
to **place** poner *6A*
to **plan** pensar *(ie) 6A*
plant la planta *6B*
plate el plato *6A*
to **play** jugar *(ue) 4B; (a musical instrument)* tocar *4B; (+ a sport/game)* jugar a *4B*
player: el jugador, la jugadora *7B; CD player* el reproductor de CDs *5A; DVD player* el reproductor de DVDs *5A; MP3 player* el reproductor de MP3 *5A*
playing card la carta *7A*
plaza la plaza *3B*
pleasant simpático,-a *3A*
please por favor *1B*
pleasure el gusto *3A; the pleasure is mine* encantado,-a, el gusto es mío *3A*
plural el plural
point el punto

to **point** apuntar; *to point to (at, out)* señalar
politically políticamente
pollution la contaminación ambiental
polo la camiseta *2B*
popular popular *4A*
pot la olla *8A*
potato la papa *8B*
pound la libra
practice la práctica *5A*
to **prefer** preferir *(ie, i) 6A*
to **prepare** preparar *8A*
pretty bonito,-a *2A*, guapo,-a *2A*, lindo,-a *8B*
price el precio *8B*
printer (laser) la impresora (láser) *2B*
problem el problema *3A*
program el programa *7A*
to **promise** prometer *9A*
public público,-a; *public square* la plaza *3B*
Puerto Rico Puerto Rico *1A*
purchase la compra *4B*
purple morado,-a *9A*
purpose el propósito
purse el bolso *9B*
to **put** poner *6A*

quality la calidad *9B*
quarter el cuarto *1B; a quarter after, a quarter past* y cuarto *1B; a quarter to, a quarter before* menos cuarto *1B*
question la pregunta *3B; to ask a question* hacer una pregunta *3B*
quickly pronto *1B*

radio (broadcast) la radio *4B*; el radio
rain la lluvia *7B*
to **rain** llover *(ue) 7B*
raincoat el impermeable *9A*
rapid rápido *4B*
rapidly rápidamente *5B*
rather bastante *9B*
to **reach** cumplir *5B*
to **read** leer *3B*
reading la lectura
ready listo,-a *7B; to be ready* estar listo,-a *7B*
really? ¿de veras? *5B*
receipt el recibo *9B*

to **receive** recibir *9B*
recipe la receta *8B*
red rojo,-a *2B*
red-haired pelirrojo,-a *4B*
refreshment el refresco *3B*
refrigerator el refrigerador *2B*
to **regret** sentir *(ie,i) 6A*
regular regular *1B*
relative el pariente, la pariente *4A*
to **remain** quedar *9A*
remains restos
to **remember** recordar *(ue) 7A*
remote remoto,-a *7A; remote control* el control remoto *7A*
to **rent** alquilar *7A*
to **repeat** repetir *(i, i) 6B*
report el informe
reporter el periodista, la periodista
to **request** pedir *(i,i) 6B*
to **resolve** resolver *(ue)*
restaurant el restaurante *3A*
to **return** volver *(ue) 4A*, regresar
to **review** repasar
rice el arroz *8B*
ride el paseo *7B; to go for a ride* dar un paseo *7B*
to **ride** montar *5A*
right correcto,-a; *right now* ahora mismo *7A*
right? ¿verdad? *3A*
ring el anillo *9B*
ripe maduro,-a *8B*
river el río
room el cuarto *6B; dining room* el comedor *6A; living room* la sala *6B*
ruler la regla *2A*
to **run** correr *6B*
runner el corredor, la corredora *7B*
rush la prisa *6B*

sad triste *4A*
safe seguro,-a
saint's day el santo; *All Saints' Day* Todos los Santos
salad la ensalada *3B*
sale la oferta *9B; to be on sale* estar en oferta *9B*
salt la sal *6A*
same mismo,-a *7A*
satisfied: *to be satisfied (with)* estar contento,-a (con) *4A*

Saturday sábado *2B*; *on Saturday* el sábado
saucepan la olla *8A*
sausage el chorizo *(seasoned with red peppers) 8B*
to save ahorrar *9B*
saxophone el saxofón
to say decir *6B*; *How do you say...?* ¿Cómo se dice...? *2A*; *one says* se dice *2A*; *to say you are sorry* pedir perdón *6B*
scarf la bufanda *9B*
schedule el horario *2B*
school el colegio *2B*, la escuela *3A*
science la ciencia
to scold regañar
screen la pantalla *2B*
season la estación *7B*
second el segundo *7B*; segundo,-a *7A*
to see ver *3B*; *I see it!* ¡ya lo veo!; *let's see* a ver; *see you later* hasta la vista, hasta luego *1A*; *see you soon* hasta pronto *1B*; *see you tomorrow* hasta mañana *1B*; *you see* ves
to seem parecer *8B*
selfish egoísta *4B*
to sell vender *9A*
to send enviar *7B*
sentence la oración, la frase
September septiembre *5B*
settled down establecieron
seven siete *1A*
seven hundred setecientos,-as *5B*
seventeen diecisiete *1A*
seventh séptimo,-a *7B*
seventy setenta *1B*
several varios,-as
shame la lástima; *What a shame!* ¡Qué lástima! *5A*
she ella *2A*
sheet la hoja; *sheet of paper* hoja de papel
ship el barco *3A*
shirt la camisa *2B*
shoe el zapato *2B*; *high-heel shoe* zapato de tacón *9A*; *low-heel shoe* zapato bajo *8A*
short bajo,-a *(not tall) 4B*, corto,-a *(not long) 9B*; *in short* en resumen
should deber *6A*
show el programa *7A*
to show enseñar

shrimp el camarón
sick enfermo,-a *4A*
side el lado *6B*
silk la seda *9A*
silly tonto,-a *4B*
silver la plata *9B*
silverware los cubiertos *6A*
since desde *6B*, como
to sing cantar *4B*
singer el cantante, la cantante *3B*
sink el fregadero *6A*
sir el señor, Sr. *1B*
sister la hermana *4A*
six seis *1A*
six hundred seiscientos,-a *5B*
sixteen dieciséis *1A*
sixth sexto,-a *7B*
sixty sesenta *1B*
size el tamaño *9B*
to skate patinar *4B*; *to ice skate* patinar sobre hielo *7B*; *to in-line skate* patinar sobre ruedas *4B*
skateboard la patineta *7B*
to skateboard montar en patineta *7B*
skater el patinador, la patinadora *7B*
sketch el dibujo *6B*
to sketch dibujar *7A*
to ski esquiar *7B*
skier el esquiador, la esquiadora *7B*
skirt la falda *2B*
skyscraper el rascacielos
sleep el sueño *6B*
to sleep dormir *(ue, u) 7A*
slow lento,-a *4B*
small pequeño,-a *6B*
smart listo,-a *8A*; *to be smart* ser listo,-a *8A*
smooth suave
snow la nieve *7B*
to snow nevar *(ie) 7B*
so tal, tan *5A*
soap opera la telenovela *7A*
soccer el fútbol *4B*; *soccer player* el futbolista, la futbolista *7B*
sock el calcetín *2B*
soft suave; *soft drink* el refresco *3B*
so long hasta luego *1A*
to solve resolver *(ue)*
some unos, unas *2A*; alguno,-a, algún, alguna *9A*

somebody alguien *9A*
someone alguien *9A*
something algo *9A*
sometimes a veces *5B*
son el hijo *4A*
song la canción *5A*
soon luego *1A*, pronto *1B*; *see you soon* hasta pronto *1B*
sorry: *I am sorry* lo siento *1B*; *to feel sorry* sentir *(ie, i) 6A*; *to say you are sorry* pedir perdón *6B*
so-so regular *1B*
sound system el equipo de sonido *5A*
soup la sopa *6A*; *soup bowl* el plato de sopa *6A*
south el sur
Spain España *1A*
Spanish el español *(language) 2B*, español, española; *Spanish-speaking* hispanohablante
to speak hablar *2B*
special especial *6A*
to spend (time) pasar *5A*
sport el deporte *5A*
spouse el esposo, la esposa *4A*
spring la primavera *7B*
stadium el estadio
stairway la escalera *6B*
to start empezar *(ie) 6A*
to stay quedar *9A*
stepfather el padrastro
stepmother la madrastra
stereo el estéreo
still todavía *7B*
store la tienda *3B*
stove la estufa *6A*
to straighten arreglar *8A*
strawberry la fresa *8B*
street la calle *3B*
strong fuerte
student el estudiante, la estudiante *2A*
study el estudio
to study estudiar *2B*
subject la asignatura *8A*
subway el metro *3A*
such tal
sufficient bastante *9B*
sufficiently bastante
sugar el azúcar *6A*
suit el traje *9A*
suitcase la maleta *5A*

summer el verano *4A*

sun el sol *7B*

Sunday domingo *2B; on Sunday* el domingo

sunny soleado,-a *7B; it is sunny* está soleado *7B*, hay sol *7B*, hace sol *7B*

supermarket el supermercado *8B*

surprise la sorpresa *5A*

sweater el suéter *9A*

to **sweep** barrer *8A*

to **swim** nadar *4B*

swimming pool la piscina *6B*

swimsuit el traje de baño *9A*

synthetic sintético,-a *9B*

table la mesa *6A; to clear the table* recoger la mesa *8A; to set the table* poner la mesa *6A*

tablecloth el mantel *6A*

tablespoon la cuchara *6A*

to **take** tomar *3A*, llevar *5A; take turns* alterna *(tú command);* alternen *(Uds. command); to take a trip* hacer un viaje *5A; to take out* sacar *8A; to take up* subir *8A*

tall alto,-a *4B*

tape recorder la grabadora *5A*

taste gusto

to **taste** probar

to **teach** enseñar

teacher el profesor, la profesora *2A*

team el equipo *7A*

teaspoon la cucharita *6A*

telephone el teléfono *2B; by the telephone, on the telephone* por teléfono *6B; telephone number* el número de teléfono *2B; cellular telephone number* número de teléfono celular

to **telephone** llamar *5A*

television la televisión *4B; to watch television* ver la televisión *4B*

television set el televisor *7A*

to **tell** decir *6B; (a story)* contar *(ue) 9A; tell me* dígame *(Ud. command)*

temperature la temperatura *7B; What is the temperature?* ¿Qué temperatura hace? *7B*

ten diez *1A*

tennis el tenis *4B*

tennis player el tenista, la tenista *7B*

tenth décimo,-a *7B*

to **terminate** acabar *8A*

test el examen *2B*

than: more (+ noun/ adjective/adverb) than más *(+ noun/adjective/adverb)* que *8B*

thanks gracias *1B; thank you very much* muchas gracias *1B*

that que *5A*, ese, esa *6A, (far away)* aquel, aquella *6A, (neuter form)* eso; *that which* lo que *6B*

the el *(m., s.) 2A*, la *(f., s.) 2A*, las *(f., pl.) 2A*, los *(m., pl.) 2A; to the* al *3A*

theater el teatro *3B*

their su, sus *4A*

them les *(i.o.) 3A;* los/las *(d.o.) 5A; (after a preposition)* ellos,-as *4B*

theme el tema, el tópico

then luego *1A*, después *6A*, entonces *6A; (pause in speech)* pues *3B*

there allí *2A; there is, there are* hay *2A; over there* allá *6A*

these estos, estas *6A*

they ellos,-as *2A; they are* son *2A; they were* fueron

thin delgado,-a *4B*

thing la cosa *6A*

to **think** pensar *(ie) 6A; to think about (i.e., to have an opinion)* pensar de *6A; to think about (i.e., to focus one's thoughts)* pensar en *6A; to think about (doing something)* pensar en *(+ infinitive)*

third tercero,-a, tercer *(form of tercero before a m., s. noun) 7B*

thirst la sed *6B; to be thirsty* tener sed *6B*

thirteen trece *1A*

thirty treinta *1B*

this este *(m., s.)*, esta *(f., s.) 6A*

those esos, esas *6A, (far away)* aquellos, aquellas *6A*

thousand mil *5B*

three tres *1A*

three hundred trescientos,-as *5B*

through por *6B*

to **throw** lanzar

Thursday jueves *2B; on Thursday* el jueves

thus pues *3B*

tie la corbata *9A*

time el tiempo *4A*, la vez *(pl. veces) 5B; at times, sometimes* a veces *5B; at what time?* ¿a qué hora? *2B; (number +) time(s) per (+ time expression)* (number +) vez/veces al/a la (+ time expression) *7A; What time is it?* ¿Qué hora es? *1B*

tired cansado,-a *4A*

to a *2B*

today hoy *3B*

toe el dedo *9A*

together junto,-a

tomato el tomate *8B*

tomorrow mañana *1B; see you tomorrow* hasta mañana *1B; the day after tomorrow* pasado mañana *5B*

tonight esta noche *7A*

too también *3A, too (much)* demasiado *9B*

to **touch** tocar

train el tren *3A*

transportation el transporte *3A*

to **travel** viajar *6A*

tree el árbol; *family tree* árbol genealógico

trip el paseo *7B*, el viaje *5A; to take a trip* hacer un viaje *5A*

trombone el trombón

truck el camión

trumpet la trompeta

truth la verdad *6B*

to **try (to do something)** tratar (de)

t-shirt la camiseta *2B*

Tuesday martes *2B; on Tuesday* el martes

to **turn off** apagar *7A*

to **turn on** encender *(ie) 6A*, poner

twelve doce *1A*

twenty veinte *1A*

twenty-eight veintiocho *1B*

twenty-five veinticinco *1B*

twenty-four veinticuatro *1B*

twenty-nine veintinueve *1B*

twenty-one veintiuno *1B*

twenty-seven veintisiete *1B*

twenty-six veintiséis *1B*

twenty-three veintitrés *1B*

twenty-two veintidós *1B*

two dos *1A*
two hundred doscientos,-as *5B*
typical típico, -a

ugly feo,-a *4B*
umbrella el paraguas *9B*
uncle el tío *4A*
to **understand** comprender *2A; I understand* comprendo *2A*
underwear la ropa interior *9A*
unique único,-a *4A*
united unido,-a
United States of America los Estados Unidos *1A*
university la universidad
until hasta *1A, (to express time)* menos *1B*
upcoming que viene *5A*
Uruguay el Uruguay *1A*
us nos *(i.o.) 4B;* nos *(d.o.) 5A; (after a preposition)* nosotros *4B*
to **use** usar *9B*

vacation las vacaciones *9A*
vacuum la aspiradora *7A; to vacuum* pasar la aspiradora *8A*
vegetable la verdura *8B*
Venezuela Venezuela *1A*
verb el verbo
very muy, mucho,-a *3B; very much* mucho, muchísimo *4A; not very* poco,-a *6B*
video game el videojuego *7A*
vinegar el vinagre *8B*
volleyball el voleibol *7A*

walk el paseo *7B; to go for a walk* dar un paseo *7B; to walk* caminar *3A*
wall la pared *2A,* la muralla
wallet la billetera *9B*
to **want** querer *6A*
to **wash** lavar *8A*
wastebasket el cesto de papeles *2A*
watch el reloj *2A*
to **watch** ver *3B; to watch television* ver la televisión
water el agua *f. 4B; mineral water* agua mineral *3B*
way la manera; *By the way* A propósito *1A*
we nosotros *2A*

to **wear** llevar *2B*
weather el tiempo *7B; How is the weather?* ¿Qué tiempo hace? *7B; the weather is nice (bad)* hace buen (mal) tiempo *7B*
Wednesday miércoles *2B; on Wednesday* el miércoles
week la semana *5A*
weekend el fin de semana *5A*
welcome bienvenido,-a; *you are welcome* de nada *1B*
well bien *1B; (pause in speech)* bueno, este, pues *3B*
what a (+ noun)! ¡qué (+ *noun)! 5A*
what? ¿qué? *2A,* ¿cuál? *2B; at what time?* ¿a qué hora? *2B; What is the meaning (of)...?* ¿Qué quiere decir...? *2A; What is the temperature?* ¿Qué temperatura hace? *7B; What is wrong with (someone)?* ¿Qué (+ *tener)? 6B; What is wrong with you?* ¿Qué te pasa?; *What is your name?* ¿Cómo te llamas? *2A; What is (your/his/her) name?* ¿Cómo se llama (Ud./él/ella)? *1A; What time is it?* ¿Qué hora es? *1B*
when cuando *6B*
when? ¿cuándo? *3A*
where donde *6B*
where? ¿dónde? *1A; from where?* ¿de dónde? *1A; (to) where?* ¿adónde? *3A*
which que *5A; that which* lo que *6B*
which? ¿cuál? *2B; which one?* ¿cuál? *2B; which ones?* ¿cuáles? *2B*
white blanco,-a *2B*
white-haired canoso,-a *4B*
who? ¿quién? *2A, (pl.)* ¿quiénes? *3A*
whole entero,-a
why? ¿por qué? *3A*
wife la esposa *4A*
to **win** ganar; *games won* los partidos ganados
wind el viento *7B; it is windy* hace viento *7B*
window la ventana *2A*
winter el invierno *7B*
to **wish** desear
with con *1A; with me* conmigo

9B; with you (tú) contigo *9B*
without sin *8B*
to **witness** presenciar
woman la mujer *9A*
wonderful estupendo,-a *7A*
wool la lana *9A*
word la palabra *2A*
work el trabajo *8A,* la obra
to **work** trabajar *8A*
world el mundo
worse peor *8B*
worst: the worst (+ noun) el/la/los/las peor/peores *8B*
wow! ¡caramba! *5A*
to **write** escribir *6B; How do you write...?* ¿Cómo se escribe...? *1A; it is written* se escribe *1A*

yard el patio *6B*
year el año *5B; New Year's Day* el Año Nuevo *5B; to be (+ number) years old* tener (+ *number)* años *5A*
yellow amarillo,-a *8A*
yes sí *1A*
yesterday ayer *5B; the day before yesterday* anteayer *5B*
yet todavía *7A*
you tú *(informal) 1A,* usted (Ud.) *(formal, s.) 1B,* ustedes (Uds.) *(pl.) 1B,* vosotros,-as *(Spain, informal, pl.) 1B; (after a preposition)* ti *4B,* usted (Ud.), ustedes (Uds.), vosotros,-as *1B;* la, lo, *(d.o.) 5A,* las, los, *(d.o.) 5A,* te *(d.o.) 6A,* os *(Spain, informal, pl., d.o.),* le *(formal, i.o.),* les *(pl., i.o.) 1A,* os *(Spain, informal, pl., i.o.),* te *(i.o.) 3A; Are you from...?* ¿Eres (tú) de...? *1A; you are* eres *1A; you (formal) are* es *1B; you (pl.) were* fueron
young joven *5B; young lady* la señorita *1B; young woman* la muchacha *3A*
younger menor *5B*
youngest el/la menor *5B*
your tu *(informal) 2B,* tus *(informal, pl.) 4A,* su, sus (Ud./Uds.) *4A,* vuestro,-a,-os, -as *(Spain, informal, pl.)*

zero cero *1A*

Index

Credits

Acknowledgments

The authors wish to thank the many people of the Caribbean Islands, Central America, South America, Spain, and the United States who assisted in the photography used in the textbook and videos. Also helpful in providing photos and materials were the National Tourist Offices of Argentina, Chile, Costa Rica, Colombia, Ecuador, Guatemala, the Dominican Republic, Honduras, Mexico, Nicaragua, Panamá, Perú, Puerto Rico, Spain, and Venezuela. We would like to thank the Bilingual Press/Editorial Bilingüe, Arizona State University, Tempe, AZ, for permission to reprint *Coplas 1* and *9* from *Puentes y Fronteras/ Bridges and Borders* (1996) by Gina Valdés, appearing on page 83 of this textbook. We would also like to thank the following institutions for permission to reproduce the paintings by Frida Kahlo on page 127 (*Autorretrato con mono*, 1938, and *Raíces*, 1943): Banco de México Diego Rivera and Frida Kahlo Museums Trust, Av. 5 de Mayo No. 2, Col. a Centro, Del. Cuauhtémoc 06059, México, D.F. Instituto Nacional de Bellas Artes y Literatura, Dirección de Asuntos Jurídicos, Edificio "La Nacional" 8o Piso, Av. Juárez No. 4 esq. Eje Central Lázaro Cárdenas, Col. Centro, 06050, México, D.F. Photographs of these paintings are © Albright-Knox Art Gallery / CORBIS and © SuperStock, Inc., respectively. Finally, we would like to thank Nicaraguan artist Rosa Delia López and her representatives, Americas' Arts L.L.C. [P.O. Box 4404, Gettysburg, PA, 17325], for permission to reproduce her painting *La Gritería* (© 1997), which appears on page 180.

Photo Credits

Aguinaldo, Louis / iStockphoto: 213 (24-2), 395 (18A)
Anderson, Jennifer J.: 105 (#2), 185 (r), 219 (l, c), 301 (tl), 362 (l), 389 (tl), 407 (l, c) *AFP/CORBIS:* xx (bl)
AP / Wide World Photos: v (t), xxi (br), xxii (tl), 15 (Penélope Cruz), 46 (Shakira), 78 (b), 82, 85 (Pablo Picasso), 132 (San Juan, Puerto Rico), 151 (Salma Hayek), 168 (Juan Pablo Montoya), 172 (Sammy Sosa), 174 (Pedro Martínez), 175 (t: Ramón Martínez; b: Ramón and Pedro Martínez), 211 (tl), 220, 310, 354 (c, r), 407 (r)
Arruza, Tony / CORBIS: 170 (#2)
Bechara Baruque, Omar; Eye Ubiquitous / CORBIS: 247 (tl)
Béjar Latonda, Mónica: 30 (l, r), 58 (l), 80 (l), 92 (tl, tc, tr), 102 (tl, tc, tr), 112 (l, c, r), 118 (l, c, r), 124 (l), 172 (l), 216 (l), 228 (tl, tc, tr), 236 (tl, tc, tr), 246 (l, c, r), 254 (l, c, r), 260 (l), 272 (l, c, r), 278 (l, c, r), 292 (l, c, r), 300 (l, c, r), 308 (l), 320 (l, c, r), 330 (l, c, r), 331 (l), 340 (l, c, r), 341, 350 (l, c, r), 354 (l), 366 (l, c, r), 376 (l, c, r), 388 (l, c, r), 396 (tl, tc, tr), 402 (l), 422 (l), 424, 425
Bettmann / CORBIS: 126 (Frida Kahlo)
Blondeau, Olivera / iStockphoto: 227 (2-4)
Boncina, Matjaz / iStockphoto: 159 (8-1), 187 (#2, #6), 212 (22-4), 213 (24-3)
Brown, Katrina / iStockphoto: 111 (1A)
Charlier, Claude / CORBIS: 320 (b)
Chen, Chun Wu / iStockphoto: 112 (6C)
Chilean Ministry of Tourism (Ministerio de Turismo de Chile): x (t), 293 (tr)
Colita / CORBIS: 147 (Gabriel García Márquez)
Corbis Royalty-Free: vi (l), x (b), xxv (br), 7, 11 (tr), 14 (A), 23 (Activity 10, #2; Activity 11, #3), 47

("Alicia," "tú," "Pablo"), 56 (tr), 56 (#8), 59 (l, r), 64, 65, 70, 74, 78 ("Josefina, Kathy, y yo"), 88–89, 99 (c), 100 ("en bicicleta"), 142, 148 (#2), 155 (A, B, C, E, F), 156 (b), 165 (#2, #6, #8), 171 (br), 189 (#2, #3, #4, #6), 193 (frog), 195 (t), 196, 204, 207 (bl, br), 223 (l, r), 227 (1D), 228 (bl, bc, br), 229 (pearl in shell), 243 (l, r), 263 (l, r), 268–269, 271 (A, E), 275 (#1, #2), 277, 280, 281 (t), 287 (t), 289 (r), 292, 293 (tl), 297, 299 (A, B, E), 303 (Modelo, #3, #5, #6), 304, 327, 329 (Activity 19, C), 332, 336, 337 (l, r), 344, 346, 367 (b), 377 (tr), 384 (r), 396 (c), 401, 403 (r), 415 (b), 417 (b), 427 (l, r)
Corporación Nacional de Turismo-Colombia: xxvi (tr), 247 (tr)
Creatas Images: 10 (Modelo, #1, #2 in Activity 18), 23 (Activity 10, #3; Activity 11, #2), 76 (l), 77 (r), 78 ("Mi tía Sandra"), 81 (r), 165 (#7), 193 (r), 377 (tl)
Cummins, Jim / CORBIS: 302
Dias, Mark: 216 (r)
Digital Stock: 215
DigitalVision: 272 (b)
Duomo / CORBIS: 299 (D)
Dydynski, Krzysztof / Lonely Planet Images: xxvi (bl)
Edwards, Jeremy / iStockphoto: 111 (1G)
Eisele, Reinhard / CORBIS: 157 (b)
Englebert, Victor: viii (t), ix (r), xiii (r), xxviii (l), 5 (t), 25, 38, 56 (b), 93 (l), 100 ("en metro"), 105 (#5), 113 (t), 189 (#5), 197, 210 (b), 224 (l), 242 (t, b), 247 (c), 250, 255 (t), 256, 260 (r), 261 (l), 273 (b), 275 (#4), 281 (bl), 311 (c), 331 (r), 384 (l), 402 (c, r), 413 (t, bl, br), 417 (t), 429 (tl)
Estey, Juan / iStockphoto: 42 (#2)
Federación Argentina de Pato: 288 (l, r)